# RETRATO EM BRANCO E NEGRO

LILIA MORITZ SCHWARCZ

# Retrato em branco e negro

*Jornais, escravos e cidadãos em São Paulo no final do século XIX*

*2ª edição*
*1ª reimpressão*

COMPANHIA DAS LETRAS

*Grafia atualizada segundo o Acordo Ortográfico da Língua Portuguesa de 1990,*
*que entrou em vigor no Brasil em 2009.*

*Capa*
Victor Burton

*Imagem da capa*
*Rua General Carneiro* (1907), de Aurélio Becherini / Acervo Fotográfico do Museu da
Cidade de São Paulo

*Reproduções fotográfica*
Nellie Solitrenick

*Índice remissivo*
Luciano Marchiori

*Revisão*
Márcia Moura
Angela das Neves

A autora agradece ao Museu da Imagem e do Som
e ao Arquivo do jornal *O Estado de S. Paulo*
pela cessão das ilustrações do caderno de fotos.

Dados Internacionais de Catalogação na Publicação (CIP)
(Câmara Brasileira do Livro, SP, Brasil)

---

Schwarcz, Lilia Moritz
    Retrato em branco e negro : jornais, escravos e cidadãos em
São Paulo no final do século XIX / Lilia Moritz Schwarcz. — 2ª ed.
— São Paulo : Companhia das Letras, 2017.

    Bibliografia.
    ISBN 978-85-359-2909-6

    1. Jornalismo — Aspectos sociais — São Paulo (Estado) 2.
Negros — São Paulo (Estado) 3. São Paulo (Estado) — História
I. Título.

17-02899                                    CDD-305.89608161

---

Índice para catálogo sistemático:
1. São Paulo : Estado : Negros : Condições sociais :
História                                  305.89608161

Todos os direitos desta edição reservados à
EDITORA SCHWARCZ S.A.
Rua Bandeira Paulista, 702, cj. 32
04532-002 — São Paulo — SP
Telefone: (11) 3707-3500
www.companhiadasletras.com.br
www.blogdacompanhia.com.br
facebook.com/companhiadasletras
instagram.com/companhiadasletras
twitter.com/cialetras

*Para o Luiz*

# Sumário

# Agradecimentos

*Não fosse isso*
*e era menos*
*não fosse tanto*
*e era quase*
Paulo Leminski

Com o risco de quem sabe não conseguir tocar a todos que de alguma forma ajudaram na realização deste livro, aí vai:

A Antonio Augusto Arantes, orientador e amigo, obrigada pelas inúmeras leituras críticas e atentas e pelo incentivo para que este trabalho se concretizasse.

Ao Departamento de Antropologia da Unicamp e em especial a Mariza Correa, Carlos Brandão, Peter Fry, Bella F. Bianco, agradeço por todo o apoio, pelas críticas e sugestões.

Agradeço ainda ao professor Fernando Novaes, assim como a Carlos Vogt, pelas leituras criteriosas e opiniões.

Um abraço especialmente carinhoso para Heloisa Pontes e para a "velha turma do Panorama Azul": Cláudio Novaes, Júlio Simões e as "sócias-honorárias" Marina Cardoso e Maria Gregori (Bibia), que sem dúvida, através das inúmeras idas e vindas no "monótono" trajeto que liga São Paulo a Campinas, ou das sempre críticas (e não menos divertidas) reuniões de estudo, contribuíram demais para que esta fosse uma tese escrita a várias mãos.

Obrigada também a Nádia Farage e a Vanessa Lea, que acompanharam com carinho as dificuldades típicas de toda fase final de um livro.

Muito obrigada ainda aos funcionários do Arquivo do Estado de São Paulo, do Arquivo do jornal *O Estado de S. Paulo* e do Instituto Histórico e Geográfico de São Paulo, que me ajudaram a procurar e a encontrar, em boa parte, jornais, revistas e livros de difícil acesso.

Foi também básico o apoio oferecido pela Capes durante os anos em que realizei os cursos da pós-graduação e pela Fapesp, que, através das bolsas de estudos concedidas, fizeram com que esta pesquisa se tornasse viável.

Agradeço ainda a Manuela Carneiro da Cunha e a Robert Slenes pelas excelentes críticas e sugestões que fizeram a este trabalho por ocasião da defesa de tese, que sem dúvida contribuíram muito para esta forma final que a dissertação tomou.

A minha família: Lelé, Beto, Noca, Ju, Sérgio, Vova, Omi, Vovô, Baba e Deda, um grande beijo e obrigada pelo apoio de sempre.

Um beijinho estalado para a Julinha e o Pedroca, que nada têm a ver diretamente com este livro mas que, de qualquer forma, ao mesmo tempo que amassavam papéis e interrompiam o trabalho, ajudaram muito para que fosse possível realizar um texto "bem-humorado".

Por fim resta o mais difícil. Agradecer ao Luiz, companheiro, amigo e o maior crítico de todos os momentos deste livro. Obrigada pelas infindáveis leituras, pelos desabafos, discussões, pelo cuidado, carinho e por muito mais, já que se isso tudo "não fosse tanto era quase".

# Introdução
## O caso do "creoullo de bigode, pince-nez e cavagnac"

*Esses gritos medonhos ao nosso redor são o que vocês chamam de silêncio.*

O enigma de Kasper Hauser, de Werner Herzog.

Num belo e corriqueiro dia de julho de 1878 um pacato cidadão da não menos pacata cidade que era São Paulo percorre um pequeno trajeto, marcado por ruas escuras e esburacadas, cobertas por casebres pobres e cercados de matagais, a fim de comprar um jornal local. Ao fazê-lo, depara, em meio a tantas outras notícias, anúncios, classificados ou declarações de política, com a chamada: "*Como elles são*".

Para nós, leitores contemporâneos, o contraste e a estrita delimitação da existência de um "outro", implícito na manchete acima, sem dúvida chamaria a atenção. Porém, para nosso hipotético personagem do fim do século XIX, ela poderia ou não despertar interesse, já que talvez seu sentido lhe fosse bastante familiar e sua decodificação clara.

"COMO ELLES SÃO

O folhetinista da Gazeta narra na viagem a Maceió e entre outros narrou um caso ocorrido a bordo. O Presidente do PE que estava a bordo trazia consigo um criado bonito, creoullo, de bigode e cavagnacs, pisar forte amante dos versos de Varella cujos hinos sobraçava em POSE e lia com atenção de se fazer notar...

Ao fim do jantar do primeiro dia da viagem um dos passageiros ao voltar ao camarote deu denúncia ao comandante que lhe faltava um relógio, um PINCE-NEZ e uma corrente de ouro. No salão nobre o qual subia os camarotes só tinham ficado duas pessoas, um alquebrado de enjoo e o criado de fazer VIDA LITERÁRIA. Houve pesquisa e epilogou-se pela prisão do LITERATO que obteve aposição de criado presidencial mediante valiosas cartas de recomendação segundo houvi dizer... Para cúmulo da desgraça do gatuno comptamente descoberto ao saltar na Bahia aparece-lhe um espírito: o seu senhor que havia muito tempo o procurava em vão." (*Correio Paulistano,* 3 de julho de 1878).

A notícia poderia ser lida e interpretada de maneiras absolutamente diversas.

Por um lado, o texto permitiria uma interpretação mais textual, ou digamos pragmática,[1] isto é, o autor estaria nos relatando uma história talvez comum de um escravo que, para tentar livrar-se de sua condição, utilizava artifícios variados, tais como fingir-se "literato" para escapar do cativeiro. Dessa maneira, o relato poderia comover mais ou menos o leitor, mas de qualquer forma não deixaria de se constituir em mais um dos infindáveis relatos de fuga de escravos, tão frequentes na época.

Por outro lado, uma leitura mais atenta em relação à postura política do jornal poderia fazer notar que a notícia tinha sido por sua vez retirada de um outro periódico (*A Gazeta*) e dizia respeito a um fato ocorrido em outra província. Nesse sentido, então, quem sabe talvez se atentasse para o fato de que o jornal que havia selecionado e publicado tal artigo, o *Correio Paulistano*, não era absolutamente "isento" e neutro na maneira como mencionava as notícias que publicava. Assim, tal relato poderia ser interpretado tendo como pano de fundo a postura política conservadora que, como veremos, era marca característica desse jornal. Nesse sentido a notícia poderia estar de alguma maneira associada a uma ideia constantemente veiculada por esse periódico, que não se cansava de afirmar a necessária ordem que deveria reinar entre senhores e escravos, e o direito daqueles de conservarem e manterem o controle sobre sua propriedade.

O leitor que levasse ainda mais a fundo essa perspectiva poderia talvez supor que a notícia marcava uma certa diversidade, no que tange à postura política, com relação a um outro grande jornal da época, *A Província de São Paulo*, que, enquanto órgão republicano adepto das "novas ideias da época", talvez não desse tanta ênfase a uma notícia desse porte e que tivesse acontecido em outra localidade.

Mas, por outro lado, o relato parece trazer ainda outras "pistas" e "sinais" que indicam também outras interpretações que não sejam a verificação de uma "evasão frustrada" ou a mera postura política do jornal.

Esse relato poderia dizer respeito, tanto pelo clima irônico que estabelece como pelo texto em si, a um certo contexto social, ou melhor, a um consenso social anterior e já compartilhado que, ao mesmo tempo que cria o "creoullo de cavagnac, leitor de Varella", duvida dele. Ou seja, através de uma série de recursos de pontuação, grifos e expressões, o texto encaminha ironicamente a reflexão do leitor contra a aparente verdade que começa a enunciar.

Parece estabelecer então esta notícia um evidente clima de contraposição entre o "creoullo" em si e a sociedade branca que aparece colocada como uma espécie de "panorama de fundo" no decorrer de todo o texto. A começar pelo título, "Como elles são", fica claro como o "elles" marca uma oposição a um "nós" implícito no texto, e que por sua vez corresponderia logicamente ao jornalista que redigiu a matéria e aos leitores do jornal na época. Além disso, vai-se criando todo um "clima" de ironia com relação ao "creoullo", que é dado primeiramente pela forma pouco direta com que esse sujeito da ação é descrito. Ou seja, ao invés de ser nomeado em sua singularidade, o "leitor de Varella" é antes descrito por suas atribuições, que parecem inclusive pouco corresponder às características normalmente associadas a elementos de cor. Assim, a imagem que vamos elaborando mentalmente de um "creoullo de bigode, cavagnac e leitor de Varella" parece tornar-se absolutamente descabida no interior desse universo que vai aos poucos se criando e sendo silenciosamente compartilhado entre "nós", jornalistas e leitores. Todo esse ambiente que vai, cada vez mais, como que definindo o "creoullo" como o "outro", o "estranho à ação", e a ironia subjacente são reforçados também a partir das palavras que o jornalista vai destacando em maiúscula em momentos específicos da leitura. Dessa forma, os vocábulos POSE — destacado quando o jornalista relata que o sujeito "insistia" em ler com tal atitude as obras de Varella (o que poderia irritar os observadores da ação) —, PINCE-NEZ e VIDA LITERÁRIA parecem marcados para orientar a leitura no sentido da compreensão do enorme abismo existente entre tais atitudes e objetos e o "creoullo". Nesse sentido, parece-nos relevante a insistência do autor em grifar por duas vezes a palavra LITERATO, como se estivesse a ironizar e mostrar a incongruência da situação, oferecendo inclusive sinais para que comecemos a desvendar o possível desfecho da história que parece encaminhar-se para um final já previamente esperado. E então a história termina como todos nós, agora "leitores cúmplices", esperávamos que acabasse: "o creoullo" (cujo nome até o final não ficamos sabendo) não era, por suposto, um literato, mas antes um simples e "tão comum" "negro fujão". O artigo se encerra como normalmente acabavam as demais notícias da época: o senhor, na figura irônica de um "espírito", recaptura o que lhe era de direito e o "creoullo" retorna a sua antiga e "verdadeira" condição. O "elles" presente no título do artigo adquire então cada vez mais concretude, ao demonstrar o abismo existente entre o "elles" escravos — fujões, obrigatoriamente analfabetos e mantidos à distância da "cultura" branca — e o "nós", leitores e jornalistas: cidadãos, leitores de Varella e que podemos portar bigode, cavanhaque e pincenê, símbolos de nosso lugar e condição.

Mas não é tudo. O texto aponta ainda para outras "pistas e sinais". Não se trata de um mero "negro fujão", mas sobretudo de um "creoullo" que logo se transforma em "suspeito em potencial" e depois, "comprovadamente", num ladrão e "mau-caráter", o que, como veremos, é também uma representação comumente associada ao elemento negro, cativo ou liberto.

Como essas, existem ainda outras interpretações e muito mais se poderia dizer, mas o que já foi destacado serve para os objetivos desta introdução. Ou seja, a partir de um só artigo é possível apreender dimensões diversas, diferentes imagens que nos falam sobre a condição e a situação negra nesse momento. Por vezes, uma visão mais fatual, às vezes uma imagem que só ganha coerência no interior de uma ótica que privilegie o embate entre brancos e mesmo uma interpretação que busque captar sinais subentendidos, e que nos apontam para a polaridade e o contraste existente entre brancos, que redigem o jornal ou compartilham a leitura da notícia, e negros, colocados tão longe desses locais onde "se produz e reproduz a cultura" do momento.[2]

Essa mesma diversidade ganha ainda mais complexidade quando pode ser apreendida não só no interior de um único jornal mas, antes, na comparação de alguns periódicos. Nestes pode-

-se notar que a escolha das notícias não era idêntica (dado esse, como veremos, relevante em si mesmo), embora todos tivessem como uma das questões centrais de suas páginas o problema negro num momento marcado pela eminente abolição da escravidão e por mudanças no regime político.

Reconhecendo assim a importância da imprensa paulista de finais do século como fórum de debates centrais da época, o objetivo deste livro é a recuperação e o entendimento da dinâmica que se estabelece, de construção e manipulação de representações sobre o negro cativo ou liberto, quando se intensificavam as rebeliões negras, no período final do processo abolicionista, e toma volume a própria campanha em prol da abolição.

Neste momento em particular o negro passa a frequentar constantemente as diferentes seções dos grandes jornais da época (aparecendo tanto nas notícias de maior destaque como nos pequenos e abundantes anúncios classificados de aluguel, venda ou captura de escravos). Através desses fragmentos de textos da imprensa, desses "pedaços de significação" — que incluem desde as seções tidas como as "mais nobres" dos jornais (como notícias e editoriais) até as de aparente valor secundário (como os obituários, "ocorrências policiais" e anúncios) —, aqui se busca reconstituir as várias visões com que se falou sobre a condição negra.

Nesse sentido, então, os jornais são aqui entendidos, primeiramente, enquanto "produto social", isto é, como resultado de um ofício exercido e socialmente reconhecido, constituindo-se como um objeto de expectativas, posições e representações específicas.[3]

As notícias, os fatos selecionados serão entendidos e recuperados, então, não enquanto situações que "realmente" aconteceram e cuja veracidade iremos comprovar, mas antes enquanto situações plenas de significação, sendo nesse sentido mais relevante apreender como se produziram, difundiram e repercutiram às vezes diversas interpretações de um mesmo fato do que buscar uma concepção única, onde se operaria uma síntese empobrecedora das diferentes visões.

Sem buscar, portanto, um conceito único, amplo e definidor, a nossa intenção é antes registrar e interpretar a própria diversidade de concepções, reconstituindo não a condição negra em si mas, antes, os modos *como brancos falavam* sobre o negro e o representavam num momento de mudanças e transformação nos atributos que formalmente definiam esses elementos.

Na busca de entender as representações dos brancos desse período sobre os negros, tanto a cidade de São Paulo como seus jornais foram se mostrando essenciais, na medida em que passavam por um momento de grande transformação e redefinição em suas funções e papéis; São Paulo, como veremos, transformava-se, aos poucos, de pequena aldeia desimportante no grande centro nacional do café, para onde convergiam interesses políticos e econômicos que sem dúvida se farão presentes nos discursos e debates da imprensa.

Por outro lado, a seleção do jornal enquanto documento básico se mostrou significativa. Em primeiro lugar por se constituir em fonte histórica bastante completa e complexa, já que nele convergiam posições e opiniões diversas e representativas e devido ao momento histórico recortado. Ou seja, como veremos, esse parece ser um período relevante no que tange também à história do jornal no Brasil. Esses momentos finais do século corresponderiam ao período de formação da grande imprensa nacional, isto é, da transformação de jornais que passavam de "experiências isoladas, aventuras passageiras" a grandes e estáveis empresas constituídas e mantidas através da verba de grupos, sem dúvida envolvidos nesse debate enquanto segmentos da sociedade que se organizavam, veiculando, refletindo e produzindo novas representações.

É fundamental destacar, por fim, que pretendemos entender os diversos enunciados não enquanto meros relatos jornalísticos que nada mais teriam a dizer além do que já está circunscrito na objetividade da notícia. Buscamos antes a "sobrecarga" de sentido[4] presente nas inúmeras lacunas deixadas por textos muitas vezes cifrados ou de difícil compreensão ao menos aos olhos do pesquisador e dos leitores contemporâneos, que mal sabem "COMO ELLES SÃO". Procuramos entender esses relatos não apenas na sua dimensão pragmática, como meras informações onde a linguagem seria a tradução de algum sentido, mas também como "linguagem de silêncio",[5] onde a linguagem diz por si mesma, ainda que se renuncie a fazê-lo. Portanto, e tendo como suposto que o "ato de descrever não se limita a simplesmente revelar um conhecimento",[6] a nossa postura diante dos jornais será a de apreendê-los não enquanto "expressão verdadeira" de uma época, ou como um veículo imparcial de "transmissão de informações", mas antes como uma das maneiras como segmentos localizados e relevantes da sociedade produziam, refletiam e representavam percepções e valores da época.[7]

Por fim, um aviso técnico e de orientação: no interior dos diversos textos apresentados, introduzimos palavras em VERSALETE quando a intenção de destacar era do próprio jornal ou redator; em contrapartida, grifamos as palavras ou expressões quando o objetivo de ressaltar era nosso.

# O estado da questão

Para que possamos entender melhor o "creoullo leitor de Varella" é necessário que busquemos também situá-lo não só no interior do contexto em que viveu como também em relação ao debate acadêmico que se trava em diferentes disciplinas, e que de certa forma trará mais elementos para que possamos delimitar e esclarecer melhor nossos objetivos centrais.

Podemos dizer que durante um bom tempo os estudos sobre escravismo no Brasil se caracterizaram por um discurso que representava o senhor de escravos como amigo e benevolente, ao lado de um cativo submisso e fiel. Tais representações vinculam-se, por sua vez, a uma ideia mais ampla, na qual se reconhecia na história do Brasil uma tradição não violenta, ressaltando-se o caráter pacífico e harmonioso do brasileiro. É o próprio Gilberto Freyre que, referindo-se ao sistema escravocrata brasileiro, afirma: "O Brasil nunca foi o país do extremismo, tudo aqui tende a amolecer-se em contemporizações, adoçar-se em transigências pelo senhor de engenho em geral gordo, um tanto mole com rompantes apenas de crueldade, pela mulher também gorda, às vezes obesa e pelo filho e filha, pelo capelão, pelo coronel do mato e pelo feitor".[1]

Esse tipo de abordagem é encontrado tanto nos relatos dos viajantes estrangeiros que vieram ao Brasil no século XIX, como Saint-Hilaire, Jean-Baptiste Debret e outros, como em vários historiadores: Oliveira Vianna, R. Varnhagen e Gilberto Freyre, que procuraram traçar um quadro idílico da escravidão negra no Brasil com seus senhores severos mas paternais, e escravos serviçais "bárbaros" e dóceis.[2]

No entanto, tais conceitos têm sido criticados, revisados severamente. Já na década de 1940 alguns autores procuravam mostrar os sofrimentos por que passava o negro cativo, bem como sua revolta com relação à própria condição. Clóvis Moura faz a primeira tentativa no sentido de entender os movimentos de rebelião negra. Mais recentemente, nas décadas de 1960-70, encontramos uma série de pesquisadores que procuraram questionar o otimismo que caracteriza as análises culturalistas anteriores traçando os imperativos econômicos que definiram a instituição escravista (entre outros destacamos os trabalhos dos sociólogos Florestan Fernandes, Roger Bastide, Octávio Ianni, Fernando Henrique Cardoso, Jacob Gorender e os historiadores Emília Viotti da Costa, Suely Robles Reis de Queiroz, José Alípio Goulart e Fernando Novais).

Porém, se ao que tudo indica chegou-se a um consenso quanto à inconsistência do paternalismo do senhor de escravos, entendido enquanto agente num sistema capitalista e mesmo em relação a uma discussão valorativa sobre a escravidão ("já que como qualquer sistema hierárquico ele tem contido em si a violência e a opressão"[3]), permanece polêmica na historiografia a questão da atitude do cativo frente à sua condição escrava. Nesse sentido, as opiniões divergem de forma radical, existindo basicamente duas tendências opostas na produção historiográfica brasileira: a primeira, que acentua o caráter passivo e dócil do negro, e a segunda, que, ao tentar refutar a primeira, termina por cair no outro extremo, fazendo do escravo negro um verdadeiro herói.

No interior da primeira e anteriormente predominante corrente encontramos argumentos que buscam justificar a utilização do negro devido à sua "inquestionável" inferioridade e submissão. Assim, o índio preguiçoso e indolente teria sido substituído pelo negro dócil e já habituado à escravidão, na medida em que já era escravizado na África.[4] A partir desse raciocínio, tais autores chegam à conclusão de que a escravidão seria um benefício para o negro, que foi resgatado de um local cruel e do jugo de senhores "bárbaros" e trazido para uma terra harmoniosa e para uma escravidão mais humana, já que cristã.

A segunda corrente historiográfica, opondo-se a esta visão, destaca a atuação rebelde do escravo. No entanto, ao buscar negar esse primeiro tipo de história, que elide de seu relato a rebelião, acabou por cair no extremo oposto, apresentando uma visão romântica da contestação negra. O negro é então descrito como um herói, de caráter impecável, bravura extrema e grande sentimento de solidariedade grupal.[5] Assim, "o negro é idealizado como o foi o índio de José de Alencar, sendo que o debate permanece ainda no nível ideológico".[6]

Além disso, persiste também problemático o debate sobre a participação escrava no interior do processo de abolição. A questão é polêmica: por um lado temos, por exemplo, a posição de Octávio Ianni,[7] que procura provar que a abolição da escravidão foi antes de tudo um "negócio de brancos". Segundo o autor, os escravos, inseridos em condições econômicas, jurídicas, políticas e socioculturais específicas, não tinham qualquer possibilidade "de elaboração como coletividade e compreensão crítica da própria situação". Logo, segundo Ianni, a escravidão foi abolida devido a controvérsias entre facções da camada dominante branca, na medida em que os escravos não tinham possibilidades de vislumbrar a própria situação em que se encontravam.

Por outro lado, não são poucos os historiadores que procuram mostrar que as revoltas de escravos sempre existiram e que, principalmente no período precedente ao movimento abolicionista (e com auxílio dos brancos), tornam-se um fator influente de pressão a favor da libertação. Suely R. R. de Queiroz,[8] por exemplo, procura mostrar através de vasta documentação que o escravo teve uma participação ativa, através de fugas, assassinatos, suicídios e insurreições, constituindo-se em fator de pressão em prol da abolição. Warren Dean,[9] por seu turno, ao analisar o processo de libertação dos escravos em Rio Claro, também chega à conclusão de que "é inaceitável considerar os escravos como seres inertes e passivos no decorrer do século XIX". Ao contrário, mostra como nessa cidade os escravos, através de fugas e rebeliões, promoveram a sua emancipação "de fato", não restando aos proprietários qualquer outra opção.

Tal questão, porém, longe de encontrar-se resolvida, é ainda plena de questionamentos e dúvidas, polarizando as pesquisas nas posições que procuramos exemplificar através dos autores citados. (Essa é, inclusive, uma amostragem pequena em relação ao grande número de autores e escolas que trataram e estudaram esse tema.)

No entanto, pelo menos no interior deste livro, como vimos, o que importa não é tanto discutir e optar pela qualificação do escravo como "dócil" ou "rebelde", como elemento ativo ou passivo no interior do movimento abolicionista, mas antes pensar a rebeldia, ou melhor, a forma como *"se fala e representa" a condição negra e a rebeldia.*

Nesse sentido, e tendo em mente esse tipo de preocupação, a antropologia brasileira teria também uma importante contribuição a oferecer, já que, de Nina Rodrigues a Gilberto Freyre, abrigou importantes reflexões dos mais diversos matizes sobre a condição negra. Pode-se verificar que já a partir do século XIX o elemento negro passou a constituir tema de reflexão nesta disciplina, embora de forma reticente. Assim, antes de 1900 (e, portanto, antes de uma série de acontecimentos ligados à abolição da escravidão e à proclamação da República), o negro só aparecia de forma fragmentada e dispersa através da literatura, das fugidias impressões dos viajantes estrangeiros ou mesmo dos polêmicos debates que, a partir de 1870, giravam em torno da questão do regime escravocrata.[10] A partir do final do século é que encontramos uma produção e uma reflexão um pouco mais constantes, mas que, assim como notávamos com relação à produção histórica, passou também por diferentes abordagens e concepções. Ou seja, paralelamente ao próprio movimento da ciência antropológica como um todo (que nasceu num contexto marcado pelo colonialismo e pela "conformação de saber" no que se refere ao entendimento de outros povos),[11] no Brasil os estudos centraram-se também em torno da questão racial e da explicitação das características que marcavam as diferentes nações.

No Brasil, particularmente, o negro apareceu caracterizado antes de tudo enquanto "expressão de sua raça".[12] Assim, tendo em mente supostos atributos biológicos, interpretados à luz da "prepotente" ciência do período, os teóricos da época impunham, como veremos com mais vagar à frente, uma imagem absolutamente negativa do homem de cor perante os outros tipos raciais que compunham a população brasileira. A imagem completamente estereotipada e romantizada veiculada pelos abolicionistas, os assim chamados antropólogos brasileiros, entre eles Nina Rodrigues e outros, opunha a representação de um elemento negro totalmente delimitado pela ciência evolutiva, então empregada largamente, e pelas teorias raciais vigentes. O que se impunha, tomando as palavras de João Baptista B. Perei-

ra, era uma "imagem de homem adjetivada, negativa e patologi-
camente, pelos seus atributos raciais",[13] caracterização essa que
Sílvio Romero resumia na época ao afirmar: "O negro não é só
uma máquina econômica; ele é antes de tudo, e malgrado sua
ignorância, um objeto de ciência".[14]

Assim, se durante muito tempo o problema parecia camufla-
do, substituído por preocupações mais imediatas, nesse momento
retornava a questão do elemento negro agora sob o ponto de vista
da "ciência", que emergia então enquanto autoridade crescente
frente ao social, especialmente no que tangia aos problemas raciais. A partir de então o negro será entendido enquanto um problema não só social, na medida em que se considerava que sua
herança étnica poderia interferir negativamente nos destinos de
nosso povo.

A questão da constituição de uma "identidade racial" brasileira foi reforçada primeiramente pelas interpretações raciais de
teóricos vindos de fora do país. O fator "raça" era então entendido como um tipo de influência vital "no potencial civilizatório"
de uma nação, sendo que as teorias raciais publicadas na Europa,
e em especial em Paris, causavam aqui um grande impacto. O
Brasil aparecia nesses relatos retratado como primeiro grande
exemplo de "degeneração num país tropical" de raças mistas.
Buckle, Kidd, Le Bon, Gobineau, Lapouge e vários outros darwinistas sociais eram então muito cotados no Brasil, devido a suas
teorias sobre a inferioridade negra, a degeneração mulata e a decadência tropical. Gobineau, por exemplo, que veio ao Brasil em
1869, concluía na época que a corrupção no sangue negro levaria
sem dúvida alguma à decadência dos povos mestiços.[15] Lapouge,
por seu turno, acreditava que o Brasil se constituiria, num século,
num imenso "Estado negro" que retornaria indubitavelmente à
barbárie.[16] De acordo com esses intelectuais, a "promiscuidade"
que ocorrera em épocas coloniais produzira elementos degenera-

dos, instáveis e portanto incapazes de acompanhar um desenvolvimento progressivo.

Nesse momento, parecia necessária a criação de um saber específico a respeito de nossas próprias circunstâncias, ainda que ele se legitimasse a partir de teorias europeias. Não foram poucos, portanto, os intelectuais que acreditaram e utilizaram em suas teorias as "máximas" do evolucionismo social europeu. Um bom exemplo é o de Nina Rodrigues, considerado o fundador da antropologia científica no Brasil e, segundo Mariza Corrêa, o primeiro intelectual a criar um nexo comum entre a perícia médico-legal e a pesquisa antropológica das relações raciais.[17] Ou seja, Nina Rodrigues, aliando a antropologia criminal (cujo criador foi C. Lombroso, da escola italiana) com a pesquisa médico-legal, entendia a sociedade como um corpo que podia ser conhecido, assim como o próprio corpo humano.[18] Com relação à raça negra, acreditava Nina Rodrigues que a sua inferioridade poderia ser estabelecida fora de qualquer dúvida científica, considerando ainda como impossível e desprezível a ideia de que "representantes das raças inferiores" pudessem atingir através da inteligência "o elevado grau a que chegaram as raças superiores".[19]

Nesse primeiro período, se por um lado a ciência imperava, com seu "realismo", por outro o extremo pessimismo tomava conta dos estudos e ensaios que versavam sobre a raça negra e mesmo a respeito da questão da miscigenação. Nina Rodrigues, por exemplo, pensava que a região tropical estava condenada, o que levava ainda a temer a possibilidade de um Brasil radicalmente dividido entre o Sul branco e um Norte mestiço e degenerado.[20]

Da mesma maneira, outros autores nacionais, de Sílvio Romero a Euclides da Cunha, eram unânimes quanto ao temor que nosso "futuro racial" parecia inspirar. Ênfases e interpretações podiam até variar, mas em todos um grande "medo" estava presente, principalmente em Euclides da Cunha, que, interessado em entender a resistência do homem do sertão, concluía que o mestiço era antes de tudo um desequilibrado incapaz de conviver com a civilização.[21]

Essa escola, como nos diz Mariza Corrêa, retomava ainda o problema da definição do negro como pessoa ou como coisa, dilema retórico que remontava aos tempos da escravidão, recolocando-o, porém, sob o ponto de vista científico.[22] Desde então o negro passava a ser considerado antes de tudo um "objeto de ciência", como afirmava Sílvio Romero já na época, e para quem a única saída nacional seria a perspectiva de um futuro branco, que por sua vez salvaria o país da degeneração.

Por outro lado ainda, nesse período de inícios do século foi desenvolvida e difundida no Brasil uma outra "tese", que buscava traçar novas soluções para o já "desacreditado" panorama racial nacional que, como vimos, causava grande apreensão. Essa nova tese, chamada na própria época de "teoria do branqueamento" das raças, estava claramente calcada, por sua vez, nas concepções deterministas raciais desenvolvidas na Europa. Segundo Giralda Seyferth, essa teoria tinha como principal peculiaridade a ambiguidade: "via a mestiçagem ao mesmo tempo como um mal que deveria ser extirpado, e como uma solução para a questão racial brasileira".[23] Essa concepção de branqueamento implicava, por um lado, a crença na desigualdade das raças humanas (no caso, na inferioridade e na incapacidade dos negros e mestiços de se civilizarem), e, por outro e principalmente, uma seleção natural e social que conduziria a um povo brasileiro branco num futuro não muito remoto. Utilizavam-se ainda do jargão então popular da eugenia, e alguns autores nacionais sugeriam inclusive a possibilidade da depuração das características dos negros e dos mestiços após algumas gerações.[24]

A conclusão otimista a que chegavam os autores que advogavam a "tese do branqueamento" repousava, por sua vez, em algumas constatações-chave: "a de que a miscigenação não produziria inevitavelmente 'degenerados', mas uma população mestiça sadia, capaz de tornar-se sempre mais branca tanto cultural como fisicamente".[25]

Esse tipo de posição recebeu o "aval" da "ciência nacional" através de vários autores, entre eles o do então diretor do Museu Nacional do Rio de Janeiro, João Baptista de Lacerda, que inclusive representou o Brasil no Primeiro Congresso Universal das Raças, que se realizou em Londres em 1911. Lacerda, como médico e especialista em "antropologia física", como a maior parte dos antropólogos da época, conhecia bem métodos e técnicas da ciência desenvolvida na Europa, assim como as teorias raciais deterministas.[26] Segundo esse último autor, a situação poderia ser observada com otimismo, já que "no Brasil já se viram filhos de MÉTIS apresentando na terceira geração todos os caracteres físicos da raça branca".[27] Assim, na opinião de Lacerda não havia motivos para maiores preocupações, já que, com a abolição e a dispersão dos negros, em mais ou menos um século esta raça, segundo o autor, tenderia a desaparecer.

Análise bastante semelhante foi elaborada na década de 1920 por Oliveira Viana, para quem ocorreria no Brasil uma arianização progressiva não só devido à imigração branca como também por causa dos cruzamentos e da mortalidade de negros e mestiços.

Essa insistente visão de um Brasil "branqueado" apareceria também na ficção literária. Assim, por exemplo, a novela *A esfinge* (1911), de Afrânio Peixoto, que teve grande repercussão na época, refletia em seus diálogos as preocupações raciais da elite carioca,[28] sendo que o próprio romancista concedia três séculos para a transformação da sociedade de negra em branca. Da mesma forma, Graça Aranha, em seu romance *Canaã* (1901), reproduzia também "a expressão da política oficial do governo concernente ao incentivo à imigração europeia, a fim de que o Brasil pudesse evoluir rumo a uma nação predominantemente branca em termos culturais e raciais".[29]

Assim, em meio a esse panorama, onde conviviam "teóricos do branqueamento" com pensadores mais deterministas e pessimistas, é claro que não havia homogeneidades consensualmente aceitas. Mas, de toda forma e a despeito das diferentes linhas, o negro era considerado por esses analistas, em seu conjunto, como um elemento que, apesar de "mais" ou "menos" assimilável segundo os diferentes vieses, denegria sempre a "civilização".

A partir das décadas de 1920 e 1930, no entanto, e ligada também a fatores de ordem social, política e econômica que marcavam e alteravam a vida brasileira nesse momento, uma nova fase de estudos e reflexão parece ter-se aberto. Talvez um dos exemplos mais marcantes desse período tenha sido Artur Ramos, que, apesar de bastante influenciado por Nina Rodrigues e pela concepção de evolução social, retomou o tema criticando antigas convicções e preocupando-se em trazer novas bases de estudo.[30] Artur Ramos buscou inspiração e recursos na antropologia cultural largamente praticada em centros científicos do exterior (sobretudo nos Estados Unidos, com a escola de Franz Boas). Elaborou a partir da visão culturalista novas imagens a respeito da questão negra, criticando ou trazendo saídas diversas às concepções "biologistas" que predominaram até basicamente a década de 1930. Ao conceito de raça é agregado então o conceito de cultura, "libertando-se dessa maneira o destino da raça negra de seu aprisionamento biológico inevitável".[31] Além disso quebrava-se o consenso pessimista que pairava sobre a nossa "realidade étnica" e abriam-se perspectivas mais otimistas para o "futuro da nação". Assim, o elemento negro passava de presença exclusivamente patológica e negativa a figurar como um fator de contribuição positiva para a cultura brasileira e para a constituição de nossa nacionalidade.

Esse mesmo otimismo caracterizou também a obra de Gilberto Freyre (talvez até hoje um dos intelectuais nacionais mais divulgados e conhecidos no exterior), tão marcado pela influência conservadora e regional do Nordeste açucareiro, como afirma João Baptista Borges Pereira.[32] Assim, como dizíamos anteriormente, com Freyre consagrou-se a representação de uma situação racial amena e "democrática", com as imagens de senhores e escravos dóceis e passivos, caracterização esta que se tornava ainda mais marcante quando o autor a contrastava com a situação norte-americana. A obra de Gilberto Freyre trouxe, por outro lado, novos elementos para que se analisasse de uma maneira diversa a "herança africana" e de outras raças, contribuindo inclusive para a formação de uma espécie de "nova rationale" para essa sociedade multirracial, já que a partir desse momento as raças componentes — europeia, africana e índia — podiam ser vistas e entendidas como igualmente valorizadas.[33]

Gilberto Freyre, com sua análise, não pretendia promover, no entanto, uma espécie de igualitarismo racial (mesmo porque em seus livros a concepção evolucionista, que hierarquizava rigidamente as raças, estava sempre presente); ao invés disso acabava principalmente reforçando o ideal de branqueamento, mostrando de maneira vívida como a elite branca adquiria traços culturais no mútuo contato com o africano e com o índio, em menor escala.[34]

De toda forma, a partir da década de 1930, retomava-se a questão racial de forma menos negativa e agressiva, sendo os temas reelaborados, mesmo na literatura, de forma ao mesmo tempo irônica e crítica. Os assim chamados modernistas, por exemplo, e em especial Mário de Andrade, em *Macunaíma,* ao misturarem folclore nacional com temas regionais, tiveram como resultado obras pulsantes, que contrastaram inclusive com o pesado sentimentalismo literário até então dominante.

Essa geração parecia expressar uma nova visão sobre a identidade e mesmo com relação "aos destinos" do Brasil, fazendo-o de várias maneiras: com Sérgio Buarque de Hollanda, através da caracterização do "homem cordial"[35] brasileiro; ou mesmo com

Monteiro Lobato, que "reabilitava", depois de longo debate, o "caboclo nacional", retirando do imobilismo a até então figura negativa do Jeca Tatu; ou com Roquete Pinto, para quem o problema nacional e doméstico remetia em última instância a uma questão de educação.[36]

De toda forma, à posição pessimista, ao determinismo científico, opunha-se nesse momento uma visão que entendia de forma otimista e até original a nossa "realidade racial".

Por outro lado, após um período de relativo esquecimento, nos anos 1950 a questão racial volta a ser centro de interesses intelectuais no Brasil, tendo como ponto de convergência inicial uma pesquisa patrocinada pela Unesco. Dessa vez, e a partir do estudo de vários cientistas sociais (entre eles Florestan Fernandes, Roger Bastide e Oracy Nogueira), o negro é analisado e entendido enquanto minoria e como grupo que encontra obstáculos em sua participação na sociedade brasileira,[37] distanciando-se dessa maneira do modelo de democracia racial que nosso país parecia até então representar.

Os resultados dessa pesquisa demonstravam por fim as profundas diferenças reinantes no país, que levavam por sua vez não só à desigualdade, como também a inúmeros obstáculos no que se refere ao acesso à educação e ao livre concurso em empregos, especializados ou não.[38]

A essa produção mais acadêmica, e que em sua maior parte associou o conceito de raça ao de classe social, vêm-se somando mais recentemente várias pesquisas que abordam a condição e a situação dessa população, tendo em vista os mais diferentes vieses e preocupações. Assim, por um lado, existem vários estudos que têm se preocupado em analisar a participação e a representação negra nos mais diversos meios de comunicação e expressão, tal como fizeram J. B. Borges Pereira em relação ao rádio (1967), Miriam G. Mendes quanto à produção teatral (1982) e mesmo Teófilo de Queiroz Júnior, com sua análise referente à representação da mulata na literatura nacional (1982).

Por outro lado, conceitos e teorias que já pareciam bastante assimilados têm sido, a partir de vários trabalhos, continuamente questionados. Esse é o caso, por exemplo, da relevante pesquisa realizada por Robert Slenes, que, tendo em vista os dados obtidos na cidade de Campinas, acabou por descaracterizar a assertiva que determinava a absoluta instabilidade dos casamentos entre escravos (1984). Ainda nesse sentido Manuela Carneiro da Cunha, em pesquisa de 1985, na qual lidou de forma inovadora com a questão teórica da identidade étnica, trouxe também muitos dados novos ao debate historiográfico e antropológico, ao acompanhar e analisar o percurso e os destinos de um grupo de libertos que voltou à África e constituiu-se em Lagos, voluntariamente, numa comunidade de estrangeiros. Retoma-se assim, através deste e de outros estudos, o já antigo debate sobre a manutenção de comunidades ou laços de relações entre africanos no Brasil e mesmo a questão da identidade escrava.

Também crítica e renovadora é a produção do grupo de historiadores da Unicamp que, a partir de uma série de estudos cujo eixo central é a passagem da mão de obra escrava a livre, vem elaborando reflexões sobre a organização do mercado de trabalho livre e a ética do trabalho burguês, com seu universo disciplinar, que se instaura mais claramente no Brasil em finais do século XIX. Nesse sentido destacam-se os trabalhos de: A. Gebara, M. Alice Carvalho (1983), Célia Marinho de Azevedo, Peter Eisenberg e Sidney Chaloub, entre outros.[39]

Com relação às religiões negras, vários trabalhos continuam a repensar o tema já tão tradicionalmente debatido, de Edison Carneiro a Roger Bastide. Citamos nesse sentido, entre outros, os estimulantes ensaios de Peter Fry sobre a umbanda (1982) e mesmo R. Ortiz, que buscou correlacionar a formação da religião umbandista com a emergência e a consolidação da sociedade de classes no Brasil.

Ligando antropologia com linguística e história, outra importante pesquisa conjunta é a que Carlos Vogt, Peter Fry e Robert Slenes realizaram com a pequena e até então bastante isolada comunidade do Cafundó, buscando retirar elementos concernentes ao sistema lógico da linguagem local, bem como repensar costumes e práticas de um grupo de ex-escravos que se manteve relativamente unido e isolado no desenrolar de todos esses anos.

Podemos perceber, portanto, que a questão negra continua ainda, e a despeito de certo desinteresse atual, plena de debates e controvérsias, sendo que antigas imagens e teorias, se são de alguma forma ultrapassadas, não estão de maneira alguma totalmente absorvidas ou eliminadas. Assim, representações outrora hegemônicas, que traçavam cientificamente a inferioridade negra, se não são mais predominantes, ao menos sob o aspecto da produção acadêmica, de alguma forma ainda fazem parte do senso comum, assim como imagens diversas e conflitivas que vão do mais "ardoroso pessimismo" ao "otimismo desenfreado" de "afirmação de nossa democracia racial".[40]

**PARTE 1**

# A metrópole do café com seus símbolos de civilização

# O contexto

*Um bando de ideias novas*
Sílvio Romero

Como apontávamos anteriormente, é necessário entender toda essa diversidade discursiva não de forma absolutamente isolada, mas também no interior do contexto brasileiro da época, rico em contrastes e debates internos. Ou seja, no período que vai de 1870 a 1900 existem basicamente duas questões centrais que servem como gancho de análise para este estudo: por um lado, a questão da *abolição da escravidão*, que trazia consigo embates práticos e políticos entre os diferentes grupos dirigentes; e, de outro, a *"jovem República"*, que contava com problemas cruciais: a raça, a formação de uma nação, a cidadania e a busca de um modelo civilizatório europeu. Assim, a partir da segunda metade do século XIX, ocorre em São Paulo uma série de mudanças econômicas e sociais ligadas ao processo de desenvolvimento do capitalismo industrial em nível internacional e à superação da escravidão como sistema de trabalho.

Desde o começo do século é frequente a pressão inglesa no sentido da abolição da escravidão. Isto é, se até boa parte do século XVIII a Inglaterra havia incentivado a vinda de escravos, a partir de 1807 extingue o tráfico para si e suas colônias e passa a pressionar outras nações, já que para ela era nesse momento mais importante garantir a existência de mercados consumidores do que apoiar as restrições criadas pelo capitalismo comercial. Ou seja, o desenvolvimento crescente do capitalismo industrial tornara inoperantes os mecanismos de comércio e produção vigentes. Os monopólios e privilégios que haviam caracterizado o sistema colonial tradicional e toda a política mercantilista apareceram então como obstáculo aos grupos interessados na produção em grande escala e na generalização e intensificação das relações comerciais.

Porém, apesar da constante pressão inglesa, o tráfico de escravos só é extinto no Brasil a partir de 1850, sendo que desse momento em diante, apesar da existência de um tráfico interno de escravos, e de uma série de leis claramente contemporizadoras, a tendência será no sentido do esgotamento do braço negro cativo e do incremento a novas saídas para a questão da mão de obra (sobretudo na região do Oeste paulista, já que nesse local começava a se desenvolver a cultura do café, num momento em que o braço escravo já era extremamente caro).

Assim, já na década de 1840 (antes mesmo do problema aguçar-se), o senador Vergueiro, fazendeiro da região de Limeira, cria em sua fazenda as conhecidas colônias de parceria, que contavam com trabalho imigrante. A experiência fracassa, devido em parte às condições rudimentares a que os imigrantes foram submetidos,[1] porém a imigração europeia será de fato a solução encontrada quando o contínuo encarecimento, o escasseamento do braço negro e a constante expansão do café exigirem uma alternativa para o trabalho compulsório.[2]

Assim, desde os anos 1870 correntes migratórias dirigem-se especialmente para São Paulo. No entanto, é de 1886 em diante que a imigração intensificar-se-á ainda mais, sendo que, a partir da segunda metade do século XIX, e principalmente nas novas regiões cafeeiras, imigrantes e escravos passam a viver lado a lado. A abolição do regime escravista, porém, não se fará sem debates e mesmo sem o inevitável abalo de um império já tão enfraquecido nesse momento. Assim, juntamente com essa questão, apareciam novos temas e embates, já que, como afirma Sílvio Romero, a partir de 1870 surge "um bando de ideias novas", sendo que a monarquia é atacada, a Igreja sofre forte reação e a campanha abolicionista toma volume, questionando cada vez mais fortemente a instituição servil.

É em 1870 que termina a desastrosa Guerra do Paraguai (quando três quartos da população paraguaia é morta). Todavia, não é tanto a guerra em si que pretendemos ressaltar neste momento, mas antes alguns de seus efeitos: a elevação política e social do Exército e o fortalecimento da campanha abolicionista. A força militar do Império era até então a Guarda Nacional, formada por grandes latifundiários, comerciantes e políticos voltados para o controle da ordem e a manutenção do poder da aristocracia agrária. O Exército não possuía então qualquer significado social, sendo formado por homens livres, não proprietários, recrutados mais por castigo ou desemprego. É só com a Guerra do Paraguai que o Exército passa a ter uma posição política e social de destaque, negando-se depois a capturar escravos fugitivos e dando dessa forma importante apoio à campanha em favor da abolição.

O Exército opunha-se a perseguir escravos fugitivos primeiro porque se identificava com aqueles indivíduos com os quais havia combatido lado a lado e sob a mesma condição. Além disso começava a questionar a própria função de perseguidor de escravos, agora considerada pouco digna aos "salvadores da nação".

Por outro lado, quando estourou a Guerra do Paraguai, todos os interesses voltaram-se, ao menos momentaneamente, para a "defesa nacional"; o problema servil foi mantido quase em suspenso. No entanto, com o final da guerra, as atenções centram-se novamente em torno da situação interna e a luta em favor da abolição toma novo impulso.

Nesse sentido, segundo Caio Prado Jr.,[3] desde 1865 a posição internacional do Brasil com relação ao problema da escravidão tornara-se difícil (já que, com a libertação ocorrida nos Estados Unidos da América, o Brasil será, como Cuba, o único país da civilização ocidental a admitir a escravidão). Entretanto, com a Guerra do Paraguai, o debate é adiado e retomado apenas com seu final (1870), quando, segundo esse mesmo autor, "a abolição do regime servil se tornará daí por diante um ponto de honra nacional". No entanto, em torno dessa questão não havia posições unitárias, isto é, se de um lado as regiões do Norte tinham poucas razões para defender a escravidão (mesmo porque boa parte dessas províncias havia vendido grande número de escravos com o tráfico interno), em contraposição as zonas cafeeiras do Sul seriam o baluarte da reação pró-escravidão.[4] Porém, mesmo dentre elas vão existir diferenças no grau de compromisso com a instituição escravista. Assim, enquanto no Vale do Paraíba o cativeiro tinha ainda raízes profundas, a lavoura do Oeste paulista possuía condições privilegiadas para adotar o trabalho assalariado (devido a suas melhores condições financeiras).

Devido às pressões não só externas como internas, o movimento tendeu a radicalizar-se, promulgando-se inclusive nessa época "as famosas" leis emancipadoras. A Lei do Ventre Livre, por exemplo, lavrada em 1871, significou no entanto apenas uma pequena concessão, já que consagrava a opção entre o direito da propriedade ou a indenização ao senhor lesado (sendo que este normalmente optava por conservar o liberto até 21 anos, utilizando seus serviços). Assim, os resultados mais imediatos dessa lei, como de outras, foi antes o esfriamento da campanha, já que os abolicionistas acreditavam ter dado um grande passo rumo ao término da escravidão.

A Lei dos Nascituros, aprovada na administração conservadora de Rio Branco, além de lidar com a questão dos recém--nascidos, determinava ainda outras medidas: criava o Fundo de Emancipação, para ser utilizado na manumissão de escravos em todas as províncias (fundo esse que teve escassos efeitos, já que as províncias retardavam sempre o andamento dos processos); facultava a possibilidade da formação de um pecúlio, por parte do escravo, e estabelecia obrigatoriedade do registro nacional de todos os escravos. Além disso, também a Lei dos Sexagenários, promulgada posteriormente, exemplifica o caráter moderado das medidas abolicionistas brasileiras. Essa lei concedia liberdade às pessoas que tivessem mais de sessenta anos, que deveriam no entanto trabalhar de graça por mais três anos. Essa lei gerou reações, mesmo na época em que foi promulgada, pois os poucos escravos que conseguiam alcançar tal idade estavam, na sua grande maioria, inválidos e inaptos para o trabalho. Nesse sentido, significavam inclusive despesa para os proprietários, sendo então vantajoso conceder-lhes liberdade, já que dessa maneira os senhores descomprometiam-se de qualquer obrigação para com eles.

Tal tipo de atitude revelava por sua vez a característica básica do pensamento antiescravista no Brasil: o seu caráter moderado. Em geral, ao mesmo tempo que se exaltava a libertação, temia-se por uma revolução fatal ao país, afirmando-se a necessidade de uma abolição lenta e gradual. Não havia um maior entrosamento entre os rebeldes negros e os abolicionistas, sendo que a própria propaganda abolicionista não se dirigia aos escravos, que tendiam a ser considerados bárbaros, incapazes de exercer ações políticas.[5]

O abolicionismo brasileiro, porém, não foi só moderado. Principalmente na década de 1880 surgem grupos radicais que, não podendo atuar no Parlamento, acabam agindo por meios ilegais. Assim, nesse momento, em diversas regiões, diferentes grupos estimulam as fugas de cativos, que ocorrem com maior intensidade em São Paulo. Antônio Bento, por exemplo, juntamente com seu grupo, os caifazes, como veremos com mais vagar, a partir da análise do jornal desse grupo, começa a atuar com grande frequência, incentivando fugas e criando todo um sistema de proteção ao escravo fugitivo.

Avolumam-se então as fugas e os movimentos de rebeldes negros, a questão da suspensão do trabalho servil passa a constituir ponto básico de debate, agitando todo o já precário equilíbrio do país.

Isto é, até a década de 1870, apesar das pressões, os escravos continuavam a ser a mão de obra fundamental para a lavoura brasileira, sendo que nessa época todos os 643 municípios do Império, nos quais havia estatutos, ainda continham escravos.[6] No entanto, a partir desse período começam a ocorrer fugas em massa, que acabam por desorganizar o trabalho agrícola, forçando aos poucos os fazendeiros (basicamente os da região do Oeste paulista) a aceitarem a abolição como fato inevitável e até mesmo desejável para o estabelecimento da ordem e a continuidade da produção.

O protesto escravo é então "um gesto antigo que assume um novo significado".[7] Ou seja, desde os primeiros tempos da Colônia existiam tensões entre senhores e escravos, sendo que assassinatos, levantes, quilombos e fugas eram episódios constantes. No entanto, tais atos constituíram protestos isolados que se dirigiam aos representantes visíveis do sistema: o capataz ou o senhor. A partir do final da década de 1870, a rebelião adquire um novo significado, na medida em que a instituição escravocrata encontrava-se em declínio. Assim, conjugadas à ação abolicionista, a contestação e as fugas de cativos adquirem uma dimensão diferente; são vários os proprietários de terras do Oeste paulista que, visando a garantir a estabilidade da mão de obra, concedem liberdade a seus escravos mediante contratos de trabalho.

Por outro lado, nas cidades, a partir da segunda metade do século XIX, tomam maior importância as confrarias e irmandades onde se reuniam negros livres e escravos. A atuação dessas associações, por sua vez, não era exclusivamente religiosa, pois organizavam caixas de auxílio, de empréstimos e também juntas de alforria.

É também na década de 1870 que, com a mudança do eixo do café (do Vale do Paraíba para o Oeste paulista), o novo grupo que ascende economicamente busca modificar o cenário político do Império. A partir dessa época, o movimento republicano toma maior força e, ao mesmo tempo que se acumulavam as críticas a d. Pedro II, cresciam os questionamentos aos dois partidos da monarquia (liberal e conservador), que perdiam a pouca importância que possuíam (já que não representavam mais nem os interesses dos grupos dominantes e se transformaram em máquinas sem conteúdo social).[8]

Assim, a imagem da República tomava volume e, aliada a ela, surgia uma série de ideias "liberais" que traziam críticas aos privilégios, às ligações entre Estado e Igreja, à escravidão e à falta de igualdade. No entanto, mais uma vez a igualdade e a liberdade pregadas estavam limitadas pelos interesses dos cafeicultores, que permaneciam ligados ao Partido Republicano. Tomando palavras de Cruz Costa, tratava-se mais uma vez de "reforçar conservando", ou seja, esvaziar parte das ideias liberais de seu conteúdo original, mas adaptando-as às práticas e condições locais.[9]

A escravidão terminava então em 1888, carregando consigo quase que simultaneamente um império, que caía perante os esforços conjuntos do Partido Republicano (o qual representava, por sua vez, os novos e ascendentes cafeicultores da região do Oeste paulista) e do Exército. A questão estava lançada: por um lado, a República surgia, realçando os valores "liberais" da época, fincada em toda uma "imagem civilizatória"; e, ao mesmo tempo, com o final da escravidão era jogada no mercado uma grande massa que agora tinha direito à cidadania (já que, segundo a Constituição de 1824, índios e escravos não eram considerados cidadãos). Como, então, pensar na formação dessa "nação" brasileira, já que nesse momento os conceitos de raça e nação pareciam profundamente associados? Como entender a questão da igualdade, da cidadania e da "civilização" perante essa massa de ex-escravos? As teorias e representações parecem florescer: ao lado da explicação religiosa (antes totalmente absoluta), o discurso científico procurará dar conta também da condição negra, já que a partir desse momento esse elemento será, na visão da época, antes de tudo "um objeto de ciência".[10]

Nesse sentido, parece-nos que não é aleatório o fato de vários autores demarcarem o final do século XIX como o período do surgimento do racismo no Brasil. Segundo Thomas Skidmore, por exemplo, antes do clímax da abolição da escravidão no Brasil, a maior parte da elite pouca atenção dava ao problema da raça em si. Para esse autor, o pensamento racial teve seu auge entre 1890 e 1920, quando as ideias de hierarquização das raças e da superioridade da raça branca adquirem foros de legitimidade científica.[11]

Roberto DaMatta também aponta o final do século XIX como o período de florescimento das teorias raciais no Brasil. Para esse antropólogo, a elite intelectual brasileira absorveu as teorias deterministas europeias, tomando-as como doutrinas explicativas acabadas para a realidade do país. Nelas obviamente nosso futuro surgia como incerto, já que a união de raças era totalmente condenada. Segundo ele, tais teorias possuíam pressupostos básicos que relacionavam a biologia à história, determinando e hierarquizando de forma fixa as diferentes posições e condições de cada raça:

"A cada raça correspondia uma determinada tendência, havendo na base dessas uma equação entre RAÇA = CULTURA = NAÇÃO = TRIBO".[12]

Segundo Carlos R. Brandão, surgem novos atributos de identificação após a libertação dos escravos, quando se destaca a etnia como forma de classificação. Isto é, "enquanto era escravo, o estigma dessa identidade radical encobria a da 'cor da pele', que por sua vez surge como atributo e atualização de diferenças quando a liberdade desfaz a primeira".[13]

Assim, com o advento da igualdade formal, com a passagem do escravo a cidadão, parecem surgir novas concepções e estereótipos. Por exemplo: no século XIX visitaram o Brasil vários teóricos estrangeiros (Gobineau, Louis Agassiz, Louis Couty e José Ingenieiros) que, implicados nas teorias deterministas raciais, elaboraram análises sobre a "realidade brasileira".[14] Nessas circunstâncias elaboram-se discursos diferentes, visto que "era necessário criar mecanismos sociais que em nome de uma desigualdade natural permitissem a acomodação dos negros a um sistema assimétrico de posições e privilégios".[15]

Esse tipo de discurso científico determinista que surge no final do século XIX prolifera também na imprensa da época. Nesta, a afirmação da inferioridade negra aparece não só nos grandes debates como também nas pequenas seções e nos diversos anúncios que compõem parte básica e cotidiana desses jornais. Não foi por mero acaso, por exemplo, que em 1888 Euclides da Cunha, intelectual que, como vimos, aplicava em suas análises as teorias deterministas europeias da época, era acolhido por *A Província de São Paulo* como colaborador da seção intitulada "Questão social". Euclides da Cunha foi um dos grandes divulgadores das teorias científicas em voga na Europa na época. Em seus artigos em *O Estado de S. Paulo* citava Darwin, Spencer, Huxley, Comte e, em sua obra principal, *Os sertões,* analisou o episódio de Canudos levando em conta dois fatores determinantes: a raça e a influência do meio. Acreditava na ideia da superioridade natural da raça branca, considerando a miscigenação prejudicial e o mestiço um desequilibrado.[16] É necessário destacar, no entanto, que essa questão da "formação de uma nação" será retomada com mais detalhes na conclusão, cabendo aqui a exposição apenas de algumas reflexões prévias.

Por fim, é necessário ressaltar que trabalhamos no interior de um período em que, como veremos a seguir, a própria cidade de São Paulo começa a se constituir enquanto "metrópole do café"[17] e enquanto centro político e social do ascendente grupo de cafeicultores do Oeste paulista (tomando nesse sentido um novo destaque no interior do panorama nacional). Mais especificamente, é também o momento da constituição de um novo tipo de jornalismo, talvez mais adaptado às novas configurações locais, mais próximo do que hoje conhecemos e denominamos como grande imprensa.

Assim, antes de entrarmos propriamente na análise dos jornais, é necessário contextualizar e caracterizar a cidade de São Paulo em meados do século XIX e compreender, dimensionar a importância da imprensa paulistana no interior desse momento específico.


## SÃO PAULO (SÉCULO XIX): DO "BURGO ESTUDANTE" À "RACIONALIDADE URBANA"

São Paulo, em meados do século XIX, pouco tinha a ver com a metrópole de hoje. Na verdade, nesse século em que o período áureo do bandeirantismo havia acabado sem deixar opulência, São Paulo não passava de uma pequena aldeia colonial. Cerca de três séculos depois de sua fundação, a cidade quase nada se modificara, estendendo-se pouco além dos estreitos limites assinalados pelo Tamanduateí e Anhangabaú.

A área urbana central era formada pelo Convento de São Bento ao Campo da Forca (mais tarde chamado de Liberdade), de um lado, e a Capela dos Aflitos, próxima ao cemitério do mesmo nome, à Chácara dos Ingleses, de outro. Ao redor desse pequeno núcleo de ruas escuras e esburacadas alternavam-se casebres mais pobres, cercados por matagais, onde os escravos fugidos costumavam se esconder.[18]

O círculo da pequena cidade fechava-se com chácaras, que mais tarde se transformariam nos bairros de Campos Elíseos, Bom Retiro e adjacências. Naquele pacato local, plantava-se chá no viaduto do morro (hoje Barão de Itapetininga) e colhiam-se maços de agrião no atual parque do Anhangabaú, onde também se caçavam lagartos.[19]

Boa parte da cidade, principalmente na confluência do Tamanduateí com o Tietê, continuava alagada e inaproveitada. A pequena população, de no máximo 20 mil pessoas em 1840, dormia cedo, já que as ruas não eram iluminadas, e vivia em locais de pouco movimento e comércio. A pequena agitação que poderia ser sentida era advinda da passagem das tropas que desciam, carregadas, em direção a Santos ou a alguma fazenda, ou então do movimento de tropas locais que abasteciam Santos de gado e farinha.[20]

Não havia "elegância" nos 4017 prédios (em 1870) e as casas eram feitas de taipa e branqueadas com tabatinga, o que tornava trabalhosa a conservação das moradias e levava à presença constante de um "telheiro" profissional.[21] Segundo a visão de alguns viajantes (Saint-Hilaire, por exemplo), a cidade parecia de barro, já que com esse material cobriam-se casas, calçadas e igrejas.

Os costumes eram sóbrios: as damas vestiam-se de preto, tratavam-se polidamente por "vós", e as procissões e romarias eram uma constante.

Não havia muitos médicos naquela época, mas em compensação não faltavam farmacêuticos e curandeiros, sendo que a política da terra e os jogos eram realizados nas próprias farmácias. Em contrapartida, a educação era feita por professores régios: quem quisesse seguir os estudos superiores tinha que ir para Coimbra.[22] Essa situação permaneceu inalterada até 1827, quando da instalação da Faculdade de Direito de São Paulo, de acordo com o Decreto Imperial de 27 de agosto. A proposta da fundação de uma faculdade com sede em São Paulo, no entanto, foi por várias vezes impugnada. Os mais diversos motivos eram destacados nos debates: a posição geográfica da cidade (pouco acessível aos estudantes do Norte do Império); a escassez de recursos, já que faltavam casas para os alunos recém-egressos alugarem; a dificuldade dos caminhos da "horrível Serra do Cubatão"; a alegada má pronúncia ou dialeto do paulista, que poderia viciar a "fala dos moços" que fossem estudar em São Paulo; e, finalmente, a injustiça em se aquinhoar sempre esta cidade, melhor do que outras províncias do Império.[23]

Porém, ao final desse embate todo, acabam sendo escolhidas duas sedes: uma em São Paulo e outra em Olinda. A preferência pela cidade paulista acabou prevalecendo devido a inúmeros fatores favoráveis, tais como a proximidade com o porto de Santos, o baixo custo de vida, o clima saudável e moderado, o bom abastecimento de gêneros de primeira necessidade, e por ser um local que concentrava os estudantes das províncias do Sul e do interior de Minas (Olinda, por sua vez, possuía características semelhantes e podia atender aos estudantes das províncias do Norte).

Assim, logo que se aprovou o decreto que determinava a criação de dois cursos jurídicos no Brasil, tanto São Paulo como Olinda voltaram as vistas para a formação do pessoal que iria dirigir as instituições e para possíveis edifícios (nesse sentido, a atenção centrou-se principalmente nos grandes conventos pouco habitados).

Em São Paulo, o edifício escolhido, devido ao tamanho e condição, foi o Convento de São Francisco, construído em 1624. Os frades foram obrigados pelo governo a abandonar boa parte do prédio.[24]

A partir de então, frades e estudantes só se encontravam quando desciam à igreja, já que até as escadas eram separadas.

Apesar dos poucos relatos a que se tem acesso, ao que parece as relações entre franciscanos e a academia não eram das mais "cordatas". Assim, por exemplo, conta-se que os primeiros alunos tinham que entrar na faculdade pela igreja, porque a extensa propriedade agrícola dos frades era demarcada por um muro que passava bem em frente à escola. Por outro lado, existiam controvérsias com os franciscanos sobre o badalar do sino, a serviço tanto da igreja como das atividades educacionais: o sineiro, ao que parece, entusiasmava-se tanto com a profissão que acabava muitas vezes por aborrecer os professores, cujas aulas eram constantemente interrompidas.[25]

O cargo de diretor da faculdade coube a José Arouche de Toledo Rendon, general brasileiro, abastado, de 71 anos. Segundo Almeida Nogueira, Rendon parecia entender mais de armas do que de letras,[26] pois doutorara-se em leis em Coimbra (fora advogado e juiz) e depois "abraçara a carreira militar", a que se dedicava na época de sua contratação.[27]

Mesmo contando com certos problemas administrativos e políticos, a faculdade foi inaugurada no dia 1º de março de 1828 e, a partir de então, o movimento das diferentes turmas que entravam a cada ano foi modificando totalmente o ambiente da até então tão calma cidade.

Segundo Nelson Werneck Sodré, foi a academia que principalmente "arrancou a capital da província de seu sono colonial".[28]

Daí em diante, ou seja, de 1828 até 1870, São Paulo foi sobretudo um "burgo de estudantes".[29]

Com a nova escola de Direito, alteravam-se as estruturas e os costumes: os estudantes, na sua maioria filhos dos grandes cafei-cultores do Centro-Sul, ou de agricultores do Norte do país, ao mesmo tempo que eram introduzidos nas obras dos grandes pensadores da época e iniciavam-se na política local, começavam a alterar o pacato cotidiano da aldeia que era São Paulo.

Divididos em grupos, os estudantes moravam em cubículos no mosteiro ou derramavam-se por todos os bairros da cidade, encontrando acomodações em casas particulares (que chamavam de república).[30] Nessa época também eram realizados os primeiros flertes nos "passeios" da cidade, e as discussões e reuniões sociais começavam a ser temperadas com bebidas.

De tal maneira o "entusiasmo" estudantil contaminava a cidade que, quando os estudantes deixavam o local em férias, dizia--se que a província recaía em sua habitual sonolência,[31] já que muitos daqueles rapazes, pertencentes a famílias ricas do Império e contribuindo com dinheiro graúdo para o movimento do comércio local, retornavam nesses períodos a seus locais de origem.[32]

No entanto, não só o movimento estudantil foi o responsável pelas grandes modificações que ocorreriam em São Paulo: desde a década de 1850, e principalmente a partir de 1870, a cidade entra em nova fase, já que se transforma numa espécie de "centro" do comércio cafeeiro, ou então, nos termos de Ernani da Silva Bruno, na "metrópole do café". Isto é, com a contínua e acelerada decadência das plantações do Vale do Paraíba e a ascensão paralela do Oeste paulista, São Paulo começava a conhecer a riqueza e o brilho do café. A capital da província beneficiava-se com as mudanças econômicas que ocorriam no país e ia aos poucos se transformando na "sede" principal desse lucrativo tipo de produção agrícola.

Assim, em questão de décadas, as duas grandes regiões de café alteravam radicalmente sua posição em relação à produção.[33]

A partir desse momento e com o constante predomínio da região do Oeste paulista, a cidade aos poucos foi perdendo seu caráter secundário em termos de economia nacional e transformando-se em centro dinâmico: no último quartel do século, São Paulo passava do décimo para o segundo lugar em tamanho no país.

| ANO | | ARROBAS DE CAFÉ | % |
|---|---|---|---|
| 1854 | Vale do Paraíba | 2737639 | 77,5 |
| | Oeste paulista | 796 617 | 22,5 |
| 1886 | Vale do Paraíba | 2074267 | 20,0 |
| | Oeste paulista | 8300063 | 80,0 |

Junto com o café, vinham também outras modificações de relevo. Segundo Janice Theodoro da Silva, a partir de inícios do século XIX passou-se a organizar e favorecer construções que dessem a São Paulo um perfil nitidamente urbano. Padronizaram-se então critérios para a construção de prédios, compartimentou-se (através de uma nova política de doação de terras) a cidade e separaram-se com maior rigidez as áreas públicas das privadas, o que favoreceu também uma melhor definição das propriedades particulares. Em meados desse século, portanto, aos poucos "a cidade representaria a negação do rural, transformando-se em monumento dessa nova urbanidade".[34]

Segundo Janice Theodoro da Silva, essa recente política urbana estava embasada em toda uma nova estrutura, na qual o Estado apresentava-se como legítimo defensor dos interesses públicos, o único capaz de estabelecer critérios "objetivos" para solucionar os problemas "reais" da "coletividade".

Assim, por um lado, é a partir da década de 1870 que essa nova aristocracia do café passa a embelezar a cidade: levanta verdadeiros palácios pelos subúrbios (como a pioneira dona Veridiana Prado), instala lojas de tecidos, destilarias, charutarias, lojas de crédito e escolas, trazendo um pouco de luxo a esse grupo que ascendia economicamente com muita rapidez. Nesse sentido e de acordo com Gilberto Freyre, essa nova aristocracia também buscava aproximar-se dos luxos da civilização europeia através dos hábitos e costumes: substituíam-se violões por pianos ingleses, modinhas pela música francesa, o rapé da Bahia ou do Rio de Janeiro pelo charuto Manilha ou Havana, como também os quitutes caseiros eram substituídos por doces às vezes importados da Europa e adquiridos em luxuosas confeitarias.[35]

Porém nem só de luxo vivia essa nova aristocracia do café, mesmo porque é também nesse momento que a "ciência" e a "racionalidade" são incorporadas à ação do Estado. Com ela viriam não só as melhorias em si (já que, por exemplo, a iluminação pública tradicional feita à base de azeite, e mais tarde a querosene, é finalmente substituída por um sistema de iluminação a gás, sendo que o Gás Co. instala cerca de 606 lampiões pela cidade) como também os novos "técnicos", "cientistas" ou especialistas.

Janice Theodoro da Silva nos fala, nesse sentido, primeiramente da figura do engenheiro, que, segundo ela, através do domínio da técnica, será utilizado como "elemento neutro", capaz de fornecer critérios "objetivos" para a urbanização da cidade.[36] Mas, se a figura do engenheiro é característica da "racionalidade do século XIX", ela não é única. Ou seja, desde inícios desse século, segundo Jurandir Freire Costa, a medicina deu um largo passo no sentido de romper com a tutela jurídico-administrativa a que estava sujeita. Esse progresso fez-se através da "higiene", que incorporou a cidade e a população ao campo do saber médico.[37]

Assim, "administrando antigas técnicas de submissão, formulando novos conceitos científicos, criando táticas de intervenção, a higiene congregou harmoniosamente interesses da corporação médica e objetivos dessa elite agrária".[38]

O conceito-chave, nesse sentido, foi o de "salubridade", questão que se ligava de imediato aos interesses de um país constantemente grassado por epidemias, febres ou focos de infecção.

Entre os trunfos dessa nova "superioridade médica", um dos mais importantes referiu-se às técnicas de higienização das populações. A medicina apossava-se então do espaço urbano, interferindo em locais públicos e privados: matos, pântanos, rios, almerijos, esgotos, água, ar, cemitérios, quartéis, escolas, prostíbulos, fábricas, matadouros e casas.[39]

Portanto, os higienistas do século XIX "criavam" de fato "o corpo saudável, e robusto", oposto ao "corpo doentio do indivíduo colonial".[40] Mas, se esse movimento higienizava, ao mesmo tempo disciplinava, hierarquizava e levava à submissão.

Nessa época em que a "ciência" passa a ocupar o trono do saber, comanda também mais de perto uma série de submissões: a do negro escravo ou recém-liberto, a da mulher sem direitos e a da miséria, que não pode ocupar nenhum lugar, tem que ficar à margem. Ou seja, enquanto a elite voltava-se basicamente para a exportação, todo o espetáculo da pobreza e do trabalho parecia ser necessário e incessantemente isolado, marginalizado e disciplinado.

Assim, ao mesmo tempo que a cidade era dotada (com a contratação de serviços de engenheiros ingleses) de água e esgoto, em 1872 iniciavam-se também campanhas de vacinação, visando a erradicar os diferentes tipos de moléstias, como varíola e cólera, que afetavam largamente a população.

No interior desse processo, várias instituições vão sendo reestruturadas no sentido de "separar" o mais rapidamente possível os "doentes" do convívio com a população urbana; na década de 1870, o hospital da cidade é reformado, a cadeia em 1887 é remodelada e em 1897 surgia o manicômio de Franco da Rocha, experiência-modelo que, ao mesmo tempo que marginalizava e separava os "loucos" em locais distantes do centro, submetia-os à ideologia do trabalho (já que o manicômio a princípio era autossuficiente com relação à sua alimentação).

Logo, à medida que a capital crescia, cada vez mais a sociedade se dividia entre sãos e doentes, pois o movimento que trazia os amplos palacetes dos proprietários de café para São Paulo era o mesmo que expulsava para os limites periféricos da cidade os doentes e os loucos.

Maria Odila Leite da Silva Dias demonstra também como o processo de urbanização da cidade provocou tensão permanente entre "lavadeiras e saúde pública", sendo que as posturas municipais reiteravam proibições de lavar em chafarizes públicos.[41] A autora acrescenta que, como todo o comércio ambulante até então era feito pelas mulheres pobres, cativas ou não, ele foi aos poucos "recuando das ruas do centro da cidade para os novos limites da pobreza urbana".[42]

Obviamente, o luxo e a riqueza propiciados pelo café não beneficiavam a todos os habitantes; ao contrário, a nova elite, que agora deixava suas fazendas para viver e desfrutar do conforto da cidade, fazia-o sempre em detrimento da população pobre do local, que pouco desfrutava dessas novas "melhorias", e que era antes "higienizada" e "disciplinarizada" visando, entre outros, seu melhor aproveitamento enquanto mão de obra livre.

As medidas que se tomavam visavam até a controlar o assim chamado "crescimento desgovernado" da cidade, como indicava o "novo código de posturas" que saíra em 1886. Através desse código, determinava-se, por exemplo, que os vasos de flores não poderiam mais ficar nas janelas, os cavalos não deveriam galopar pelas ruas (exceto a cavalaria e em casos urgentes), as mascaradas públicas só poderiam se exibir nos carnavais, as tabernas deveriam fechar às dez da noite, além de criar "ourinadores" públicos, que serviam como uma espécie de garantia de que ninguém poderia mais urinar nas ruas e praças da cidade.

Além de todas essas medidas, e visando sempre à melhor articulação e mesmo "apresentação" da produção cafeeira (e nem tanto ao bem-estar social geral), todo um sistema de transporte era montado, tanto no interior da cidade como principalmente ao longo da província. Assim, em 1872, a cidade de São Paulo ganhava novos bondes de tração animal. A primeira linha ligava a Sé à Estação da Luz; em 1887 existiam sete linhas com 25 quilômetros, 319 animais e 43 carros transportando um milhão e meio de pessoas por ano.[43]

No entanto, a maior preocupação concentrava-se na questão do escoamento do café do interior da província até o porto de Santos, já que o antigo transporte feito em lombo de burro tornava-se cada vez mais antieconômico. Por isso mesmo, com o excedente de capital obtido com o final do tráfico de escravos, em 1850, os grandes proprietários paulistas passaram a investir também em estradas de ferro. As ferrovias multiplicaram-se a partir de então: além da linha Santos-Jundiaí, outras surgiram, como a Cia. Paulista (Jundiaí-Rio Claro-Capital, 1872); Cia. Ituana (trajeto Jundiaí-ltu, 1873 e Piracicaba, 1879); Cia. Sorocabana (São Paulo-Sorocaba, 1875); Tietê (1883); Cia. Mogiana (Campinas-Mogi-Mirim); Amparo (1875); Ribeirão Preto (1883); Poços de Caldas (1886); e Cia. São Paulo-Rio de Janeiro (mais tarde Central do Brasil).[44]

As estradas de ferro contavam sempre com o capital advindo da produção de café para a sua construção e ampliação, tanto que muitas vezes suas linhas passavam diretamente pelas fazendas dos proprietários empreendedores e interessados. Bom exemplo nesse sentido é o de Antônio Prado (futuro proprietário do jornal *Correio Paulistano*), que financiou a Cia. Paulista e que por isso mesmo providenciou para que um ramo da ferrovia fosse construído ligando Piraçununga à sua fazenda.

Essas novas ferrovias, além de agilizarem a exportação do café, deram uma feição diferente a São Paulo, já que passou a constituir uma espécie de entroncamento das diversas linhas. Além disso, com a facilidade do transporte, também os fazendeiros e suas famílias começaram a frequentar com maior assiduidade a cidade. Muitos deles inclusive ingressaram nesse momento em atividades econômicas urbanas.

Aos poucos, também, a industrialização, que contava em boa parte com o capital da agricultura, impelia São Paulo a um papel econômico e político diferente. Assim, em 1901 existiam 94 estabelecimentos relacionados, sendo que destes 41 foram abertos de 1870 a 1890, entre fábricas de fiação e tecelagem, cerâmicas, fábricas de móveis e artefatos de madeira, chapéus, fósforos e outros.

Por outro lado, o próprio crescimento da população urbana refletia a expansão comercial que apontávamos. Nesse sentido, os números são muito relevantes:

| | |
|---|---|
| 1836 | 12 256 |
| 1855 | 15 471 |
| 1872 | 23 243 |
| 1875 | 25 000 |
| 1886 | 44 030 |
| 1890 | 64 934 |
| 1893 | 192 409 |

É impossível entender esses números, porém, sem pensar na população imigrante que começava a afluir para o Brasil devido ao financiamento direto dos cafeicultores do Oeste paulista (que recorriam ao trabalhador estrangeiro por causa do escasseamento da mão de obra escrava, que se acentuara desde o final do tráfico, em 1850).

No entanto, devido aos inúmeros motivos que levaram ao fracasso do sistema de parceria, e à péssima situação de vida nas fazendas, os imigrantes pouco se detiveram nelas e, ao contrário, começaram a sair em massa das grandes propriedades.[46] As cidades, por sua vez, funcionavam como uma espécie de ímã sendo que nelas essa população desempenhava as mais diferentes ocupações: os alemães realizavam serviços de pedreiros; os portugueses, de carpintaria; os italianos, os serviços de mascates; e, por fim, os escravos e ex-escravos cobriam as ocupações pouco desejadas, como a coleta de lixo. Maria Odila Leite de Silva Dias, que analisou especificamente o papel da mulher pobre em São Paulo nesse período, acrescenta que "um forte preconceito envolvia o desempenho de atividades consideradas mais aviltantes como a disposição do lixo, o carregamento de água das fontes, serviços de lavanderia, cozinha, caixeiros de venda, serviços ambulantes etc., que na época eram funções geralmente realizadas por negras e mulatas forras". Homens e mulheres de cor, livres ou ainda cativos, cumpriam por sua vez, nas cidades, as mais diferentes funções, em especial as preteridas pelo resto da população nativa ou imigrante.

A participação negra em São Paulo torna-se particularmente significativa a partir do momento em que a região se transforma no maior centro produtor de café, dividindo com os imigrantes o trabalho básico da produção. Desde então, os números tenderão a se inverter, pois São Paulo passaria de uma das províncias com menor número de cativos a uma região de destaque nesse sentido. Podemos verificar então que, no recenseamento feito em 1872, São Paulo já aparecia como a terceira província, em termos de população "captiva":[47]

| 1º) | Minas Gerais | 370 479 |
|-----|--------------|---------|
| 2º) | Rio de Janeiro | 272 637 |

| | | |
|---|---|---:|
| 3º) | São Paulo | 156 612 |
| 4º) | Espírito Santo | 22 669 |
| | | 822 397 |

O que chama a atenção ainda é que as quatro províncias acima destacadas correspondem também às quatro principais regiões de produção de café (as açucareiras, como Bahia, Pernambuco, Maranhão, Alagoas, Sergipe, Paraíba e Rio Grande do Norte, juntas, contariam só com 424 432 escravos).

Na província de São Paulo, ainda em 1872, a população escrava correspondia a 19% do total da população, sobressaindo-se o seu elevado número (principalmente se pensarmos que a maior parte era proveniente do tráfico interno).[48]

Portanto, já na década de 1870 a cidade chamava a atenção devido à mistura e às diferentes origens de seus habitantes. A elevação de sua população, por sua vez, como vimos, se fez a partir do tráfico interno de escravos (que saíam das lavouras decadentes de cana-de-açúcar e eram vendidos para os grandes proprietários de café), e também devido ao grande incentivo à entrada da população imigrante.

POPULAÇÃO IMIGRANTE EM SÃO PAULO[49]

| | |
|:---:|:---:|
| 1871-84 | 1959 |
| 1885 | 6500 |
| 1886 | 9536 |
| 1887 | 32 112 |
| 1888 | 92 086 |
| 1889 | 27 893 |
| 1890 | 28 291 |
| 1891 | 108 736 |

Esse novo centro de atividade era também o palco de novas e polêmicas ideias. De um lado, o positivismo era nessa época o único conjunto formal de princípios reconhecido e, por outro, o evolucionismo social de Spencer penetrava de maneira forte, como que justificando toda a estrutura social vigente. Além disso, a partir das décadas de 1870-80 o abolicionismo toma força e inúmeros clubes, sociedades e jornais (como o *A Redempção*, que analisaremos a seguir) vão sendo criados e passam a difundir esse novo ideal.

Segundo Francisco de Assis Barbosa, "a confeitaria e a academia simbolizavam então o nosso panorama. De um lado, a consagração da anedota, do outro, o apogeu do saber e do convencionalismo". A cidade era povoada então pelos "doutores", de que tanto nos fala Lima Barreto, que, cientes de seu saber e com a ciência em suas mãos, desfilavam pela cidade com suas casacas.[50] Ou frequentavam famosas livrarias, como a Garroux, que, repletas de obras estrangeiras, pareciam querer representar em si "a cultura e a civilização".

A penetração estrangeira fazia-se sentir não só nesse setor. Ou seja, ao findar do século XIX a cidade organizava-se não apenas pela intervenção do Estado. Companhias privadas, obtendo a concessão do Estado, passariam a sistematizar prioritariamente a distribuição de água e a coleta de esgotos, além de controlar o transporte coletivo. Essas companhias traziam a marca do capital estrangeiro que, é claro, era aqui investido visando a um lucro bastante imediato.[51] Assim, companhias como The São Paulo Trainway Light and Power Co., Cia. Água e Luz, Pucci & Micheli, São Paulo Railway Company, Companhia City de Desenvolvimento, ao mesmo tempo que introduziam novos componentes para a ordenação do "novo" espaço urbano, representavam também a constante compartimentação social e funcional dentro da urbe.

Com isso, à chegada dos anos 1890, se por um lado a cidade perdia muito de sua antiga aparência colonial, transformando-se em centro dinâmico e básico para a economia do país (principalmente em 1889, com a instalação do regime republicano e a concomitante mudança no eixo econômico, político e geográfico do país), por outro, e juntamente com a "racionalização urbana" e o brilho das melhorias, destacavam-se a desigualdade crescente, a pobreza e a submissão de boa parte da população, que pouco absorvia desse conjunto de novas introduções.

Como reflexo, mas também como produção de valores e posturas, a imprensa paulista cumprirá nesse local um papel de grande importância. Os jornais acompanharão inclusive o crescimento da cidade, pois, tomando as palavras de Nelson Werneck Sodré, "a passagem do século assinala no Brasil a transição da pequena à grande imprensa. Os pequenos jornais de estrutura simples, as folhas tipográficas, cedem lugar então à imprensa jornalística, com estruturas específicas e dotadas de equipamentos gráficos necessários à sua função".[52]

Nessa trajetória, como veremos, os periódicos e os próprios jornalistas vão ganhando cada vez mais destaque, até se constituírem (nos termos irônicos de Lima Barreto) na "Onipotente imprensa, o quarto poder fora da Constituição".[53] A própria imprensa se transformava cada vez mais nesse "engenhoso aparelho de aparições e eclipses, espécie complicada de tablado de mágica e espelho de prestidigitador, provocando ilusões fantasmagóricas, ressurgimentos, glorificações e apoteoses com pedacinhos de chumbo, uma máquina e a estupidez das multidões".[54]

O jornal era então aquele famoso escultor ou "fabricador de boatos", nos termos de Balzac, pois, caso os fatos não existissem, deveriam ser obrigatoriamente inventados. Por isso mesmo o jornalista, nas palavras do triste personagem de Lima Barreto, o escrivão Isaías Caminha, era sempre um homem importante e respeitado até mesmo pela polícia, pois ele tinha o poder de "tudo publicar e a todos ferir".[55]

Logo, não é fato acidental, mas antes digno de nota, como descreve Alfredo Moreira Pinto,[56] que na principal rua de São Paulo, a 15 de Novembro, "onde trafegam bondes e faustosos trens, e onde estão localizadas as sedes do London and River Plate Bank, do Banco Alemão, do Club Internacional, do Jockey Club, da importante livraria Garroux...", estejam funcionando também as redações dos principais jornais paulistanos: o *Correio Paulistano*, decano da imprensa paulista, e *O Estado de S. Paulo*.

Analisaremos a seguir, então, o que foi a imprensa em São Paulo desde seus primórdios até o período em que esta pesquisa se detém (1900). Esse trajeto é relevante, pois demonstra o quão recente é a prática do jornalismo no Brasil e a dimensão de sua força no final do século XIX e início do século XX.

# A imprensa paulistana

Para compreendermos melhor a imprensa desse período, é necessário frisar algumas de suas características peculiares, destacando principalmente o seu caráter recente e rudimentar.

Foi na Holanda que se imprimiu o primeiro jornal ou folhetim, que apareceu em Pernambuco em 1647.[1] A partir de então, e principalmente nos primeiros anos do século XVII, várias tentativas foram feitas por particulares, visando à fundação de tipografias e publicação de periódicos. Todas elas, porém, viam-se frustradas em face da expressa e irrevogável proibição do governo metropolitano, cujo rigor chegava ao extremo de enviar ao reino o material recolhido.[2]

Só a partir de 24 de julho de 1808 é que se pode falar numa imprensa local. Assim, com a vinda da Corte para o Brasil, e junto com todos os luxos e melhorias então introduzidos, d. João VI criava também a Imprensa Régia, que passava a publicar um jornal sob a forma de bissemanais, totalmente sujeito ao arbítrio e à censura da Corte. Logo, o primeiro periódico de que temos conhecimento era, antes de tudo, um órgão oficial.[3]

No entanto, se a imprensa foi introduzida tardiamente aqui no Brasil, São Paulo, por sua vez, teve que esperar ainda mais para ver a fundação de um estabelecimento desse tipo. Ou seja, até antes da independência o paulistano não podia ler os jornais editados no estrangeiro, nem tinha o direito de receber livros que não trouxessem o beneplácito das cortes.

Acontecimentos políticos, financeiros ou religiosos eram introduzidos nos serões das residências, dos clubes recreativos ou ainda nos estabelecimentos comerciais e farmácias, destinando-se os sinos da igreja a anunciar os fatos de muita relevância. Além disso, os atos administrativos eram geralmente divulgados com "bate-caixas" pelas ruas da cidade ou afixados na porta da residência do próprio presidente da província.[4]

A primeira tentativa em São Paulo deu-se em agosto de 1823, com o lançamento de um jornal bissemanário denominado O Paulista, periódico que contava com o apoio do governo da província. Era copiado em folhas de papel comum, a bico de pena, e então distribuído a grupos de cinco assinantes que se revezavam na leitura. Por sua vez, só quando se constituíam mais cinco assinaturas é que se copiava mais um número do jornal. Era, portanto, o único veículo noticioso de São Paulo, e, apesar do interesse que despertou, o jornal foi fechado em outubro de 1923, devido às dificuldades em encontrar uma tipografia para a sua produção, aliadas a outros problemas financeiros.

Funda-se então, em fevereiro de 1827 (mesmo ano da fundação da Faculdade de Direito), o primeiro jornal impresso em São Paulo, o Farol Paulistano, de tendência conservadora e que durará até 1833, sendo adquirido pelo governo em 1835.

Outras tentativas foram feitas ainda na primeira metade do século XIX. Em 23 de outubro de 1829 era fundado, por Líbero Badaró, o *Observador Constitucional*; em 1835 surgia o primeiro diário de São Paulo, *O Constitucional*, que contava com quatro páginas; e em 1831 começava a circular uma espécie de primeira versão do *Correio Paulistano*. Esse bissemanário era propriedade do negociante José Gomes Segurado (sogro do capitão Joaquim Roberto de Azevedo Marques, fundador, em 1854, do segundo e definitivo *Correio Paulistano*). No momento em que surgia, ele combatia os restauradores que pretendiam a volta do domínio português. O periódico era impresso na tipografia do *Farol Paulistano* e vendido na loja de seu proprietário e editor à rua Direita, 32, ao custo de 1$440 por trimestre.[5]

Sem nos determos nesses jornais, vale destacar ainda que, em 1840, existiam seis publicações na capital, sendo que já haviam aparecido, até então, 22 periódicos. Esses números tenderam a elevar-se, já que em 1850 existiam 47 jornais, e de 1851 a 1860 apareceram 55 novos periódicos. Esses dados tornam-se ainda mais relevantes se destacarmos que de 1861 a 1870 existiram sessenta novos jornais; de 1871 a 1880, oitenta periódicos; e, de 1881 a 1890, 273.[6]

Só no ano de 1860, São Paulo presenciou o aparecimento de nada menos que doze periódicos, para uma população de mais ou menos 20 mil almas.

Esses jornais, como é fácil imaginar, na sua grande maioria tiveram vida efêmera e curta. Boa parte deles ficava no primeiro número (às vezes referentes exclusivamente a determinadas ocasiões comemorativas), não conseguindo sobreviver durante um período relativamente longo de tempo.

Desse aluvião de jornais que apareceram na capital de São Paulo durante o Império, apenas os fundados no Segundo Império sobreviveram, como o *Correio Paulistano* (1854), *A Província de São Paulo* (1875) e o *Diário Popular* (1884).

Apesar de incipiente, a imprensa no Brasil, naquela época, era o único veículo eficiente de comunicação de massa, cumprindo nesse período um importante papel, o que explica também, em parte, a existência desse grande número de publicações.

O jornal perderá com o tempo essa exclusividade em termos de veículo de comunicação, mas ganhará novas características. Como diz Nelson Werneck Sodré,[7] "o jornal se transformará em empresa capitalista de maior ou menor porte".

O periódico, enquanto empresa individual, como aventura isolada, desaparecerá das grandes cidades; uma das consequências imediatas é a própria redução do número de jornais e a manutenção de apenas algumas folhas de porte e de características mais estáveis e consolidadas.

## OS JORNAIS DA ÉPOCA: CARACTERÍSTICAS GERAIS, REMÉDIOS, AMORES E OUTROS MAIS

Ao trabalhar com esse tipo de material, dois elementos chamam a atenção do leitor de hoje: primeiro, que os grandes jornais da época são fisicamente muito semelhantes entre si e, em segundo lugar, que são basicamente diferentes dos que estamos acostumados a manusear.

Quanto ao aspecto visual, em geral os periódicos do século XIX eram compostos por duas folhas de formato bastante grande e de difícil manuseio. Essas folhas eram preenchidas normalmente por artigos e anúncios, sendo que os primeiros vinham localizados em estreitas colunas que se iniciavam logo abaixo do cabeçalho, só terminando no final da página, o que obrigava o leitor a fazer um verdadeiro esforço de leitura. Além disso, quase não existiam ilustrações; os poucos desenhos encontrados com frequência referiam-se a remédios miraculosos ou a lojas com seus preços especiais.

Em geral, esses jornais apresentavam uma clara divisão na distribuição interna de matérias. A primeira página era racionalmente a mais organizada e constante, pois composta pela parte editorial, onde se relatava de forma a princípio bastante fria e direta as atas, leis e discursos dos "letrados do Império", e por folhetins românticos escritos muitas vezes por autores de renome internacional.

O leitor que se detivesse, então, só nessa primeira página, teria a impressão de estar lidando com um material muito sistemático e bem diagramado.

No entanto, essa impressão é logo desfeita quando mudamos de página. A partir principalmente da segunda e no decorrer das demais, parece que o material desnuda-se e a grande característica aparenta ser a inexistência de uma diagramação mais lógica e racional, já que o conteúdo aparece disposto, em geral, em quatro colunas, de forma bastante aleatória. Encontramos então, lado a lado e sem qualquer separação mais rigorosa, matérias diversas, que vão sendo introduzidas aparentemente sem qualquer ordem ou homogeneidade.

Misturam-se assim notícias relevantes com os inúmeros anúncios que variavam tanto em tamanho como nos produtos que ofereciam.

Em diversos anúncios, o tema recorrente era "os efeitos miraculosos" dos remédios da época:

*Ferro Rabouteau* (laureado do instituto da França — Prêmio Terapêutico) — o emprego em medicina de Ferro Rabouteau é baseado na Sciência — Recomendado para: Chlorose, Anemia, Pálidos, Cora, Corrimento, Debilidades, Esgotamento, Convalescência, Fraqueza das crianças, Depauperamento e Alterações no Sangue.

Nem constipação, nem Diarreia. Assimilação completa." (*Correio Paulistano*, 19 de janeiro de 1874)

Outros anúncios, por sua vez, descreviam maravilhosos chapéus, liquidações inesperadas ou mesmo novos produtos, de confiabilidade ainda não comprovada, como é o caso da Farinha Láctea Nestlé, que ao final da década de 1870 inicia uma grande campanha a favor do leite em pó:

"A escassez da ama sadia e baba o seu preço elevado tem tornado a introdução da farinha lactea Nestlé um verdadeiro benefício para o Brasil. Hoje uma mãe pode ter a satisfação de criar seu filho com o leite se tiver pouco, sem risco de enfraquecer nem se sofrer na sua saúde [...]" (*Correio Paulistano*, 4 de abril de 1876)

A presença de produtos estrangeiros era na maioria dos jornais uma constante: os anúncios, alguns grandes e atraentes, outros com imensas ilustrações, oferecem, a um público ávido por novidades vindas das "nações civilizadas", variadas mercadorias. Figuram então desde os "famosos fogões americanos Uncle Sam" (28 de dezembro de 1879), chapéus e licores franceses, remédios de inúmeras procedências, e até as modernas e fiéis "photografias Americanas" tão em moda na época. Ilustrações imensas, detalhadas, buscavam atrair a atenção de novos fregueses para invenções inéditas como o arame farpado (*A Província de São Paulo*, 3 de outubro de 1879), ou então para refrigerantes ingleses que pareciam representar em si "provas de civilização". Nesse sentido, em 13 de junho de 1890 saía um anúncio imenso em *A Província de São Paulo*, cujo desenho retratava uma cena que se passava entre um indivíduo branco confortavelmente sentado numa poltrona, com os pés sobre a pele de um tigre, e um homem de cor que usava uma espécie de chapéu (que poderia ser definido como "indiano") e que lhe oferecia uma bebida na bandeja. O texto que acompanhava o desenho não era, por sua vez, menos revelador:

"Salt Regal, Rei dos Salinos effervecentes, refrigerante aperitivo, regularizador, vivificante... Esse refrigerante foi privilegiado por Decreto Real da Inglaterra e Registrado em todos os *países civilizados*".

Por outro lado, nesses períodos tudo virava notícia, ou seja, transformavam-se sempre pequenos fatos, incidentes particulares e mesmo brigas pessoais em notícias de importância geral. Dessa maneira, eram fatos dignos de nota tanto as novas medidas do gabinete imperial como, por exemplo, a aflição de uma esposa preocupada com a fidelidade do marido, envolvido na maçonaria:

"*Uma esposa afflicta*. Depois que o Alcatraz abriu suas portas, não enxergo mais o meu Juca. Não sei que diabo o maldito homem encontra nesta folia que não perde espetáculo. Senhores redactores, o meu Juca foi sempre pudico como cura da aldeia. Não sahia de casa sem mim e quanto a espetáculos, só frequentava os cavallinhos. Agora é uma desgraça, estamos juntos poucas vezes e nunca toma chá em minha companhia. Volta sempre tarde para casa cantarolando umas coisas esquisitas e soltando baforadas que até fico com dores de cabeça. Anda enthusiasmado de uma vez. Não é mais o aquelle Juca pacífico e caseiro que o tornava invejável às minhas amigas. E depois o que eu acho maroteiro é o patife não querer levar-me também ao Alcatraz. Pois porque é que eu não hei de poder ir ver isso que elle e os outros senhores homens tanto gabam? Senhores redactores, são também homens sérios ao que me dizem e por isso que assim como publicam telegramas me digam também a razão porque o meu Juca e os Jucas de outras senhoras não nos levam a esse divertimento. Se aquillo é *maçonaria* então faço-me

beata e não saio mais do confessionário. Prudência da Purificação."
(*A Província de São Paulo*, 20 de março de 1887)

Mas se o jornal servia muitas vezes como uma espécie de "correio sentimental", em alguns casos também era palco de brigas ou litígios atrozes, alguns dos quais, pelo menos para o leitor mais distanciado no tempo, totalmente incompreensíveis.

"Então Sr. Fal... Arlin... Pi... como tem passado? hem? estimo, estimo...

Digam-me como vae sua contenda, terminou? ainda bem porque seus amigos devem concordar que a roupa suja lava-se em família. Não acham meus senhores? Voltem logo ouviu? Um que deu seu nome para os meus e colocavam-lhe nas lutas de seus ingradecidos." (*A Província de São Paulo*, 20 de abril de 1879)

As desavenças que apareciam envolviam não só cidadãos livres, mas muitas vezes escravos; nesses casos, as queixas eram variadas. Referiam-se desde a questões legais que envolviam a propriedade do escravo (13 de setembro de 1877) até a acusações de publicação de anúncios falsos (21 de julho de 1877, *A Província de São Paulo*) ou agradecimentos por curas milagrosas.

Por outro lado, se em alguns casos a grande característica dos artigos é a de possuírem texto seco e direto, em outros percebemos um tom mais passional e mesmo ressentido:

"*Secção livre. Ingratidão de mulheres malvadas* (A Província de São Paulo)
Maria das Dôres, *mulata* que outr'ora foi de um *cidadão* luzo que muito a estimou a ponto de lhe dar a carta de liberdade *no tempo dos escravos caros,* estava em companhia de seu *benfeitor* ha couse de 12 e 14 annos, tendo 4 *filhinhos* deste. Havendo necessidade

do *cidadão* ir à Europa ha perto de 3 annos pela estima que consagrava a Maria e os 4 filhinhos, sujeitou-se a levar essa *desalmada* mulher em sua companhia assim junto à sua família e todos que a conheciam. De volta do Império trouxe mais em sua companhia um parente *vagabundo* que por lá errava, prestando a esse bilhete bastante auxílios como muitos meses de tratamento enquanto não encontrava emprego pois a sua profissão é de barbeiro. Ele abusou da bondade de seu parente benfeitor e teve o atrevimento de metter-se com a sua pessoa de tirar da casa Maria, a qual teve a coragem de abandonar os 4 filhinhos sendo uma menina ainda de peito. *Que coração de mulher malvada!* Causa pena ver a menina durante toda a noute chorar e chamando pela mãe. Que injustiça! Que crueldade! Vejam os que a conhecem como não estará o coração do pae dos 4 inocentes. Elle não seria capaz de fazer isso. E a *malvada* morando no largo Municipal bem socegada com o seu seductor!!" (*A Província de São Paulo*, 2 de setembro de 1884)

Assim, se em algumas matérias a discórdia envolvia a mulher negra com a sua recorrente imagem "sedutora" e "imoral", em outras a briga surgia devido a acordos mal realizados, como no dia 28 de setembro de 1877, quando Antônio A. de Almeida protestava por ter pago a soma de 5:600$000 por um escravo que, depois de efetuada a compra, "mostrou-se além de aleijado do dedo polegar da mão direita, completamente cego de um dos olhos..." (*A Província de São Paulo*).

Portanto, nesses periódicos tudo parecia pequeno e familiar: assim como as desfeitas eram públicas, pequenos desastres ou detalhes pessoais tinham sempre espaço.

Além disso, como afirmávamos anteriormente, tudo levava a crer que São Paulo, nesse momento, assemelhava-se a um "burgo de estudantes": listas de chamada e faltas da Faculdade de Direito

São Francisco eram publicadas todo final de mês (durante boa parte da década de 1870) e noticiavam-se com grande pompa exames ou defesas de tese.

Tudo parecia então bastante "conhecido", sendo que, para o leitor mais distante, uma das dificuldades é justamente a de conseguir penetrar por esses valores às vezes silenciosamente compartilhados nessas notícias pretensamente irrelevantes, mas que ganham outro colorido quando inseridos em todo esse contexto. No interior dos jornais também não poderiam faltar seções humorísticas para "distensionar" até os leitores mais severos. No entanto, a maior característica desse tipo de seção parece ser a de que boa parte das histórias é sem dúvida menos engraçada, pelo menos aos olhos do leitor atual, do que as outras notícias cuja função primeira não é a de ser hilariantes:

"Entre credor e devedor. O senhor F. é todos os dias incomodado por um complacente exactor de seus rendimentos.

— Não lhe faz diferença vir amanhã — diz-lhe um dia o devedor.

— A que horas?

— As 10 horas mais ou menos.

— Não é cedo demais?

— Qual! Venha que eu desejo me habituar a acordar à essa hora." (*A Província de São Paulo*, 28 de fevereiro de 1877)

Além disso, nesses mesmos espaços, divulgavam-se apelos incessantes à nação (apelos esses que não perdem a atualidade...):

"É triste a sorte dos professores paulistas, são olhados com indiferença e até se lhes nega justiça! A Assembleia nega aposentadoria e professores distinctíssimos que adoecerem no emprego e contam muitos anos de serviço. Os paes da Pátria, são paes de família e estão de precisar de votos. Ainda há professores que há de sacrificar pelos tais cá pelos sertões? Os republicanos e alguns liberais precisam de uma prova de gratidão da desgraçada classe! Os ingratos da Pátria." (*Correio Paulistano*, 15 de março de 1887)

... ou mesmo acusava-se sem cerimônias maiores a imoralidade de determinados elementos:

> "*Aos srs. paes de família* — O sr. Martin Francisco
>
> Este senhor está ficando célebre por suas ideias heterodoxas e heteroditas. Acaba de apresentar na assembleia geral uma representação pedindo o casamento civil. Representará neste assunto a província de São Paulo eminentemente católica?
>
> Não, e mil vezes não.
>
> Os paes de família não querem suas filhas amasiadas. O sr. Francisco representará só assi.
>
> E se elle que quer uma prova que consulte o eleitorado.
>
> Como combina sr. exc. o juramento que custou de defender a religião catholica com a doutrina do concubinato civil?
>
> *É homem das Arábias.*" (*Correio Paulistano*, 12 de janeiro de 1886)

Portanto, ao mesmo tempo que se vendiam produtos (que iam de escravos a calças), descobriram-se novas maravilhas da "Sciência médica", chorava-se por causa de um folhetim mais emocionante e até resolviam-se ou criavam-se problemas. Assim publicavam-se diariamente as "ocorrências policiais" da cidade, as listas de óbitos, notícias nacionais (em que se reproduziam e comentavam os fatos ocorridos em diferentes localidades de província) e por fim os noticiários internacionais (em que em poucas linhas e sem quaisquer destaques relatavam-se esparsas notícias do estrangeiro).

O predomínio numérico de anúncios e classificados pode ser entendido se lembrarmos que os jornais viviam principalmente da publicidade, organizando-se antes de tudo enquanto empresas comerciais.[8] Os anúncios pareciam, quando em abundância, constituir-se então em "índices de prosperidade de um jornal", sendo que, como nos diz Lima Barreto, se não existissem "forjavam-se anúncios, calhaus, calhaus de precisa-se, de aluga-se e de pequenos anúncios".[9]

Estabelecia-se em geral uma política que vinculava anúncios e assinantes, pois estes teriam direito de publicar anúncios "gratuitamente" em jornais em que fizessem assinaturas (logo, como melhor analisaremos à frente, parecia haver uma clara correspondência entre público leitor e anúncios classificados). Segundo Flávio Galvão,[10] os jornais de partido inclusive, longe de ser bons negócios, viviam da subvenção desses partidos e só eram lidos se o grupo político ou homens que os subvencionassem estivessem em evidência.

Nos jornais mais lidos, por sua vez, os anúncios invadiam até a primeira página, deixando um espaço restrito à redação e às notícias, ou mesmo aos acontecimentos relevantes que, em geral, eram pouco destacados.

Porém, se visualmente os grandes jornais da época guardavam muitas lembranças, variavam demais em relação a outros aspectos relevantes: em suas tendências políticas (existindo desde periódicos conservadores até republicanos ou abolicionistas, como veremos); no preço, tamanho e tiragem; na linguagem utilizada, ora mais coloquial e séria, ora satírica (como nos diversos pasquins) e às vezes até pornográfica, como é o caso do jornal que saiu em 1839, escandalizando a população local.[11]

Muitos desses jornais afirmavam-se inclusive enquanto defensores exclusivos de uma ideia e de um partido, marcando assim sua especificidade e condição de sobrevivência, como veremos nas páginas posteriores.

Aos poucos, no entanto, os periódicos foram diluindo esse caráter explícito da vinculação partidária, ganhando as sutilezas e os refinamentos da imprensa atual e perdendo lentamente seu aspecto mais rudimentar e artesanal.

Portanto, enquanto veículo de comunicação mais eficiente da época, a imprensa aos poucos foi ganhando uma capacidade maior de penetração no interior da população alfabetizada da cidade, refletindo e produzindo valores e representações. Como diz Nicolau Sevcenko, o jornal, juntamente com a ciência, dividirá nesse momento as convicções da época, transformando-se numa "grande fábrica de novidades, que promovia escândalos, mesmo que fosse preciso criá-los".[12]

Passaremos então a caracterizar os três periódicos que foram mais sistematicamente pesquisados. Analisaremos, portanto, a história de dois grandes jornais da época: o *Correio Paulistano* (fundado em 1845) e *A Província de São Paulo* (criada em 1875), onde o elemento negro aparece representado de forma constante (a partir de imagens e situações diversas), bem como de um terceiro periódico de menor porte, chamado *A Redempção* (1887), devido não só às características peculiares dessa folha, como também pelo contraste que oferece, tanto em termos de estilo como das posturas políticas que assume.

## O *CORREIO PAULISTANO*:
### UM JORNAL AO SABOR DOS BONS VENTOS

O *Correio Paulistano* apareceu pela primeira vez em 1831, constituindo-se numa folha que basicamente difundia as ideias do governo do período.

No entanto, assim como os outros periódicos da época, acabou desaparecendo rapidamente já no ano seguinte, mais precisamente em 17 de outubro de 1832.[13]

No ano de 1854, porém, e sob a direção de Joaquim Roberto de Azevedo Marques (genro do antigo proprietário do *Correio Paulistano*), esse jornal ressurge, contando ainda com grandes dificuldades econômicas.

Segundo Lafayette de Toledo, Joaquim Roberto teve que andar de porta em porta nas casas de comércio, buscando possíveis anúncios para serem publicados de graça, o que só com grande relutância obtinha.[14]

A partir de 1856, no entanto, o *Correio* já caminhava em situação mais segura, sendo que seu formato, preço e tiragem aumentavam, sua técnica aos poucos aprimorava-se, passando inclusive, em 1863, do velho prelo de pau, movido a mão, à primeira máquina de aço Alauzet e, por fim, em 1869, a ser movido a vapor.

Nesse período, como diz Alberto Souza, o *Correio* refletirá as indecisões do meio em que surgia.[15] Ele o fará, no entanto, de forma particularmente contraditória, ou seja, para o leitor (principalmente o atual) é tremendamente difícil estabelecer com precisão a que grupo político o *Correio* se ligava, já que primeiro foi conciliador e depois sucessivamente conservador, liberal, republicano, outra vez liberal, novamente conservador e, por fim, definitivamente republicano.

Nesse sentido, segundo Alberto Souza, o *Correio*, órgão do Partido Conservador em 1889, apoiou a República na medida em que os liberais é que estavam no poder. Essa afirmação só vem confirmar o que Paula Beiguelman constatava sobre os partidos Liberal e Conservador do Segundo Império, isto é: quando os conservadores estavam no poder, cabia aos liberais as propostas mais radicais, sendo que o inverso era igualmente válido.[16]

O *Correio* aparecia então, em sua forma mais definitiva, em 24 de junho de 1850, apoiando a conciliação (governo que unia simultaneamente liberais e conservadores).

O jornal funcionava nessa época na Rua Nova São José (hoje Líbero Badaró) e tinha como primeiro redator Pedro Taques de Almeida Alvim.[17] Assim como os outros jornais da época, o *Correio* dependia dos anúncios para a sobrevivência, e estes eram conseguidos basicamente através de assinantes. Nesse sentido, logo no seu primeiro número o jornal declarava explicitamente:

"Publica-se gratuitamente todos os artigos de interesse geral. As correspondências de interesse particular pagarão o que se convencionar. *Os anúncios dos assinantes terão inserção gratuita não excedendo 10 linhas.*"

Além disso, em seu primeiro número, o jornal já declarava as suas grandes pretensões, enquanto representante de uma "nova era na imprensa paulista". Essa nova era marcava-se não só devido ao novo formato e dimensão do jornal como também por sua perspectiva diferente:

"Entre nós é formoso confessal-o a imprensa não tem correspondido, por um modo satisfatório a sua sublime missão. Os jornais quase que exclusivamente ocupam-se de interesses de sua parcialidade política e o que é mais de questões muitas vezes pessoais, tem transviado a nossa imprensa de seu santo ministério... O *Correio Paulistano* pois aspira nesta província o caráter de publicação imparcial."

Dessa maneira, o *Correio* declarava o novo credo, ou o "santo ministério", tomando suas palavras, do jornalismo, ou seja, a pretensa negação das questões pessoais e a busca da imparcialidade.

No entanto, como em outros jornais (que analisaremos a seguir), essa aspiração foi rapidamente esquecida, mesmo porque depois de um ano o periódico já começava a ter problemas financeiros (passando a ser publicado só duas vezes por semana). Os anos que vão de 1855 a 1858 marcam para o *Correio* um período de decadência, quando o jornal adere publicamente às ideias conservadoras, perdendo com essa atitude o prestígio que conseguira partindo de sua pretensa política independente. Esse momento de crise só foi controlado em termos financeiros quando em 1858 o jornal passa a receber subvenção do governo para a publicação do expediente oficial.

A partir de então essa folha transforma-se em órgão do governo, onde prioritariamente publicam-se os debates da Assembleia Legislativa provincial. Nessa fase, toda a primeira página era tomada por um discurso oficial e nada polêmico, enquanto o restante era preenchido com anúncios, notícias pequenas e de pouca importância.

No entanto, bem ou mal, o *Correio* ganhava, aos poucos, maior estabilidade. Em 1868 a tiragem do jornal já era de 450 exemplares, subindo a setecentos nesse mesmo ano e a 850 exemplares em 1869. Por outro lado, é também nesse ano que, sob influência de Américo de Campos e de José Maria Lisboa (administrador do jornal), o *Correio* fica ao lado dos liberais. Nesse momento, porém, em termos de política interna, tudo parecia bastante calmo, já que todas as atenções estavam voltadas para a Guerra do Paraguai. Contudo, com o final dela em 1870, vários problemas pendentes voltam a se manifestar, e é claro que o *Correio* não passa ileso por eles. Duas questões o tocam basicamente: a questão da abolição da escravidão e a da República.

Em janeiro de 1872, o *Correio* assume a bandeira do Partido Republicano, já que Américo de Campos e José Roberto A. Mar-

77

ques ligam-se de maneira decisiva a essa causa. No entanto, essa adesão foi bastante curta, pois, em 1874, quando Américo de Campos retira-se para formar *A Província de São Paulo*, e o *Correio* é adquirido por Leôncio de Carvalho (de tendências monarquistas), o jornal transforma-se em mero transmissor de informações e curiosidades.

Nessa sucessiva história de idas e vindas, o *Correio* dá novas guinadas, isto é, ainda em 1874 volta às mãos de José Roberto que, sem condições de arcar com as despesas, faz um contrato, só que dessa vez com o Partido Conservador.

Aos poucos o jornal transforma-se em órgão desse partido, dedicando a ele não só os editoriais como também cabeçalhos e largas chamadas para as "questões do partido".

Assim, de 1850 a 1882 o *Correio* passou por diferentes mãos, modificando o seu ideário político conforme os interesses e as "paixões" de seus proprietários.

Sua vinculação só ficou mais estável quando, a partir de 1882, o periódico foi adquirido pelo sr. Antônio da Silva Prado, chefe da União Conservadora e mais tarde prefeito municipal de São Paulo, passando então a fazer ferrenha oposição aos liberais.

Antônio Prado era na época uma das figuras mais destacadas, tanto por suas atividades na área econômica (já que estava ligado à cafeicultura, à ferrovia e à política de imigração) como por sua atuação na política. Diferente de seu irmão Martinico Prado, que atuou ao lado do PRP, Antônio Prado era um dos elementos mais importantes do Partido Conservador. Elegeu-se vereador em 1866, deputado federal de 1869 a 1875; de 1885 a 1889 foi ministro da Agricultura, senador em 1887 e ministro das Relações Exteriores em 1888.[18]

Nas mãos de Antônio Prado o jornal prosseguiu sua campanha oposicionista à situação liberal (intercalando artigos mais elaborados com outros onde a técnica restringia-se ao conflito direto e às agressões pessoais) até agosto de 1885, quando passou a acompanhar a situação conservadora então no poder.

Quanto à questão da abolição, o *Correio* passa de "defensor discreto" da escravidão a "advogado" da questão da abolição do cativeiro. É justamente em 1887 que o jornal inaugura a seção "Movimento emancipador", passando a relacionar em tom sempre emotivo e paternal, como analisaremos em outro momento, listas de proprietários do Partido Conservador que libertavam "desinteressadamente", e com salários fixos, seus trabalhadores cativos.

O tom e o propósito desse jornal parecem claros e poderiam ser nomeados (tomando as palavras de Robert Conrad) como o "fenômeno dos fazendeiros abolicionistas",[19] quando, na iminência de perder toda a sua escravaria através de fugas ou da própria lei, os senhores se adiantam, optando por conservá-los em suas fazendas a partir de salários e condições fixas.[20]

Em 7 de junho de 1889, porém, em meio a todas as agitações que claramente explicitavam o crescente isolamento da monarquia, sobem de novo os liberais ao poder. No mesmo instante, o *Correio* passa a fazer oposição aberta ao governo, destacando a desorganização dos liberais e a iminência da República.

Segundo alguns autores, o *Correio* chega até a apoiar os republicanos, já que eram liberais que estavam no poder. Foi então que se deu a última e definitiva mudança no jornal, ou seja, o *Correio*, como num "passe de mágica", passa de monarquista conservador e escravocrata, até 1887, a abolicionista e republicano em 1889, ganhando louvores e principalmente postos destacados na nova configuração política que se montava.

Assim, nas palavras de Alberto Souza (a quem coube a incumbência de elaborar um livro comemorativo por ocasião do centenário do *Correio*):

"Coube ao *Correio*, em tão delicada emergência, a honra de ser a primeira folha monarquista que interpretou elevadamente os sentimentos gerais considerados como definitivos e irrevogável a proclamação provisória de 15 de Novembro e conclamando os antigos partidos a que facilitassem a remodelação constitucional do país."[21]

Dessa maneira, como bom camaleão, na edição de 17 de novembro de 1889 o *Correio* hasteava novamente a bandeira da República, convertendo-se aos poucos, por mais estranho que pareça, em órgão oficial do Partido Republicano, agora partido único no poder.

Antônio Prado foi aclamado como um dos líderes históricos desse partido (por mais paradoxal que pareça) e mais tarde nomeado prefeito da cidade.

Finalmente, em junho de 1890, o jornal foi adquirido "por um grupo seleto de republicanos históricos", entre os quais o sr. Manuel Gonçalves Camillo e o capitão Manuel Lopes de Oliveira, tornando-se depois propriedade de uma sociedade anônima da Fundação da República.

A história do *Correio* sem dúvida elucida bem o percurso da maioria das folhas noticiosas da época (principalmente as de longa duração), que estavam sempre sujeitas a flutuações e arranjos.

Particularmente, o *Correio* deslizou com frequência em suas orientações políticas, provando também quão tênues eram as distinções e especificidades entre os partidos da época. Mesmo no livro comemorativo ao jornal, a que antes nos referíamos, o autor (em claro tom apologético) cantava louvores a esse periódico que "soube ceder"...

"Quando as vagas voraginosas da paixão dos tempos se aproximam remoinhando e ullulando elle *cederá tolerante* bandeira aos ímpetos das novas correntes avassaladoras e *curvará a cabeça sobre a qual as águas escuarão desfeitas"*...

A isso tudo acrescentaríamos, tomando o refrão da música de Chico Buarque, que "vence na vida quem diz sim", e, ao que parece, essa foi a marca da trajetória desse jornal, ao adotar sempre, como um "bom camaleão", as cores dos partidos e posições hegemônicas de cada um dos períodos.

É importante destacar ainda que o *Correio* trazia também como marca distintiva um estilo sensacionalista, caracterizado, como veremos, pelas notícias minuciosas e descritivas e um discurso bastante apegado aos valores mais conservadores da época.

O *Correio* sem dúvida representou os anseios e interesses de uma aristocracia rural, que sempre relutou em aceitar as novas configurações, aliando-se a elas tardiamente ou quando o conflito tornava-se inevitável e evidente.

Enquanto veículo noticioso, pareceu levar adiante os interesses dos grandes proprietários paulistas, a princípio escravocratas e, na última hora, favoráveis à libertação e à introdução de imigrantes. Esses mesmos elementos, por sua vez, foram denominados "republicanos da lavoura", ou seja, ligados ao mundo rural, e que aderiram ao Partido Republicano só quando foi promulgada a Lei do Ventre Livre. A partir desse momento, o partido, segundo vários autores, começa a se desfigurar, como na reunião do dia 17 de janeiro de 1872, quando se exime de tratar da questão da abolição. Esse é o momento em que vence a ala chamada de evolucionista (ligada à lavoura), e os republicanos mais radicais e fundadores do partido, como Luiz Gama, Américo de Campos e Antônio Bento, são afastados ou retiram-se. Em 18 de abril de 1878, quando se realizava a Convenção de Itu, considerada ato oficial da fundação do Partido Republicano Paulista, a ala dos grandes proprietários (chamados mais tarde, paradoxalmente, de históricos) já é então majoritária e vitoriosa.

No *Correio*, portanto, a postura conservadora, antes de constituir uma "questão de estilo", parecia ser mesmo "uma convicção". Assim, não só em relação à política explicitamente falando destacava-se esse tipo de postura, como também em relação a outros temas e questões: por exemplo, judeus, ou ciganos, eram alvos constantes de ataques, principalmente os segundos, de quem se contavam sempre histórias "inquietantes" sobre roubos e traições:

"CIGANOS
No Município de Nova Friburgo e Cantagalo, correm aos bandos vários lotes de ciganos que vivem de especulação e de enganar o próximo... Quando um pede acolhida o bando invade a casa... Uma quantidade de verdadeiros enganadores vagabundos que só vivem do saque e da trapaça." (*Correio Paulistano*, 15 de fevereiro de 1878)

Por outro lado, com relação à mulher a posição do jornal era clara: valorizada enquanto fixa no lar e ao lado da família.

"*A mulher forte*
Como definir a mulher forte? Que virtude, que qualidades deve possuir a mãe para ser adorada por seus filhos, a esposa para ser sempre amada pelo marido, a ser para sempre venerada pelos seus familiares e ser respeitada por todos." (*Correio Paulistano*, 5 de maio de 1876)

A posição inferior da mulher (sua incapacidade para outro gênero de atividade) era, no *Correio Paulistano*, inclusive comprovada a partir de cientistas de grande renome na época. Nesse sentido, em 24 de setembro de 1893 saía um artigo assinado por Lombroso cujo título era "Gênio e talento nas mulheres". A tese defendida pelo autor era a de que não podem existir "mulheres gênios", pois "no acto da maternidade gastam toda força vital". Lombroso chegava a afirmar que "não há mulheres gênios e quando ellas o são deixam de ser mulheres".

Assim, diferentemente de outros jornais da época, que buscavam, como *A Província de São Paulo,* ao menos em teoria, mostrar-se apegados aos novos valores e ideias, o *Correio* marcou sua especificidade majoritariamente a partir de seu estilo e conteúdo absolutamente conservador.

## *A PROVÍNCIA DE SÃO PAULO:*
## O BELO PLANO DE UM JORNAL "NÃO COMPROMETIDO"

A história de *A Província de São Paulo* (futuro *O Estado de S. Paulo*), por sua vez, é a de um jornal criado em nome de um grupo e partido, com propósitos explícitos, mas que alegava durante um largo tempo imparcialidade e não comprometimento. Ou seja, a ideia de montar um órgão constituído e financiado exclusivamente por republicanos partira da própria Convenção de Itu, quando pela primeira vez republicanos paulistas de várias regiões reuniram-se para formar definitivamente um partido.

A reunião foi realizada na residência de Almeida Prado, em Itu, e contava no seu total com 133 convencionais, 78 ligados à lavoura e 55 a outras profissões.[22] Esse grupo passou então (após a festa de Itu) a se organizar, visando à derrubada legal da monarquia (através da eleição), sendo que já a partir de 1876 os republicanos começavam a disputar os cargos eletivos no interior da viciada máquina eleitoral do Império.

Esses grupos refletiam, por sua vez, a situação contraditória em que a província de São Paulo vivia desde o momento em que a produção do café tornou-se predominante. Ou seja, o declínio do Vale do Paraíba, a ascensão do Oeste paulista e a transferência do eixo econômico não implicaram a ascensão política dos fazendeiros do Oeste paulista e o declínio do poder político dos setores tradicionais (os chamados "barões do Vale").

Para se ter uma ideia do tamanho desse bloqueio, basta dizer que, de 59 senadores, São Paulo só possuía três, além de a província enviar ao Império 24000$000 réis e receber apenas 3000$000 réis.

Com tudo isso, passa a existir uma maior articulação entre os proprietários do Oeste paulista, visando a uma melhor organização interna a partir do PRP, que congregaria os interesses específicos desse grupo.

É importante destacar que, como vimos anteriormente, o PR, enquanto representante dos interesses dos grandes proprietários, pouco ou quase nada afirmava com relação à abolição. Principalmente com a saída dos seus elementos mais radicais (como Luiz Gama) e mais comprometidos com a abolição, o partido deixou de se constituir enquanto órgão que encampava esse tipo de questão, ao menos durante a década de 1870.

Em sua plataforma, dos seis pontos destacados (descentralização, instituição pública, liberdade de consciência e culto, agricultura, naturalização e abolição), a questão da libertação constituía o último item, tratado inclusive de forma breve e superficial.

Foi justamente na Convenção de Itu que se julgou oportuna a fundação de um jornal próprio e inteiramente dedicado ao partido e à divulgação de seus programas.[23] No entanto, a ideia não foi levada à frente, pois já havia dois órgãos que divulgavam as ideias desse partido: *O Rebate* (folha acadêmica) e *Correio Paulistano*, dirigido por Américo de Campos e que constituía, na época, uma espécie de órgão oficial improvisado.

No entanto, a partir da segunda reunião republicana de 1874, tomou impulso a ideia de criar um órgão montado e financiado exclusivamente por republicanos. Pensaram então em adquirir um dos dois grandes jornais já existentes na época: *O Diário de S. Paulo* ou o *Correio Paulistano*.[24]

A escolha recaiu sobre o segundo, devido a sua instável situação financeira e a suas claras simpatias pelo Partido Republicano (até então).

Campos Salles (futuro presidente da República) reuniu então dezoito elementos, na maioria republicanos, decidindo a partir daí que Rangel Pestana se encarregaria de tentar comprar a "Botica", como era vulgarmente conhecido o *Correio*.[25]

As primeiras conversações a respeito da compra do jornal deixaram todos animados, como revela a carta de Campos a Américo Brasiliense:

"Américo

Acabo de ter uma conferência muito alta com o Joaquim Roberto sobre a nossa empresa e elle manifesta-se bem-disposto a entrar em negócios. Vae para São Paulo fará seus cálculos e depois me envia resposta, creio que faremos negócio... Parece-me que por 30 centos, o *Correio* será nosso e então... que corra o marfim... (15 de setembro de 1874)"[26]

Através dessa missiva, pareciam claras as certezas que Campos Salles depositava nos negócios, certezas essas que aos poucos vão se desfazendo e transformando em intrigas, até que a negociação se rompe.

Rangel declarava ainda, em cartas a Azevedo Marques, que o jornal havia de "aparecer de uma forma ou de outra e ele se fundará com reais elementos de vida". Chegava a dizer que "São Paulo não comportava mais um jornal republicano", deixando claro que a vida do *Correio Paulistano* periclitava. Através das cartas, verifica-se ainda a preocupação em destacar o conflito que se travaria entre os dois jornais e as altas possibilidades econômicas do grupo que propunha o negócio.[27]

Porém, para espanto desse grupo, Marques não cede o jornal e responde com uma carta em que demonstrava visivelmente sua mágoa diante da pretensão dos republicanos campineiros, acabando de uma vez com as negociações e com as intenções do grupo.

Em contrapartida, Campos Salles, em carta dirigida a Américo de Campos, afirmava-se desapontado:

"O Pestana teve hontem carta de José Roberto dizendo que não vende o *Correio,* e está disposto a esperar para ser esmagado sob o peso da empresa colossal."

Frente à recusa, partiu-se para a ideia de criar um estabelecimento próprio. Era esse, sem dúvida, um dos primeiros entraves práticos que essa nova aristocracia rural, ciente de sua força e riqueza, sentia diretamente — Azevedo Marques não mudara de posição e preferiria inclusive vender o *Correio* a Antônio Prado (como já vimos, líder do Partido Conservador) do que a esse grupo que parecia não ver qualquer obstáculo a sua frente.

Foi então que Américo de Campos e Campos Salles reuniram um grande número de acionistas, fazendo com isso tomar impulso a ideia da criação de um órgão financiado por republicanos. Entre os 21 sócios, só dois eram liberais e constituíam figuras importantes enquanto forma de resguardar uma aparência neutra (o que publicamente permitiu a afirmação da imparcialidade e do descompromisso que o jornal fazia questão de declarar em seu primeiro número).

Relação de subscritores de *A Província de São Paulo*

1. Dr. Américo Brasílio de Campos. . . . . . . . . . . . . . 5:000$000
   Jornalista de São Paulo
2. Sr. Américo Brasiliense d'Almeida . . . . . . . . . . . . 2:000$000
   Advogado de São Paulo
3. Antônio Pompeo de Camargo . . . . . . . . . . . . . . . 3:000$000
   Fazendeiro em Campinas
4. Antônio Carlos de Salles . . . . . . . . . . . . . . . . . . . 1:000$000
   Fazendeiro em Campinas
5. Dr. Franco Carlos Rangel Pestana. . . . . . . . . . . . . 5:000$000
   Advogado em São Paulo
6. Franco Glycerio C. Leite . . . . . . . . . . . . . . . . . . . 2:500$000
   Advogado em Campinas
7. Dr. Mel. Ferraz de Campos Salles . . . . . . . . . . . . . 2:500$000
   Advogado em São Paulo
8. Cândido Valle. . . . . . . . . . . . . . . . . . . . . . . . . . . . 1:500$000
9. Dr. José Alves de Cerqueira César . . . . . . . . . . . . . 1:500$000
   Advogado em Rio Claro
10. João Franco d'Almeida Barbosa . . . . . . . . . . . . . . 2:500$000
    Fazendeiro em Campinas
11. Dr. João Paula Souza . . . . . . . . . . . . . . . . . . . . . . 2:000$000
    Capitalista em São Paulo
12. Dr. João Tobias de Aguiar . . . . . . . . . . . . . . . . . 1:000$000
    Fazendeiro em Itu
13. Major Diogo Antônio de Barros. . . . . . . . . . . . . . 2:000$000
    Capitalista em São Paulo
14. João Tibiriçá Piratininga. . . . . . . . . . . . . . . . . . . 1:000$000
    Fazendeiro em Itu
15. Almeida Prado . . . . . . . . . . . . . . . . . . . . . . . . . . 1:000$000
16. Mel. Elpidio Pereira de Queiros . . . . . . . . . . . . . 1:000$000
    Fazendeiro em Campinas

17. Dr. Pedroso de Moraes Salles. . . . . . . . . . . . . . . . 1:000$000
    Capitalista em São Paulo
18. Dr. Martinho da Silva Prado . . . . . . . . . . . . . . . . 1:000$000
    Fazendeiro em Patrocínio dos Araras
19. Franco de Salles . . . . . . . . . . . . . . . . . . . . . . . . . 1:000$000
    Fazendeiro em Campinas
20. Raphael Paes de Barros . . . . . . . . . . . . . . . . . . . . 2:000$000
    Fazendeiro em São Paulo

Os acionistas eram, na maioria, fazendeiros ou profissionais liberais, e pode-se notar rapidamente que representavam a nova região produtora de café, que principiava a se constituir no maior e mais eficiente foco de oposição ao Império.

No interior dessa relação temos sem dúvida grandes representantes da lavoura, e uma figura exemplar nesse sentido é Martinho Prado, que pertencia a uma família tradicionalmente vinculada à agricultura e ao café. Martinho rompe com as tendências conservadoras dos Prado quando ingressa no PRP e ajuda a fundar o novo jornal. Esse exemplo da família Prado representaria inclusive a cisão que havia no interior da aristocracia rural, já que, enquanto seu irmão Antônio Prado era eleito senador pelo Partido Conservador e comprava o *Correio Paulistano* (transformando-o em órgão a serviço de seu partido), Martinho (que já havia optado por ir combater na Guerra do Paraguai, quando a maioria dos grandes proprietários tinha como prática enviar escravos em seu lugar) era eleito de 1878 a 1889 representante do PRP.

Para a formação do jornal, cada qual entrou com elevadas somas, o que já revelava a proporção e a pretensão da grande empresa que se constituíra a partir de então.

A sociedade organizou-se sob a forma de comandita e os dois maiores acionistas, Rangel Pestana e Américo de Campos (que já haviam trabalhado em outros jornais), assumiram a direção.

O primeiro número, que saiu com atraso no dia 4 de janeiro de 1875 (devido à falta de material humano e às constantes sabotagens praticadas pelo *Correio*), declarava, conforme o planejado, tratar-se de um órgão independente, sem deixar transparecer seus entusiasmos e vínculos com os ideais republicanos (embora em pouco tempo *A Província* fosse o seu mais eficiente arauto).

Assim se apresentava o novo periódico no número inicial:

"*A Província de São Paulo*
*Propriedade de uma associação commanditária: Am. de Campos e F. Rangel Pestana*

Mais uma folha diária vem offerecer a província de São Paulo, campo livre aos debates tão necessários... Criada pelo concurso de capitaes fornecidos por agricultores, comerciantes, homens de letras e capitalistas, esta ella no caso de satisfazer as mais legítimas aspirações da rica e briosa província...

... Não sendo órgão de partido algum nem estando em seus intentos pertencê-lo..."

Os primeiros anos foram marcados por sérias dificuldades financeiras, e só um grupo economicamente forte poderia arcar com todos esses contratempos.

*A Província*, a princípio, não se comprometeu politicamente de maneira acintosa. Apesar das recorrentes afirmações de simpatia, só em 1884 assume uma postura oficialmente republicana (já que até então se encobria, evitando um choque direto e fatal com outros setores e buscando ainda maior aceitação por parte do público leitor).

Assim, é interessante verificar que, se por um lado, em 2 de outubro de 1874 Campos Salles enfaticamente declarava o descomprometimento do jornal: "*A Província* não é órgão de partido nem advoga interesses de nenhum deles...", por outro no programa do periódico, nessa mesma época, basicamente repetia as diretrizes do PR, inclusive no que se refere à "disposição das propostas" (a questão servil continuava a aparecer como último item da relação):

1. Descentralização completa.

2. Ensino livre e aprendizagem obrigatória.

3. Senado temporário e eletivo.

4. Eleições diretas sob bases democráticas.

5. Presidentes das províncias eleitos por elas próprias.

6. Manifestações independentes.

7. Liberdade de culto.

8. Ensino secular separado do religioso.

9. Instituição do casamento civil.

10. Secularização dos cemitérios.

11. Instituição do regulamento civil, de nascimento e casamento e óbitos.

12. A reforma relativa do elemento servil ou a sua substituição pelo trabalho livre se fará na medida geral, mas pelas províncias conforme seus interesses peculiares, tendo por base a indenização e o resgate.

Porém, se durante um longo período *A Província* insistiu na fórmula da imparcialidade e da mera afirmação do apoio ou simpatias ao Partido Republicano, a partir de meados da década de 1880 a vinculação torna-se explícita. Introduzem-se então novas seções ligadas às causas do partido (entre elas o "Boletim Republicano", que tratava exclusivamente das novas adesões ao partido); elementos como Silva Jardim fazem por merecer largas páginas com comentários elogiosos; e na seção intitulada "Crescendo" comentava-se, com o mesmo entusiasmo, o crescimento numérico dos republicanos.

Para *A Província*, portanto, a República parecia ser "a questão maior" (mesmo diante do iminente problema da abolição da escravidão). Assim, por exemplo, no dia 31 de agosto o periódico esclarecia como abolição e República eram duas questões diferentes, sendo o abolicionismo um problema mais fácil, pois "visa a atacar uma instituição decadente", e a República, "mais difícil, pois implica em várias mudanças concomitantemente".

Com relação à escravatura, o jornal assumia claramente uma posição de contemporização, ou seja, sem declarar-se contrário à abolição (o que não poderia fazer de forma alguma, devido à postura de adesão às "novas ideias" que assumira), nada de mais avançado propunha ou acrescentava, defendendo inclusive a possibilidade de indenização aos grandes proprietários.

Só em 1884, já em plena campanha, é que *A Província* declara seu apoio. Até então o vínculo que mantinha com a agricultura parecia impossibilitar tal medida.

Decretada finalmente a abolição, realmente a "vindoura República" toma boa parte dos espaços do jornal. Nesse momento em que se exaltava, por um lado, a necessidade do regime republicano, por outro, a ironia e a crítica sagaz concentravam-se na figura do imperador d. Pedro II e sua família. Vários artigos insistiam em comentar o caráter corrupto e pouco inteligente do conde d'Eu e sua esposa, enquanto outros nos falavam sobre a "degeneração visível do monarca"...

*"A Motomania*
A Motomania ou mania do movimento é uma das formas mórbidas das affecções do systema nervoso, um dos caracteres dos hereditários degenerados e desde ha muito para o observador insuspeito um dos symptomas mais salientes da Imperial degeneração de sua magestade o Imperador... É geralmente sabido em todos os cantos da Nação brasileira e mesmo no estrangeiro, até onde chega o delírio

do movimento em que d. Pedro de Bragança, tanto que sem o menor exagero pode-se perfeitamente trocar a phrase à vol d'oiseau por esta à vol de l'empereur du Brésil. Uma triste verdade. Estas considerações vieram a propósito da notícia de que S. Majestade pretende daqui a algum tempo visitar as províncias do Paraná, Santa Catarina e Rio Grande do Sul e talvez a República do Prata. Note-se que Majestade não teve tempo ainda de sacudir a poeira da Europa."

... ou insistem em comentar sobre sua "inabilidade política":

"!!!

Scena de hontem na galeota que trazia S. Majestade. O Imperador abre um jornal de manham, fitasse-lhe a vista sobre a lista do novo ministério. Ao lel-a Majestade empallide-se cae-lhe das mãos a folha e diz: — Mas isto não é o que estava combinado!" (*A Província de São Paulo*, 27 de agosto de 1888)

Fazia assim não só críticas à monarquia como inclusive ataques diretos a Antônio Prado que, como vimos, era proprietário do *Correio Paulistano* e político conservador influente na época. As divergências entre os dois jornais pareciam constantes, aparecendo ora em artigos sérios e detalhados, ora através do mero deboche. Por exemplo, em 6 de julho de 1880, um grande artigo comentava com sarcasmo a diminuição do formato (e consequentemente do preço) do *Correio Paulistano*:

"... esse facto antes revela o quanto é ainda precário o jornalismo entre nós, *maxime quando colloca-se na dependência dos partidos*. O *Correio* conta 27 annos de existência e isto bastava para que ocupasse na imprensa mais segura posição."

No entanto, no dia 8, *A Província* lançava um novo artigo sobre o tema, onde parece ter sido obrigada a retratar-se frente às "meias verdades" que veiculara:

"... Nossas malvistas observações foram feitas na plena sinceridade da real estima que votamos... uma coisa que não dizemos porque não podemos adivinhar e só agora soubemos é que a redução do formato visava em vantagem do público, poder receber anúncios e notícias a noute... Se preponderou então este motivo, então nossos parabéns ao público e collega."

Ataques e críticas à parte, com o tempo o periódico pareceu afirmar-se. Em seus primeiros momentos as características técnicas da empresa foram extremamente rudimentares, pois possuía somente um prelo Alauzet, movido a mão por pretos livres, recrutados em frente ao largo da Misericórdia, onde circulavam.[28] Dizia-se inclusive que à noite, quando se rodava o jornal, a iluminação era produzida por velas de sebo, tanto para a composição como para a impressão, sendo que José Maria Lisboa não confiava a ninguém o controle do consumo de velas. Por isso, independente da hora marcada para o início da impressão, um dos empregados acordava o gerente que, por sua vez, lhe entregava as velas necessárias à iluminação.

Porém, aos poucos e com as melhorias técnicas introduzidas, o jornal chegou até a suplantar os outros dois grandes periódicos da época: o *Diário de S. Paulo* desapareceria em 1876 e em junho de 1875 *A Província* chegaria a 2200 exemplares.

Além disso, já no seu segundo ano de existência, esse jornal republicano seria, para espanto e indignação de todos, vendido na rua (a partir de 23 de janeiro de 1876). Até essa data, a venda avulsa era feita apenas nas redações e oficinas dos periódicos; foi justamente um trabalhador da oficina (Bernard Gregóire) quem teve a ideia. Dizem os relatos que, como o jornal era de oposição e tinha um caráter republicano, o dinheiro ali era escasso; assim, Bernard (francês de nascimento), que já conhecia esse gênero de venda (e que objetivava um aumento de seus rendimentos), saiu à rua de touca e com uma buzina para chamar a atenção.[29]

Até hoje o símbolo de *O Estado de S. Paulo* é o vendedor ambulante Gregóire, que saía pelas ruas anunciando o jornal.

Nem todos viram com agrado essa nova forma de comércio, formando-se mesmo um movimento contra esse tipo de "mercantilização" da empresa (já que se afirmava na época que *A Província* vendia jornais como se vendem "batatas e cebolas"). Algum tempo depois, no entanto, todos os jornais eram vendidos nas ruas da capital. Aos poucos foram surgindo os primeiros pontos e bancas, hoje tão comuns no panorama das diversas cidades.

*A Província* sofreu também alguns reveses e mudanças. O primeiro veio com a falência do barão de Mauá, que levou consigo boa parte dos fundos do jornal; Rangel Pestana arcou com os prejuízos.

Por outro lado, em 1884 Alberto Salles (irmão de Campos Salles) assumiu a direção do jornal. Alberto Salles já era conhecido como jornalista e escritor e um dos maiores adeptos dos ideais positivistas e do evolucionismo social no Brasil, tendo sido apelidado de "O Filósofo da República".

A consequência imediata de seu ingresso no jornal foi que suas ideias chocaram-se com as de José Maria Lisboa e Américo de Campos, que acabaram despedidos em 9 de outubro de 1884. A saída desses dois elementos resultou, por sua vez, na subsequente fundação de um novo jornal, o *Diário Popular*.

Com Alberto Salles no jornal, *A Província* viveu seu momento de maior apego e "crença" nas leis rígidas da "ciência moderna". Alberto Salles, que redigia prioritariamente os editoriais e as seções científicas, sistematizava tudo através da ciência, e, sempre em nome dela, passava da "paixão democrática" às atitudes racistas com relação à população negra ou imigrante.

Salles acreditava a fundo nas teorias da época, que definiam os aspectos prejudiciais da mestiçagem e o caráter atrasado do elemento de cor; através desse tipo de ideias valorizava o predomínio da raça branca, o que combinava perfeitamente com a situação política do momento. Nesse sentido, como nos diz Sérgio Buarque de Hollanda, "de fato o positivismo veio reforçar uma tendência comum ao pensamento brasileiro para acreditar no poder mágico das ideias[...]". Acrescenta ele: "[...] Para seus adeptos, a grandeza desse sistema prendia-se exatamente à sua capacidade para resistir à fluidez e mobilidade da vida [...]. É realmente edificante a certeza que punham aqueles homens no triunfo ao final de novas ideias [...]. E nossa história e tradição eram recuadas de acordo com esses princípios inflexíveis".[30]

Alberto Salles forma-se, portanto, à semelhança da maior parte dos filhos da aristocracia cafeeira e membros de grupos economicamente dominantes, dentro de um universo em que a sociedade era analisada a partir de uma só ótica e através dos filtros de leis de progresso e evolução rígidas.

Apesar de o positivismo ter feito em São Paulo poucos adeptos (já que a Academia de Direito manteve sempre sua tradição humanista, fazendo questão de destacar sua heterodoxia), Alberto Salles foi em São Paulo um de seus principais defensores e difusores, aliando essa filosofia às ideias evolucionistas de Spencer. De Spencer a Darwin retirou as noções de que a evolução das espécies era um princípio universal e que se aplicava a todas as coisas: ao universo, ao mundo orgânico e celular, ao mundo social e político. O biologismo social de Spencer (que identificava o mundo social ao biológico) foi incorporado por Salles, para quem "progresso social, assim como o biológico, dá-se por vias da desagregação e agregação".[31]

Logo, nesse período, *A Província* acentuava ainda mais uma característica que já era sua desde os primeiros números: o apego "às novas ideias da época". Nas mãos de Salles, os editoriais e as seções científicas passaram a ser orientados pela "trilogia do momento": Comte, Darwin e Spencer, que pareciam dar conta de todas as questões relevantes.

No entanto, o radicalismo das ideias de Alberto Salles (que não se furtava inclusive a redigir textos irados contra os "lusitanos") acabou por ser prejudicial a *A Província*, não só porque o jornal perdia elementos importantes como também porque grande parte dos assinantes começou a deixar de lê-lo.[32]

"O Filósofo da República" afasta-se de *A Província* em 1885, quando o jornal sofre uma grande crise financeira. E foi justamente nesse período que Júlio Mesquita assumiu a direção do periódico.

A partir de então a empresa ganha uma estabilidade maior, tornando-se o maior jornal da época. Nesse sentido, em 1886, a relação de periódicos de São Paulo era a seguinte:

| | |
|---|---|
| *Correio Paulistano* (conservador) | 2500 exemplares |
| *A Província de São Paulo* (republicano) | 3300 exemplares |
| *Diário Mercantil* (neutro) | 3000 exemplares |
| *Gazeta do Povo* (republicano) | 1300 exemplares |
| *Diário Popular* (republicano) | 2200 exemplares |

O periódico encampa como suas tanto a questão da abolição como a da República; um mês depois de proclamada a República muda seu nome para *O Estado de S. Paulo*.

Porém, logo depois de instaurado o novo regime, Júlio de Mesquita e principalmente Rangel Pestana não se conformam com o governo militar e em especial com os difíceis momentos políticos e de claro litígio e decepção que marcaram o início da República Velha.

Em 1891, Rangel Pestana, já desiludido com a política e mesmo abalado em sua saúde, cede a propriedade do jornal à Companhia Impressora, ficando Júlio de Mesquita como diretor político. Por fim, em 1895, a empresa passa para as mãos de uma firma da qual fazia parte Júlio de Mesquita.

Porém, nesse momento, o papel de órgão oficial já não estaria mais nas mãos de *O Estado de S. Paulo* e sim, paradoxalmente, nas do *Correio Paulistano* e sob a chefia de Antônio Prado.

Quanto ao seu "estilo" e discurso, como analisaremos, *A Província* buscou marcar sua especificidade desde o início, caracterizando-se enquanto um jornal vinculado às "novas teorias da época".

Para essa publicação, os grandes valores do momento eram, sem dúvida, "o progresso, a civilização"; *A Província* não se cansava de tratar a todo momento desses temas.

"Índices de civilização" eram, nesse sentido, todos os artigos que se referiam ao avanço e ao tamanho da cidade de São Paulo. Assim, insistia-se em noticiar sobre o alto grau de progresso da nossa cidade, progresso que inclusive gerava alguns incidentes, similares aos apresentados nos jornais atuais.

"6 de junho de 1878. *Encontro de vehículos*

Hontem na rua da Constituição o tilbury nº 103 soffreu tão grande pancada de uma carroça, que ficou estragado em diversos lugares... O sr. chefe de polícia tem dado ordens para que cesse o abuso de se confiar o governo de *carroças velozes a indivíduos imprudentes e sem a precisa experiência*. O perigo não está só na *pouca edade do conduc-*

*tor...* Os mesmos inconvenientes se dão quando o carroceiro não sabe guiar o animal em ruas onde *há grande transito de vehículos..."*

Além disso, compunham também o cotidiano dessa folha imensas listas de livros (boa parte em língua francesa) adquiridos pela livraria A. L. Garraux, centro e ponto de encontro dos elementos "ilustrados" da cidade.

Por outro lado, o outro grande tema de *A Província* era sem dúvida a "ciência", com suas novas teorias positivistas, deterministas e evolucionistas. Tais ideias vão ser largamente utilizadas por esse jornal na análise de toda e qualquer questão do momento, servindo para justificar desde o problema racial como o momento político ou mesmo as relações com o "belo sexo". Neste último caso, e apesar de sua postura pretensamente avançada, *A Província* parecia assumir as posições mais tradicionais. Assim, os artigos traçavam comparações muitas vezes "nada edificantes"...

> *"Variedades. A mulher e o tabaco*
> ... A mulher como o charuto pode ter um exterior lindo e tentador e um interior pessimamente depravado. A capa de hypocrisia que occulta a perversidade da mulher, corresponde á folha que envolve o charuto e sua ruindade. O amor da mulher como fumo de charuto pode evaporar-se. É questão de recipiente..." (*A Província de São Paulo*, 19 de setembro de 1884)

... e em geral acabavam por cair nas definições mais cotidianas, apresentando a "verdadeira mulher" como o "anjo do lar":

> "... A mulher dentro de casa deve saber e entender de tudo o que é útil e preciso á família para assim corresponder á missão de prudência e ternura que fazem com que se chama do anjo do lar..." (*A Província de São Paulo*, 2 de março de 1883)

Portanto, esse novo periódico, que trazia constantemente as teorias e pensamentos científicos que "encantavam" o "civilizado" mundo europeu, parecia oferecer uma nova opção aos grupos que, tomando como bandeira essas novas ideias, viam na monarquia um entrave para o "desenvolvimento" da nação e da civilização.

## A REDEMPÇÃO E OS LIMITES DO PENSAMENTO ABOLICIONISTA BRASILEIRO

Por fim, *A Redempção*, o terceiro jornal que optamos por analisar, é um periódico, pelo menos em tese, bastante diverso dos anteriores.

As suas especificidades estariam não só nas características formais (já que se tratava de uma folha bissemanal, de formato, preço e extensão menores), mas principalmente na sua proposta política. Isto é, tratava-se de um jornal ligado ao grupo dos caifazes, que praticavam o que na época era denominado como "abolicionismo ilegal", já que seus membros não se apoiavam só nos "benefícios da lei", mas antes buscavam, através de formas mais diretas, como o incitamento à fuga, chegar à libertação total de grupos de escravos.

Além disso, *A Redempção* representava uma opção diferente em termos de folha noticiosa em São Paulo, não só devido à sua nova postura partidária como também por seu cunho manifestamente popular, com sua linguagem ainda mais acessível e muitas vezes até "vulgar" (principalmente se levarmos em conta os padrões da época).

Assim, a análise de *A Redempção* é particularmente relevante, não só devido ao tipo de jornal que representava como também por desvendar contradições reveladoras e instigantes da época.

A história desse jornal está estritamente vinculada à trajetória do grupo responsável por sua fundação: os caifazes, liderados por Antônio Bento, que procuravam chegar à abolição através de ações mais imediatas.

Para entendermos a postura dos caifazes é relevante caracterizar a maneira como se moldou esse grupo amplamente criticado pela grande imprensa e pelos partidos da época.

Antônio Bento fazia parte do grupo denominado "republicanos radicais" que, como vimos, compunha a ala mais avançada do PRP nos primórdios de sua fundação (*Suplemento Centenário*, nº 22, 31.5.1975). Ou seja, os irmãos Campos, Luiz Gama e Antônio Bento, além de lutarem no interior do partido pelo regime republicano e federalista, atuavam também com relação à questão da abolição da escravidão.

Nesse sentido, Luiz Gama, ele próprio um ex-escravo, representava, enquanto líder e advogado, a figura mais eminente no interior dessa causa, contando inclusive com o apoio dos maçons da Casa América.

Em 3 de maio de 1871, no entanto, com a emissão da Lei Rio Branco (Lei do Ventre Livre), vários conservadores e grandes proprietários, já desgastados com o Império, voltaram-se contra ele, engrossando as fileiras do novo partido (como forma de contestação direta ao regime). Com a adesão desse novo grupo, o PR começou a se desfigurar, pois o motivo que marcava a entrada desses elementos no partido era justamente a não concordância com essa lei (apesar de seu caráter claramente paliativo), que vinha no sentido de reativar a "já inerte" questão da escravidão. A partir de então o PRP começaria a adotar atitudes de total contemporização, fazendo inclusive colocações inteiramente simplistas quanto ao problema da escravidão, afirmando na imprensa, por exemplo, que "a questão não nos pertence exclusivamente porque é social e não política".[33] A reação interna não poderia ser outra, ou seja, os republicanos radicais retiravam-se para atuar diretamente enquanto abolicionistas: Bernardo de Campos foi para Amparo, Luiz Gama voltou-se somente para a questão da libertação dos escravos e Antônio Bento, que durante um pequeno período ficou desaparecido perante a opinião pública, em 1883, com a morte de Luiz Gama (24 de agosto de 1882), tornou-se o principal "ativista" da causa dos escravos. (Na verdade, Américo de Campos foi o único que se conservou com atividades ligadas ao Clube Republicano, sendo que todos os outros romperam radicalmente com o partido.)

Antônio Bento, juntamente com o seu grupo, começou a atuar com grande frequência, incentivando fugas e criando todo um sistema de proteção aos escravos evadidos. Havia inclusive uma hierarquia montada, já que alguns elementos eram responsáveis pela fuga dos escravos das fazendas, patrocinando as próprias evasões, e outros incumbiam-se de colocá-los em abrigos seguros.

A maioria dos escravos era levada para Santos ou São Paulo, sendo recolhida também no Quilombo Jabaquara, que se localizava em Santos e que resultava da ação e organização de elementos brancos.[34]

Antônio Bento, filho de grandes proprietários e bacharel pela Academia de Direito, com o tempo passou a ser odiado pelos elementos ligados à lavoura, que redigiam artigos irados a seu respeito, como os que saíam nas páginas do *Correio*.

Assim, na seção livre desse jornal, por exemplo, Ramos Nogueira, em 24 de julho de 1887, atacava veementemente Antônio Bento, a quem chamava de Bento Sapo, e propunha inclusive que todos "tratassem de pôr na cadeia os larápios dos senhores de escravos como Antônio Bento. A evolução abolicionista não precisa de salteadores".

Em São Paulo, a drogaria Baruel (de propriedade de Antônio Bento) e a confraria de Nossa Senhora dos Remédios funcionavam como espécies de sedes dos caifazes, que já no próprio nome traziam a marca da grande religiosidade que os caracterizava.[35]

A força desse grupo estava também no fato de que a associação se ramificava por diferentes camadas sociais, cujos representantes pertenciam a vários departamentos públicos e instituições particulares (na capital, cocheiros e ferroviários serviam de comunicação entre a cidade e o campo).

Dessa maneira, conseguiam informações e auxílio, e aos poucos o grupo acabou se transformando num dos instrumentos mais poderosos para apressar a extinção do trabalho servil.

Com tudo isso, o jornal cumpriu um papel importante na propaganda abolicionista, sendo que, como veremos, lançava mão de todos os meios, até da ironia, para desmoralizar a causa dos escravocratas.

O periódico sintetizava as ideias dos caifazes e, como nos diz Alice Aguiar, "expressava a doutrina que serviu de sustentação a essa mesma ação".[36]

Apesar de formalmente secreto, *A Redempção* conseguiu circular livremente pelas ruas da capital, tendo, ao que tudo indica, uma boa aceitação.

O JORNAL SE APRESENTA: POR UM ABOLICIONISMO DIFERENTE

Em 2 de janeiro de 1887, num momento em que a questão da emancipação da escravidão claramente se acirrava, aparecia em São Paulo *A Redempção*: "folha abolicionista, commercial e noticiosa". Já no discurso inaugural o novo jornal buscava marcar sua especificidade a partir da postura com relação a diferentes posições políticas então existentes:

"[...] O título de nosso jornal já indica *nossa missão na imprensa*. *Divergimos completamente* tanto dos liberais RESISTENTES como dos escravocratas, não concordando com as ideias conservadoras e detestando aqueles que trazendo o capacete phrygio na cabeça, trazem na mão o bacalhau com que cotidianamente surram seus míseros escravos.
[...] Nós queremos a liberação imediata sem prazo para consegui-la aceitamos a revolução [...]. Também trataremos do progresso moral e material de nossa província. *De passagem* dizemos que para nós todos os homens são iguais [...] contudo procuraremos que nossa linguagem se bem que severa e enérgica seja *polida* e conveniente [...]. A escravidão é um *cancro* que corroe o Brasil, o palleativo da lei Saraiva Cotegipe prolonga a enfermidade [...]. Contamos com o povo e nada mais."

Logo, a nova folha surgia de modo diferente dos outros jornais, como *A Província,* que escondia ou amenizava suas posições para ganhar público, firmando sua diferença e o radicalismo de sua postura.

## A REDEMPÇÃO: ASPECTO FORMAL

Antônio Bento, antes de publicar esse jornal, já havia fundado um outro, denominado *O Arado,* que circulou somente de 1882 a 1883. Dedicou-se a *A Redempção* a partir de 1887.

*A Redempção* pertencia a uma associação e circulava aos domingos e quintas-feiras. Possuía quatro páginas e tinha um formato bem menor que o dos grandes jornais da época. As notícias, poesias e folhetins, que ocupavam três páginas, eram dispostos de forma bastante anárquica, sem uma diagramação mais coerente. A escassa propaganda, que indicava, como vimos, a pouca prosperidade de um jornal, ocupava folgadamente (devido ao pequeno número de anúncios) a quarta página.

O periódico possuía uma disposição interna bastante regular, com seus folhetins e diferentes seções de conteúdo sempre semelhantes, já que todos remetiam, apesar dos diferentes "gêneros e estilos", à questão da abolição.

Até os folhetins pareciam vinculados à "causa", pois, enquanto no *Correio Paulistano* abundavam os textos românticos e "melados", em *A Redempção* optava-se, por exemplo, por publicar em capítulos diários o conhecido romance norte-americano de Beecher Stone, *A cabana do Pai Tomás*, que inclusive já havia sido encenada no Teatro Modelo de São Paulo.

Além de Antônio Bento de Souza e Castro (responsável pelos artigos de maior popularidade) escreviam também em *A Redempção* o padre Francisco Barbosa (vice-presidente da associação abolicionista) e o tenente-coronel Macedo Pimenta (tesoureiro da associação abolicionista, cujo presidente era o próprio Antônio Bento).

O jornal marcava a sua especificidade também a partir da manutenção de um estilo particular, já que aliava a uma linguagem popular uma clara despreocupação gramatical:

"Não fazemos questão da gramatica e tão pouco da pontuação de nossos artigos [...] não se incommodem por que nós não nos incomodamos e damo-nos desde já por desculpados porque pretendemos affirmar quando formos censurados por taes erros que são esses tynograpleicos mesmo porque os nossos leitores são quase todos pertencentes ao Zé Povinho e pouco se importam com a grammatica. Si nosso jornal for lido por gramáticos pedimos a esses que ponham a pontuação onde lhes convier e que leiam gramaticamente. Estabelecendo a questão nesse pé, não pretendemos para o futuro discutir qualquer questão grammatical que se apresente." (*A Redempção*, 13 de janeiro de 1887)

*A Redempção* circulou em São Paulo de 1887 até a promulgação da Lei Áurea, em 13 de maio de 1888, quando passou a ser publicado só anualmente, por ocasião da comemoração dessa data. Pouco antes dela, Antônio Bento já havia se retirado da redação (Freitas, 1915). A partir de então passou a publicar o jornal *A Liberdade*, retornando, logo após, a *A Redempção*.

## A ARTE DE BEM CRITICAR

Outra característica marcante desse jornal estava ligada ao tipo de discurso por ele veiculado. A sua linguagem, ao menos comparativamente, era mais acessível e seus artigos eram dirigidos diretamente à população, como se informava, por exemplo, na edição do dia 27 de junho de 1897:

> "*A Redempção* de hoje é o mesmo de outrora, linguagem vulgar ao alcance da massa popular, porque temos certeza que nosso jornal só seria lido pelo povo."

Os textos irônicos e de linguagem "vulgar", como veremos, eram principalmente utilizados quando *A Redempção* buscava atacar elementos, instituições ou qualquer tipo de autoridade constituída, como afirmava na edição de junho de 1887: "Diabos carreguem a todas as autoridades".

Nesse sentido o jornal parecia ter como principal interesse enfrentar os grandes e já consolidados periódicos da época, em especial o *Correio Paulistano*, o mais antigo de todos. Contra esse jornal valia qualquer tipo de qualificação, desde "pobre égua velha de beiço cahido" (18 de julho de 1897) até "espécie de mulher grávida que assusta com tudo". *A Redempção* também não se furtava a desqualificar a integridade do *Correio*, vinculando-o diretamente ao governo:

> *"Nabos de Caçapava*
> O *Correio Paulistano* como órgão de governo, tem sempre dinheiro para viver a TRIPA FORRA, abrio agora uma secção só para fazer fosquinhas e outros jornais andam com a sella na barriga, seção sobre petiscos; um dia é dobradinha a Campinas, picadinho a Araraquara, linguiça a Bananal. Ora senhor Correio! Nesses tempos bicudos já se deve dar por feliz, quem houver caldo de feijão e farinha..." (*A Redempção*, maio de 1898)

Assim, como um dos temas prediletos era justamente a crítica à vinculação do *Correio* com o governo, não poderiam faltar referências pejorativas ao proprietário desse jornal, Antônio Prado, que participava ativamente das articulações políticas da época.

> *"É bom que toque para todos*
> Inegavelmente, o Dr. Antônio Prado tem feito serviços importantes à União conservadora. Sabemos quanto custa sustentar-se um partido. Sabemos que um jornal de formato do *Correio Paulistano* não pode sustentar-se com assinantes porque os políticos entendem que devem ter jornal de graça e os negociantes que os jornais políticos que não são próprios para anúncios [...]. Logo, o *Correio* precisa de não poucos recursos que são todos obtidos pelo Dr. Antônio Prado." (O artigo continua acusando Antônio Prado em sua política de "compra" de políticos e cargos.) (*A Redempção*, 19 de maio de 1887)

A figura de Antônio Prado estava sempre em foco em *A Redempção*, sendo que às vezes os artigos eram mais violentos e agressivos:

"Este estadista que mereceu até a honra de ter uma rua com o seu nome infeliz, a rua que dá para elle o melhor gramado [...] é uma espécie de Narcisosinho Caboclado [...]. O que tem feito? Nada... infelismente a Província de São Paulo está entre Scilas e Caribides se sobe o partido liberal esbarramos com a família Queirós se o conservador cahimos na família Prado e depressões..." (*A Redempção*, 6 de janeiro de 1887)

*A Redempção* não deixava inclusive de responder às provocações dos grandes jornais, que o acusavam de "abolicionista anarquista", fazendo-o com o mesmo estilo irônico e mordaz. Por exemplo, citam um artigo do *Correio* em que os caifazes e *A Redempção* são acusados e respondem da seguinte maneira:

"[...] é melhor que o *rabujento Correio* não nos provoque com sandices. Um conselho de amigo: lemos em uma folhinha que o uso de pintar os cabelos e barbas traz como consequência o amolecimento cerebral e faz com que os que usam dentes ridicularizam... Talvez seja por essa a causa do *Correio* provocar-nos, pois não pintem mais esses cabelos e barbas amigos que ficará amável e bom como era quando não pintava. Se continuar a provocar-nos voltaremos a história de certos cavalheiros MUITO CONHECIDOS." (*A Redempção*, janeiro de 1887)

As críticas contra o *Correio* concentravam-se principalmente na sua "falsa" política com relação à abolição da escravidão:

"*Promessas de liberdade*

Continuam os fazendeiros a lançar mal rosado ao beiço dos abolicionistas como se nós sofressemos de sapinho. Prometem a liberdade a seus escravos, outros libertam condicionalmente mas não constam que tenham dado baixa nas collectorias [...]. Todos os dias, com o título de Movimento Abolicionista [alusão à secção do *Correio*] noticiam esses jornais que o *barão* de tal, o *visconde* não sabemos de que, o *coronel* fulano, o *comendador* sicrano prometteram libertar seus escravos. *Sabemos que todas essas pessoas são muito honradas, basta ser fazendeiros e ter dinheiro para se qualificar deste modo.* No entanto, deviam dar baixa na colletoria [...] porque de outro modo não podemos saber si a Província de São Paulo está se libertando de verdade ou é FAÇA DE CONTA." (*A Redempção,* 7 de agosto de 1887)

O *Correio* era inclusive caracterizado como um "jornal escravocrata" (2 de janeiro de 1887), sendo que suas seções eram constantemente desmontadas, verificando-se o caráter ilusório dos artigos que "festejavam" as libertações que seus partidários anunciavam mas que pouco realizavam:

"O *Correio* como todos sabem, tem a sua alma apenas de ser inimiga da raça negra, gosta tanto de pintar-se de preto e é por isso que tem subido tanto ao ponto de estar ameaçado com o título de conselho ou com uma cadeira no senado [...]". (*A Redempção,* 13 de janeiro de 1887)

Contudo, o *Correio Paulistano* não era o único alvo dos ataques. *A Província de São Paulo* não saía ilesa das páginas de *A Redempção.* A princípio o tom geral era de um "relativo elogio"...

"No dia 4, fez 14 annos que surgiu um jornalismo que veio a dar combate ao jornalismo até então decadente. Falamos do aparecimento do jornal *Província de São Paulo* órgão republicano [...] dirigido por três grandes homens [...]. *Mas como não podemos fazer elogios perfeitos, pois isso vai contra a índole de nossa folha dizemos que a Província não tem descrito como devia e podia fazel-o a questão do elemento servil. A Província poderia convencer aos fazendeiros especialmente republicanos que a escravidão é um roubo, um furto. Pelo contrário, tem falado sobre os quilombos aos quais tem reclamado providências."* (*A Redempção*, 6 de janeiro de 1887)

No entanto, a posição de *A Redempção* iria mudar: *A Província* (e depois *O Estado de S. Paulo*) passaria a ser representada da mesma maneira pejorativa que os outros grandes jornais do período.

Não faltarão críticas a seu elevado preço (3 de maio de 1888), a seu conteúdo ou à sua característica burocrática:

"[...] *O Estado de S. Paulo* levou muito tempo publicando anúncios de pretos fugidos, fazendo disso uma safra. Hoje, o *Estado* é um reclame para a advocacia administrativa." (*A Redempção*, 18 de julho de 1897)

Portanto, conforme vamos chegando à década de 1890, *O Estado de S. Paulo*, assim como os outros dois grandes jornais da época (o *Correio Paulistano* e a *Plateia*), conterão a mesma característica, segundo *A Redempção:* a de serem

"[...] três jornais que vivem marombando para poderem abocanhar editaes e anúncios das repartições públicas e câmaras municipais e por isso incapazes de sancionar os demandos que passem nessas repartições[...]" (*A Redempção*, julho de 1897)

Todas essas críticas revelavam também, no seu conjunto, a "fragilidade" da política abolicionista adotada pelos periódicos. Assim, aquilo a que chamávamos anteriormente de abolicionismo de "última hora" ou de fenômeno dos "fazendeiros abolicionistas" ficava totalmente descoberto por esses artigos. Nesse sentido, o maior alvo de ataque era o *Correio,* que representava, enquanto órgão de situação, o símbolo do poder e da estrutura reinante.

Porém, essa postura crítica de *A Redempção* não se limitava só à imprensa. Existiam outros elementos que também estavam constantemente na sua mira. Assim, os policiais eram corriqueiramente atacados devido à sua violência ou incompetência, ou os capitães de mato, enquanto figuras "brutas", "infames" e "incivilizadas" (o *Correio* era acusado de conivente com esses elementos).

"Também seria de grande valor perante o progresso universal a exibição de um capitão do mato que seria classificado na seção de cães, como espécie nova de cão vagabundo alimentado pelos fazendeiros e destinado à perseguição da espécie humana. É uma descoberta que nos honra e que será por certo premiada pelo jury da exposição." (*A Redempção,* 11 de março de 1888)

Por fim, um dos alvos de ataque preferido de *A Redempção* eram os "republicanos". Esse conflito estava provavelmente vinculado de modo direto à cisão que ocorrera no PRP quando os "republicanos radicais" afastaram-se do partido. Antônio Bento não poderia deixar de externar ironia contra o grupo a que tanto se opunha e com o qual havia rompido politicamente.

"Se tivéssemos a mais tempo estudado ou limitado a forma pela qual os republicanos fazem a sua propaganda então ha mais de 10 annos estaria resolvido completamente. O meio de fazer-se propaganda republicana é tratar de amontoar capitaes e enriquecer abandonando os companheiros quando cahem na miséria fugir mesmo delles para que não contem as suas mágoas, percorrer as ruas, os mais ricos e dizer: cidadão como vae? Então és também separatista? É preciso emancipar-nos dessa monarquia de Bragança. Sabe que morreu o imperador da Alemanha? um a menos [...]. Na questão do elemento servil fizeram os republicanos dessa província o mais tristíssimo papel que é possível imaginar-se como o ilustre republicano José Vergueiro que falou que se continuarem as invasões de escravos collocaria guardas e vigias." (*A Redempção,* 3 de maio de 1888)

Contra os republicanos, *A Redempção* colocava principalmente duas questões: primeiro, questionava sua postura política e sua composição interna híbrida e, segundo (e o que tocava mais ao jornal), criticava a maneira como o partido agia com relação ao problema da escravidão. Acusavam os republicanos nesse sentido por sua "política de fachada" e sua "dupla postura".

> "*Quilombos*
> Achamos tocante as narrações feitas nos jornais sobre o ajuntamento de negros fugidos a que os jornaes, mesmo os republicanos denominavam de Quilombos. Infelizes escravos, cercados de trabalho de graça, procuram nas mattas a liberdade... Estudam os republicanos o que é o sacrifício pela liberdade e deixar vender por pomada de cheiro". (*A Redempção,* 13 de janeiro de 1887)

Portanto, com seu discurso crítico, sua linguagem mais direta e coloquial, seu preço mais acessível e sua postura política mais avançada para a época, *A Redempção* parecia constituir uma opção diferente, principalmente se levarmos em conta os parâmetros que os outros jornais ofereciam. No entanto, como veremos à frente, também *A Redempção* não manteve uma postura tão coerente e direta durante todos os seus anos de publicação. Assim como os demais periódicos, que "viviam" numa época particularmente conturbada e cheia de contradições, também *A Redempção* oscilou em suas ideias ou propostas de ação.

# Imagens, personagens e representações: o "negro" nos jornais

# O negro nas diferentes seções dos jornais: uma visão sincrônica

Antes de passarmos para uma análise das representações sobre o negro, presentes nesses jornais, seria importante que caracterizássemos as diferentes seções que compunham os periódicos da época. Nelas, o negro aparece com grande frequência e podemos encontrá-lo envolvido em vários e diferentes espaços que vão como que definindo e redefinindo a figura e a condição negra e escrava: existe o negro das "ocorrências policiais", o negro violento que se evadiu, o negro que é centro de notícias escandalosas, o negro dependente e serviçal que é oferecido enquanto "peça de bom funcionamento" ou mesmo o negro "objeto" de discurso dos editoriais científicos.

Cada uma dessas seções, por sua vez, parece oferecer como que pedaços de significação, que se amoldam uns aos outros ou não, reafirmando-se ou negando-se, mas que de toda forma parecem construir uma espécie de caleidoscópio onde, com um único jogo, e com os mesmos elementos, formam-se múltiplas imagens.

Assim, esses jornais, que pareciam à primeira vista totalmente fragmentados e compostos por seções isoladas, ganham no decorrer da análise outras características, já que as várias seções formam uma espécie de "todo difuso" contradizendo-se ou interligando-se em alguns momentos de maneira, às vezes, até funcional.

Desse conjunto de locais e espaços o interessante não é retirar uma imagem só e dominante, mas antes a própria diversidade com que o elemento negro era então apresentado.[1]

## OS EDITORIAIS E SEÇÕES "SCIENTÍFICAS"

Os jornais do século XIX não se resumiam, como poderia parecer a partir de nossa primeira descrição, a uma colorida mistura entre curiosidades, remédios e debates partidários. Neles, as questões mais polêmicas do momento eram debatidas de forma recorrente em local bastante reservado: os editoriais e seções "scientíficas".

Assim, principalmente a partir da década de 1880, essa seção vai ganhando novas funções no interior da dinâmica interna dos jornais, transformando-se aos poucos, de parte fria e desimportante (já que nela transcreviam-se atas, leis e discursos dos "letrados do império"), no local "sério e teórico" dessas folhas noticiosas, onde se reproduziam discursos de autores estrangeiros, mais distanciados da realidade imediata e cotidiana que preenchia a maior parte dos jornais.

### A "sciência — o grande mito do século XIX"

É nos editoriais que poderemos encontrar com maior frequência referências às novas teorias científicas que "iluminavam" o pensamento europeu da época.

A "sciência", conjuntamente com todo um ideário evolutivo e positivista, parecia nesse momento dar conta, de forma absoluta, das diferentes questões que assolavam o país, questionando e disputando espaços inclusive com a religião e a Igreja, até então as grandes "fontes" dos discursos "fechados" e "competentes" da época.

"A Sciência e a religião
[...] ora a religião que para triunphar derrama tanto sangue e leva tudo a ferro e fogo deve estar em completo antagonismo com a sciência que sempre calma e imponente vae creando adeptos como evangelio da paz, do amor e do trabalho." (*Correio Paulistano*, 19 de janeiro de 1893)

Segundo Eric Hobsbawm, a importância da ciência era tão global e completa nesse momento que "a descrença em Deus tornou-se relativamente fácil [...] já que o progresso e a emancipação da tradição pareciam implicar numa ruptura com as antigas crenças".[2]

Para esses homens que se "embeveciam" com as ideias de Spencer e Darwin, toda religião era considerada uma "explicação a priori do universo" (*A Província*, 24 de dezembro de 1882), já que como tal "crê-se não se discute. O dogma é implacável". (*A Província*, 19 de março de 1884).

Nessa batalha, o grande vencedor final parecia ser esse novo discurso científico, *"detidamente comprovado"*.

Assim, mais uma vez formulava-se um tipo de discurso radical, que à semelhança do "falar religioso" não pressupunha o diálogo e sim a mera afirmação, com certeza aquilo que Cruz Costa definia como "idolatria pela ciência".[3]

Era principalmente em *A Província de São Paulo* que todo esse novo discurso científico poderia ser mais facilmente encontrado. Esse jornal buscava não só questionar a religião como também adotar largamente essa nova filosofia positivista, sendo que Augusto Comte, como seu principal expoente, era incessantemente elogiado. Definido ora como "Aristóteles moderno" (5 de setembro de 1883), ora como "o maior imortal de nosso século" (2 de setembro de 1883), era sem dúvida considerado pelos redatores dessa folha como um dos grandes pensadores do momento. Vários textos continuamente explicavam para um público leigo a importância e abrangência dessa filosofia e a cada ano comemorava-se a morte do filósofo com longos e inflamados discursos, como este, por exemplo, do dia 5 de setembro de 1884:

> "*Augusto Comte*
> Completa hoje 27 annos que morreu Augusto Comte... [elogios]... parente intelectual de Hobbes considera como fim de sciência o conhecimento das leis que regem os phenomenos.
> Ver para prever, procurar o que é para concluir o que será é objeto de todas as suas pesquisas.
> Prova que o estado definitivo do espírito humano é o estado positivo. A razão não sobre princípios apriorísticos mas sobre dados experimentaes..."

Essa corrente filosófica, por sua vez, subordinava-se ela mesma à ciência, Já que o suposto da imutabilidade das leis da natureza e toda a teoria "constituíam-se em uma justificação filosófica das ciências experimentaes" e baseavam-se na visão histórica do progresso evolutivo, sendo o método positivo, ou científico, o triunfo do último dos estágios.[4]

Essa filosofia tão adotada na Europa parecia adaptar-se também à nossa realidade, pois, como diz Sérgio Buarque de Hollanda, "condizia com a mentalidade das elites brasileiras: amor de forma definitiva, do definitivo das leis gerais que circunscrevem a realidade complexa e difícil".[5]

Esses periódicos, porém, não podiam enaltecer o positivismo sem se referirem largamente às ciências naturais e em especial à teoria que parecia representar o avanço da ciência: *a teoria da evolução*. Esta excedia claramente os limites da biologia e nisso residia a sua importância. Através de uma terminologia acessível e que permitia fácil popularização, reduziam-se as mudanças na sociedade humana a regras de evolução biológica, adaptadas perfeitamente às conjunturas política e ideológica daquele momento. Para o Brasil essa teoria parecia igualmente oportuna e assimilável, pois dava subsídios a um grupo dirigente confiante e orgulhoso de "sua sabedoria" e que nesses momentos de fim de século definia seus conceitos de nação e cidadania.

Assim, também Darwin, o grande "teórico da evolução", merecia louvores por parte dos jornais. Considerado "um dos maiores homens do século XIX", um "immortal", Darwin, ao lado de Comte, parecia dividir as atenções dos leitores ávidos por novas ideias.

A teoria de Darwin era então transmitida numa linguagem que permitia a qualquer leitor inteirar-se dos conceitos de evolução:

"[...] o resultado de descoberta da lei da evolução foi a derrota completa do theologismo [...]. Evaporam-se como emblemas diante do sol nascente. Esse sol nascente é o evolucionismo que surge na alvorada da consciência moderna. A concepção theológica foi brutalmente substituída. *O universo inteiro explica-se cabalmente pela lei da evolução.* Até o espírito humano, até a humanidade aquella lei geral. Tudo é evolutivo." (*Província de São Paulo,* 29 de abril de 1882)

As leis invariáveis de Darwin serviam até de tema para poemas, que tocariam sem dúvida aqueles leitores que não se adaptavam à análise de discursos mais elaborados.

"*Letras e Artes*

Darwinismo em acção.

Na lucta pela vida o forte vence o fraco é a lei.

Quem não trabalha não tem direito à vida.

*Máximas Darwinianas*

Hei de *applicar-te* oh rei a lei darwiniana

A ti que és *darwinista* a ti que és soberano

A lucta pela vida é para o ser humano,

o que é para o animal a raça simiana

Mas p'ra lucta mister ser forte, a força emana

Do sangue e do trabalho, e tu sábio sigano

Pela lei do ativismo és fraco: és feniano

Por tua educação catholica romana.

Pois bem! Agora vê. Si o fraco vence o forte

Si a lei da selecção se estende até a morte

Quando o rijo operário o povo o antigo Scynther

Souber que o throno é o altar de um maripanço abjecto

Há de quebral-o como um insecto

Ou como de um festem se expelle"

Genérico dos Santos (*A Província de São Paulo*, 22 de janeiro de 1877)

Assim, enquanto em *A Província* reproduziam-se as "Máximas Darwinianas", no *Correio* grandes listas de livros da famosa livraria A. L. Garraux (que incluíam as obras recentes de Charcot, Darwin e Spencer) passavam a fazer parte do cotidiano do jornal.

Não faltavam também, nesses jornais, contínuos exemplos de gorilas brancos (*A Província de São Paulo*, 25 de fevereiro de 1886) ou homens-macacos com caudas e pelos, que serviam para confirmar os pressupostos e as teorias de Darwin.

"*Menino de Rabo*
Um menino recolhido actualmente em uma casa de caridade apresentava um phenomeno significativo. O menino Francisco Bicodo com 10 a 12 annos de idade, caboclo, mulato e aparentemente regular em suas funções tem anomalias. Diga-se a causa pelo seu nome, o menino tem no final do espinhaço um rabo de mais ou menos 7 cm como se fora um cão. Como não se fora um MACACO e a enrola--se e tende a crescer.

Agora os DARWINISTAS devem bater palmas de contentes e exultar de prazer vendo no rabo do menino um ponto de apoio a sua doutrina scientífica." (*Correio Paulistano,* 2 de setembro de 1890)

Por fim Spencer, talvez o maior teórico da evolução vivo na época, era também citado com grande frequência nos editoriais de diversos jornais, em especial em *A Província.* Os artigos referiam--se à sua vida; seus discursos eram transcritos e inclusive lançavam-se boatos, talvez para comover os leitores. Nesse sentido, no dia 4 de junho de 1887, *A Província* publicava uma grande e triste nota divulgando a "precipitada" morte de Spencer.

"*Herbert Spencer*
Falleceu hontem com 67 annos em Londres o mais considerado dos philosophos contemporâneos. Manifestamos em poucas palavras o pesar que experimmentamos ao ter notícia da morte do espírito mais culto e poderoso que actualmente possuia o *mundo civilisado.*
[...] A ideia de evolução, do desenvolvimento, do progresso necessário, é a ideia que preside a philosofia de Spencer. O progresso, diz elle, é accidental mas necessário. Incontestavelmente depois de Littre e Comte, ninguém contribuiu mais para a civilisação do século. Diante dessa triandade *o mundo civilisado deve curvar-se agradecido.*"

Porém, tanta "tristeza e pesar" logo se desfizeram quando, no dia 16 de julho, foi publicado um telegrama que se contrapunha ao primeiro, divulgando que Spencer estava vivo (sua morte só viria a ocorrer em 1903).

Assim, nesses periódicos e principalmente em *A Província de São Paulo*, afirmava-se uma verdadeira trilogia. As ideias dos novos "deuses", Comte, Darwin e Spencer, pareciam ofertar novas e variadas saídas para as diversas questões que, como veremos, assolavam a nação.

As questões de maior relevância presentes nas outras seções passarão então a ser trabalhadas a partir dos editoriais não mais predominantemente pela religião, mas através do suposto método "imparcial e racional" da ciência, que lidava com os problemas mais diários e cotidianos como, por exemplo, as causas da embriaguez, os sintomas da loucura, o problema da vagabundagem e mesmo a questão do suicídio:

"O Congresso Médico de Pisa
[...] D'aqui a conclusão de não ter o suicídio por causa a grande riqueza de caráter: mas sim o enfraquecimento das faculdades mentaes, sendo o suicídio pelo álcool o mais frequente entre os povos."
(*Correio Paulistano*, 16 de outubro de 1889)

Pretensamente "acima" das questões objetivas, a ciência e os editoriais acabavam falando sobre tudo, interferindo também, por exemplo, em questões imediatas de polícia:

"A responsabilidade dos criminosos
Quaes são as relações entre criminosos e loucura
[...] Sentimos que alguns homens não são semelhantes, que faltam atributos essenciais e sympathia e a moral. Sentimo-lo mais quando no juiz revelam uma instabilidade completa diante do

cadáver de suas victimas, ou não daham menor sinal de emoção ou pezar. SÃO MONSTROS. Dahi para se dizer que elles são loucos não há mais de um passo e tem sido dado de uma vez. Vê-se por isso que elles não são como os OUTROS que não basta considerá-los como homens, é necessário considerá-los em uma palavra como CASOS PATHOLÓGICOS. *Os homens não nascem iguaes* absolutamente. SUPPOE-SE uma igualdade presumida pela lei sem o que não haveria lei. Não há excepção senão para os casos pathológicos bem constatados". (*Correio Paulistano*, 17, 18, 19, 20, 21 de dezembro de 1890)

É interessante notar que esse, como outros artigos, falava alusivamente sobre as notícias de violência que percorrem os jornais no dia a dia, já que em outras seções é justamente o "negro" que aparece com insistência envolvido nesses casos de assassinatos monstruosos. Assim, no mesmo dia em que saía esse artigo no *Correio*, aparecia também e logo abaixo uma notícia que retratava um caso de um negro que cometia exatamente esse mesmo tipo de crime considerado, na época, um caso patológico.

Logo, enquanto a República surgia aos poucos, proclamando a igualdade e o direito de cidadania, a "sciência" e o jornal buscavam desmentir o que acusavam de "utopia". Como dizia o artigo acima, "os homens não nascem iguais"; parecia caber também à ciência e à imprensa comprová-lo.

Esses temas tão dispersos que iam do crime ao suicídio passarão inclusive a ser aglutinados e tratados em seu conjunto pela antropologia criminal, teoria nova e de prestígio na época que aos poucos foi-se fazendo cada vez mais presente nos vários artigos dos jornais. Segundo Hobsbawm, a antropologia criminal cumpria também uma importante função, já que provava que o "criminoso, o antissocial, o desprivilegiado social pertenciam a uma linhagem humana diferente e inferior da respeitável".[6]

Através da "secção scientífica", por exemplo, *A Província* divulgava as principais inovações dessa área. Relatava com destaque as conclusões do "Congresso Antropológico de Roma" (3 de janeiro de 1886), que tinha por fim "remir o homem do vício e do crime" e que, para tanto, determinava que o criminoso era antes de tudo um retardado, podendo ser subdividido em cinco categorias: "criminoso nato, criminoso alienado, criminoso por acesso, criminoso por hábito e criminoso por impulso ou paixão".

Os "mestres" nessas matérias estavam sempre presentes nesses jornais, através do relato de seus depoimentos ou ações. Lombroso (da escola italiana), por exemplo, era citado em *A Província*, tendo inclusive publicadas suas conclusões sobre os "homens de gênio":

> "[...] Os homens de gênio apresentam algumas das características de degeneração. Alexandre Magno, Platão, Epicuro eram radicalmente pequenos; outros eram magríssimos como Cícero, Voltaire, Napoleão I. Muitos outros eram rachiticos, corcundas, coxos, Pope, Talleyrand, Byron, Leonardo da Vinci... Cuvier hidrocephalo, Cambetta tinha o cérebro dos mais pequenos *debaixo da média dos cérebros das mulheres.* Quase todos morriam novos." (*A Província de São Paulo,* 5 de fevereiro de 1890)

Estatísticas sobre o peso dos cérebros humanos eram constantemente veiculadas, tecendo-se nesse sentido comparações entre os cérebros encontrados em diferentes países:

> "Pesam mais os cérebros dos alemães, seguem-se ingleses, suissos, italianos, suecos. O cérebro francez entra apenas de muitos outros povos como lapões, chinezes, japonezes etc." (*A Província de São Paulo,* 28 de janeiro de 1878)

Outro "perigo" com que também lidava a antropologia criminal e que parecia perturbar os leitores desses jornais era o alcoolismo. Estatísticas revelavam aterradores números sobre os efeitos desse vício "até nos países civilizados" (*A Província*, 27 de janeiro de 1883), sendo que os temores não eram menores quando se referiam a países como o Brasil, que, segundo os jornais, possuía milhares de escravos e libertos de "vício inveterado". O uso do álcool era reprovado não só pelos danos pessoais que poderia gerar, mas também porque as teorias científicas da época pareciam comprovar a sua ligação com a criminalidade:

> "*Dos crimes por herança e por alcoolismo*
> [...] É hoje superfluo estabelecer que os criminosos tem escrito no seu cérebro e no seu organismo os vicios hereditarios ou adquiridos, as paixões bestiais ou a *degeneração* de que estão feridos [...].
> Os motivos são hereditários mas também a dipsomania, a paixão das bebidas alcoólicas... [oferecem vários exemplos que ligam dipsomania ao uso do álcool e concluem][...] O alcoolismo é pois a grande chaga dos povos civilizados." (*A Província de São Paulo*, 29 de novembro de 1883)

Assim, a ciência e todo um discurso médico-legal apareciam nesse momento como "discursos da verdade" e davam conta dos mais variados problemas.

Nesse sentido, a partir do início do século XX principalmente, o grupo denominado "escola Nina Rodrigues" foi importante na constituição do que hoje conhecemos como medicina legal e na definição dessa nova ciência: a antropologia. Segundo Mariza Correa, todos os discípulos dessa "escola" "compartilhavam com maior ou menor ênfase da convicção de que o conhecimento do corpo humano e das determinações que o sujeitavam eram fundamentais para a compreensão das relações sociais".[7] Esse conhecimento deteve-se a princípio na discussão dos aspectos exteriores do corpo humano, passando depois para o interior, quando "as pessoas já não eram definidas apenas pelo ângulo facial ou pela cor da pele, embora essas determinações continuassem a ser utilizadas, mas a partir de testes cada vez mais refinados [...]".[8]

Assim, através dos editoriais e principalmente a partir de inúmeros casos que aparecem na seção de notícias, transformam-se em "dramas públicos"[9] as ideias dos legistas, dos médicos e dos jornalistas que atingem o cotidiano dos cidadãos. Como nos diz Peter Fry, é "seguramente através desse tipo de situação pública e dramática que o cidadão comum toma conhecimento das teorias eruditas da época, traduzidas num vocabulário não só mais acessível mas também mais empolgante"[10], e que permite ao leitor não só captar a teoria como "aplicá-la" à realidade que observa.

No interior desse conjunto, em que a medicina legal cada vez mais se impunha por sua "cientificidade e precisão", os ataques não poderiam ter sido menores contra um grupo que de certa maneira solapava toda a hierarquia médica: os curandeiros ou feiticeiros. Em nome dessa ciência "imparcial e eugênica" vários regulamentos eram publicados por *A Província* e outros jornais, sendo que todos eles tinham como característica comum a afirmação de que o curandeiro constituía uma "chaga social". Nesse sentido, apresentamos um dos vários exemplos encontrados:

"Secção Scientífica
*Do exercício da medicina e o novo regulamento da junta de higiene*
... Contra os curandeiros
Para que os regulamentos possam ser postos em execussão sem injustiça a *probidade scientífica* exige que previamente se prove que os curandeiros erram sempre e que os *médicos diplomados* sempre acertam [...].

Dos tempos immemoráveis o povo, os curandeiros, os CHARLATÕES sustentavam a contagiosidade da phisica. Nesse momento todas as classes de nossa sociedade protestam com a mesma *cívica* aspiração: a eliminação geral dessa chaga social.

[...] Os indígenas já foram substituídos pelos europeus, estes são *os representantes da civilização...*" (*A Província de São Paulo,* junho de 1884)

Como veremos adiante, no entanto, nos casos de feitiçaria, como em outros, o que os editoriais comprovavam, as notícias veiculavam e transformavam em espetáculo.

## Nós a braços com a civilização

Os diversos jornais, no entanto, não só se utilizavam das teorias evolucionistas para informar os diferentes artigos como buscavam mostrar que na verdade compactuavam com essas novas ideias. Ou seja, principalmente *A Província de São Paulo*, que como vimos parecia representar a ascendente elite paulista vinculada ao café, aparentava manipular cotidianamente esses conceitos que a "aproximavam dos países mais desenvolvidos". Nesse sentido, a noção de civilização transformava-se aos poucos num dos valores mais "caros", sendo que São Paulo parecia ter, nesse ponto, uma de suas grandes metas.

"*Nós a braços com a civilização*
Decididamente a velha capital dos paulistas civiliza-se!"
(*A Província de São Paulo,* 12 de janeiro de 1883)

O conceito de civilização era constantemente utilizado, servindo tanto para qualificar fatos positivos como para denegrir acontecimentos considerados ruins. Assim, por exemplo, em 8 de maio de 1879, quando se noticiava em *A Província* que numa manifestação republicana ocorreram sérios conflitos sem que a polícia interferisse, o comentário final era o seguinte: "É vergonhoso e tristíssimo e altamente commettedor aos *nossos créditos de povos civilizados* o que se deu hontem as 8 1/2 h. da noite".

Pertencer ao "clube dos civilizados" parecia nesse momento um alvo difícil de ser atingido. Um dos requisitos necessários para se tornar "sócio" era sem dúvida, pelo menos em *A Província* e mais tarde em outros jornais, a adesão às ideias e aos valores da sociedade europeia, incluindo nesse caso os próprios rumos políticos desta. Aqueles que aderiam à "República" julgavam-se, portanto, os únicos e verdadeiros seguidores dessa grande e nova sabedoria.

Por outro lado, atrelado às ideias de civilização e de republicanismo, surgiria também nesse momento um terceiro conceito que parecia ser bastante "precioso", principalmente para a elite paulista. Nos momentos finais da escravidão, o conceito de *civilização* assume uma nova importância, já que parecia revelar a linha divisória que permitiria que os homens reconhecessem a si e a "seus pares".

A cidadania por princípio era aparentemente um atributo dos brancos, mas que os negros recém-libertos poderiam "alcançar" (não sem esforço).

> *"Club dos Escravos*
> Na população escrava da cidade de Bragança, nota-se tendências manifestas para a instrução, *indício* de que não se preocupam exclusivamente com a submissão ao trabalho. *Começam a compreender* que não é só a machina subserviente mas que é também dotada de cérebro *susceptível* de desenvolvimento e que o *saber não é privilégio de homens livres.*
> Alguns *escravos* empreenderam a fundação de uma associação literária que tem por fim o desenvolvimento dos sócios por meio de leitura e discussões [...] *Esse club onde o maior sábio é o que melhor*

*se exprime, lendo ou escrevendo, não tem nem pode ter bases scientífi-cas*, é um embryão literário. O escravo para se tornar *digno de per-tencer a essa sociedade* que se pode dizer o *primeiro degrao na escala da civilização regenerará seus costumes, sacrificará suas paixões para attingir o alvo que pretende e nas horas vagas em vez de se entregar ao ócio e ao vício procurará estudar.*" (*A Província de São Paulo*, 4 de setembro de 1881)

Os princípios evolucionistas e o tom paternalista estavam então mais do que presentes: era do branco que partia a civilização e o saber, e era deste que o negro devia aproximar-se a fim de "regenerar-se", alcançando a cidadania através do "empenho" ou mesmo do "mérito"...

> *"Escravos premiados com a liberdade*
> É notório o serviço relevantíssimo que por ocasião do motim le-vantado na casa de detenção a 12 de dezembro último por grande número que tentaram evadir-se prestaram a ordem pública os es-cravos alli reclusos em número superior a 100... Estes homens ape-sar de sua *humilde condição* de escravos procederam então *como procederiam bons cidadãos, adquiriram portanto o direito de serem levados até a altura de verdadeiros cidadãos...*" (*A Província de São Paulo*, 20 de janeiro de 1884)

## A questão racial e a fazenda democrática

É claro que, paralelamente e muitas vezes lançando mão da ciência, um novo tema começava a surgir nesses jornais, ora de forma mais explícita, ora de maneira mais desfocada: o problema das diferenças raciais. Nesse sentido, como veremos no capítulo seguinte, com a aproximação do final da escravidão e da "futura" República novas questões surgiam. Falar em cidadania e civilização implicava também "resvalar" nas noções de liberdade e igualdade a ela intrínsecas. Ou seja, a "entrada na civilização" pressuporia também o direito à igualdade, sendo que frente a isso as posições oscilavam demais.

Para *A Província,* pelo menos a princípio e *nos editoriais,* a situação parecia idílica e pacífica.

> *"Ódio entre Raças*
> O *espírito público* preocupa-se actualmente com o ódio entre raças. Em alguns senão em todos os pontos do paiz pioram-se as probabilidades desta catásthrophe... Para os homens mais previdentes, não é de modo algum certo mais é possível e provável mesmo que as lutas entre liberaes e conservadores, abolicionistas e emancipadores, republicanos e monarchistas, suceda a *luta social e não mais política* entre brancos e pretos [...] *A escravidão não foi obra da convicção mas de força.* Todavia por efeito de um *natural espírito democrático* que *relaxou os preconceitos* por influência cumulativa do hábito não se constituiu um regime de castas...
> Na fazenda acabaram os conflictos. A família tomou a *forma do patriarchado cedendo ao chefe a maioria de seus direitos e ao escravo uma parcela de sua afeição* [...] *a fazenda fez de numerosas tribos africanas uma tribo única e integrou-a na massa ainda informe do povo brasileiro...* 'Na fazenda formou-se um espírito democrático.' Agora é fácil responder a questão inicial. Onde está o ódio das raças. *No Brazil não há duas raças, não há mesmo uma...* Da primitiva heterogeneidade resta apenas ao alcance do observador a *multiplicidade de epidermes...* No Brazil os interesses e os typos são tão difíceis de descrever que a própria sciência nem sempre é competente para analizar todas as raças..." (*A Província de São Paulo,* 6 de fevereiro de 1889)

Logo, segundo os editoriais de *A Província*, brancos e negros pareciam conviver no Brasil de maneira pacífica e harmoniosa, "construindo juntos a pátria". A questão do "ódio racial", nesse artigo, seguia uma trajetória exemplar, pois da verificação do ódio passava-se à constatação de sua ausência ou do devaneio. Nesse sentido, esse mesmo artigo terminava concluindo de forma apoteótica que "temer excessivamente um acontecimento é o melhor meio de produzil-o". Assim, através de *A Província*, o conhecido "mito da democracia racial"[11] mostra-se presente já nesse momento, e esse jornal preocupava-se explicitamente em caracterizar a convivência racial pacífica existente em nosso país.

Por outro lado, os editoriais do *Correio* possuíam uma preocupação mais explícita em determinar diferenças e hierarquias entre as raças. Nesse jornal os temores com relação ao nosso "futuro racial" eram mais destacados e parecia necessária a demarcação de "comparações" rígidas e fixas entre os povos.

Nesse sentido, o *Correio* não só buscava estabelecer hierarquias entre as raças negra e branca como também entre outros povos. Assim, por exemplo, num artigo que tratava da questão da introdução dos chineses, primeiro falava-se dos negros para depois afirmar o caráter *ainda* mais degenerado dos chineses.

"*O que são os chineses*
[...] os escravos com todos os horrores e vícios não foram tão perniciosos como a contratação dos chineses [...] O negro só *sabia ser sensual, idiota*, sem a menor ideia de *religião, de outra vida moral e nem sequer de justiça humana.* Dançar no domingo, embriagar-se, era sua única atividade... Já os chineses são gente lasciva ao último grão, escoria acumulada de países de relachadíssimos costumes... São todos ladrões, jogadores a um grao incompreensível... Admittindo a possibilidade de introduzir esses leprosos de alma e corpo quanto gastarão o Estado de São Paulo em cárceres com o aumento

da criminalidade que resultará imediata." (*Correio Paulistano*, 19 de julho de 1892)

Sobre a raça negra, os discursos do *Correio* eram diversos, mas basicamente convergentes, pois explicavam desde a inferioridade dessa raça com relação à branca até suas características de "humildade e servilismo".

"*A raça negra progride*
[...] Em virtude da acirrada observação anthropollogica de sabido vallor affirma a iminente autoridade affectiva dessa raça a séculos tão cruelmente explorada em razão mesmo de seus dotes naturaes de *brandura* e *submissão*. Por certo servilismo, bem conhecemos, não é virtude mas característica amorável nós brasileiros bem conhecemos, essa fria sensibilidade, desinteressado apego de coração da raça negra." (*Correio Paulistano*, 7 de julho de 1892)

Além disso, para melhor caracterização da raça negra, comentava-se insistentemente no *Correio* sobre seu continente de origem, com seus "costumes primitivos" e espécimes exóticos.

"*Getway*
É um bello espécime de selvagem nobre perfeitamente negro com uma estatura de cerca de seis pés, parece contar com 50 annos e tem uma fisionomia simples e benévola. Não dá trabalho, só come um boi inteiro por dia." (*Correio Paulistano*, 3 de dezembro de 1883)

## África: o exemplo da barbárie

A África, segundo os editoriais o "continente dos negros", era sem dúvida um tema constante não só no *Correio* como nos diversos jornais do período.

O assunto "África" torna-se então relevante, já que, segundo David Brookshaw, ao menos na literatura brasileira grande parte das qualidades positivas do negro estariam ligadas a seu contato com a civilização brasileira, enquanto, por outro lado, tudo o que havia de pior em seu comportamento estaria vinculado à sua origem primeira: a África.[12]

A *Província* ilustraria bem a afirmação desse autor, já que constantemente trazia notícias e textos sobre esse "continente negro" descrito a partir de seus aspectos "pitorescos", que revelavam antes de tudo a "inferioridade" e o "barbarismo" reinantes em tal civilização.

"*Crenças religiosas e africanas*

Os negros quando passam *para a América* conservam as suas *monstruosas superstições*. O nome da seita dos Vandou no Haiti tem adquirido uma triste imagem em consequência das atrocidades que ella pratica. O Vandou é uma espécie de grande suspeito do qual os negros fazem o seu Deus. Em certas ocasiões e não obstante a maior vigilância de parte das autoridades haitianas, nada tem podido impedir que elles vão secretamente ao *interior das profundas florestas* celebrar os seus ritos incríveis e depois de *desregradas orgias* alimentadas pela *aguardente* e pelo *sangue* humano, até se ter dado a *morte* de algum deles em volta da jaula em que descansa a serpente sagrada! Em 30 de dezembro, Joana Pellet, tia de Clairame, em uma das sanguinolentas festas, estrangulou esta pobre criança... Joana cortou a cabeça da victima depois da morte, raspando-lhe o corpo. Em seguida distribuiu pedaços de carne aos seus companheiros e estes cahiram sobre o resto devorando-os. Depois a cabeça foi cozida com inhames e colocada em um altar. Os *canibaes ébrios de sangue* entoaram uma canção mysteriosa terminada a cerimônia... Concluindo o horrível banquete. Os VANDOU separaram-se satisfeitos com o RENDEZ--VOUS..." (*A Província de São Paulo,* março de 1875)

Dessa forma, nesses artigos que combinavam ironia com um grande "mau gosto", as práticas africanas eram descritas — assim como nos diz Roger Bastide com relação ao negro na literatura brasileira[13] — ressaltando-se antes de tudo os estereótipos negativos comumente empregados em relação ao negro: a feitiçaria, a violência, a degeneração e a imoralidade.

Porém nem tudo era pitoresco, ou seja, o perigo maior, como podemos notar no artigo acima, parecia centrar-se no fato de esses elementos penetrarem em nosso continente conservando as suas "monstruosas superstições":

> *"Uma ceia africana*
> Haveria cinco meses Sr. Baltre se perdeu n'uma selva da África. Sobreveio a noite... e descobriu uma *espécie de casebre* que entrou. Havia alli uma *preta velha* a qual por signaes fez compreender que queria comer. *Aterrada* a velha tirou uns ovos... e já ia prepara-los quando avistou pendurados no tecto e enfiados n'uma vara umas cousas pretas que lhe pareciam comestíveis. Apezar dos supplícios da velha, tomou-lhe e acrescentou com elles a fritada. Acabada a suculenta refeição, entrou o dono da *choça*.
> — Miserável estrangeiro, gritou elle em *mao inglez,* devorastez os meus tropheus de guerra!
> — Que tropheu?
> — Os que alli tinha dependurado no tecto e que eram as orelhas dos guerreiros que tinha vencido e morto!..." (*A Província de São Paulo*)

A atitude imperialista dos "civilizados europeus" estava sempre subjacente a esses artigos, mas não era nunca destacada ou questionada, já que o que se queria ressaltar nesses editoriais era o "barbarismo africano" que se revelava não só nos "súditos" como nos próprios reis e dirigentes, considerados violentos e cruéis.

*"O Rei Dahomey*
Como a *magestade negra* anda em guerra com a imperatriz das índias, vamos descrever o rei Greie, que é mais ou menos *o tal preto* em carne e osso. É um bello homem de elevada estatura e feições regulares, cor mais clara que a de um *negro ordinário, apparência menos brutal* que seus actos. *É digno e cortez principalmente com os brancos* mas debaixo dessa máscara, esconde uma *crueldade tigrina, uma sede de sangue, uma linhagem monstruosa...*" (*A Província de São Paulo*, 24 de outubro de 1876)

Naquele continente, segundo os jornais, matava-se tanto por motivos frívolos como por determinações rituais, como é o caso do rei Kamras, no reino de Ounyoro, que, ao morrer, segundo o *Correio*, sacrificou centenas de súditos, enterrados vivos em sua cova.

Porém, como "é a exceção que confirma a regra", não poderiam faltar também artigos que afirmavam a existência de africanos que, "apesar da origem", acompanhavam "o progresso das nações civilizadas". Por exemplo, em 11 de maio de 1886, no *Correio* saía um artigo intitulado "Africano ilustre", fazendo louvores ao "viajante africano Payno", que por seus méritos recebeu do governo inglês um quadro com a seguinte dedicatória:

"Homenagem a John A. Payne. Salve *o primeiro homem preto* que soube ao tocar em nosso paiz, gravar em nosso espírito admiração e respeito pela sua pessoa. *Esse homem ilustre natural das regiões africanas acompanha o progresso evolutivo das nações mais adiantadas* e resolvemos oferecer-lhe esse quadro como prova de apreço."

Ao mesmo tempo que se falava na África, implicitamente defendiam-se os conceitos de evolução, como vimos largamente veiculados na época. À África não restava outra opção (e era a "sciência" que o provava) senão submeter-se ao domínio dos "mais capacitados" e chegar "perto da civilização".

> *"O rei da Uganca*
> Mtesa, rei da Uganca, a quem Spike o *explorador africano* encontrou no estado de *perfeita selvageria* e a quem Satanley deixou quase *christão*, está *aprendendo a ler e escrever inglez* e com muitos desejos de estudar geographia, botânica e mineralogia..." (*A Província de São Paulo*, 8 de junho de 1878)

A tarefa não era no entanto "fácil", pois mesmo que arrependidos e submetidos aos que "traziam o progresso", esses povos, segundo os jornais, insistiam em manter seus "costumes bárbaros":

> *"O rei dos Zulus*
> O *Times* publicou uma correspondência de Capatomo que assim se expressa a respeito de Citiwayo... Reconhece que fez mal em comprometer o seu povo n'uma guerra contra a Inglaterra: 'já não sou rei, vejo porém que os inglezes *são um grande povo*, não matam seus inimigos. Sinto-me contente por estar em seu poder...' Quando lhe disseram que o governo tencionava tratal-o com toda consideração e dar-lhe tudo que necessitava, manifestou viva gratidão e pediu que trouxessem algumas de suas mulheres favoritas. *Citou mais 10* além das que já tinha consigo..." (*A Província de São Paulo*, 6 de novembro de 1879)

A África era portanto um tema importante e recorrente não só porque objeto das mais destacadas pesquisas antropológicas desse momento mas também porque informava sobre a própria população negra aqui residente.[14]

No caso desses artigos, a intenção parecia clara e as oposições presentes, bastante fixas. Ou seja, enquanto a África ia sendo interpretada como "berço do barbarismo, da violência, da superstição e da magia", a Europa (bem como os jornais que divulgavam essas notícias) representava a civilização, o progresso e a paz. Esses contrastes e todo o preconceito a eles subjacente estavam presentes não só nos textos como também em alguns títulos de artigos (tais como o "Pretinho feliz", *A Província de São Paulo*, 14 de dezembro de 1879, que tratava do caso de um rei da Abissínia que com dezenove anos foi estudar na Inglaterra), e nas expressões já corriqueiramente divulgadas em que a África aparece como sinônimo de tudo que indicasse inferioridade ou decadência.

> *"Escândalo*
> Existe nesta cidade quasi moribundo Ignácio Bicudo de Godóy que, por espaço de 30 annos mais ou menos offereceu o triste espetáculo de sua ruína... Em que país estamos? *Na Costa da África.*" (*A Província de São Paulo*)

"África" transformou-se inclusive em expressão que qualificava por si só situações violentas.

> *"Barbárie policial*
> [Artigo que critica a atuação da polícia...] Ainda que se tratasse de um grande criminoso, não há explicação possível para esbordoar-se assim tão AFRICANAMENTE a quem quer que seja... tais scenas sem dúvida deshonram a sociedade e a *civilização.*" (*A Província de São Paulo*, 24 de setembro de 1881)

A referência a países do exterior era, em geral, em *A Província*, muito maior do que a que pudemos observar no *Correio* (não que nesse jornal não aparecessem, mesmo que com menor frequência, referências a outros países). Notícias sobre Índia e China, principalmente, apareciam vez por outra, sendo que a tônica central era normalmente a mesma: o barbarismo dos costumes, o atraso da civilização.

Outro país também citado pelos jornais, só que nesse caso como exemplo a ser seguido já nesse momento, eram os Estados Unidos. As notícias, nesse caso, em geral enalteciam as atitudes desse país, em especial a forma como lá se deu a abolição da escravidão:

"*Notícias dos Estados Unidos*
[...] No sul dos EUA o final da escravidão levou à dinamização da economia... O mesmo deveria ocorrer no Brasil onde o café não perderia a sua alta posição e exploraríamos a *indústria abandonada.*" (*A Província de São Paulo*, 1º de fevereiro de 1884)

Nos periódicos da época, no entanto, a grande maioria dos artigos referentes à Europa ou a outros continentes tratavam e comentavam sobre meras curiosidades locais ou funcionavam como verdadeiros elogios das práticas imperialistas dos países europeus que, representando "o progresso", deveriam instruir os continentes atrasados, que pareciam ser representados como "povos-crianças", "adormecidos" em seu desenvolvimento e que não possuíam "diário de infância e de adolescência".[15]

Portanto, à medida que nos aproximamos dos momentos finais do Império todo um discurso "científico positivo" parece ir cumprindo um papel cada vez mais importante nesses jornais de penetração na população alfabetizada de São Paulo. Principalmente em *A Província de São Paulo*, que fazia questão de destacar sua adesão às "novas ideias", os editoriais e seções "scientíficas" aparecerão de forma muito destacada (logo na primeira página), constituindo uma espécie de espaço isolado teórico e pretensamente desvinculado do cotidiano mais imediato.

Mas, enquanto os editoriais apresentavam discursos mais "distantes" do cotidiano imediato da cidade, as notícias como que exemplificavam e traziam novos dados ainda mais acessíveis ao grande público leitor.

## AS NOTÍCIAS: UMA FALA ESCOLHIDA

Ocupando a segunda e boa parte da terceira página, a seção intitulada "Notícias" compunha parte essencial desses jornais. A ela era reservada parte destacada, sendo que diariamente "passavam" pelos periódicos várias notícias procedentes dos mais diversos locais do país (do Rio Grande do Sul ao Amazonas) e versando sobre os mais diferentes temas. Nessa seção, a presença do "negro", retratado de diferentes maneiras, era uma constante: ora aparecia como um assassino, frio e cínico, ora como humilde e até serviçal.

No entanto, para nós essa seção ganhou especial destaque devido ao "caráter exemplar" que parecia cumprir. Ou seja, as notícias enquanto conjunto assemelhavam-se a "falas escolhidas". A própria repetição de certos temas parece preciosa de ser retida, pois, como diz Roland Barthes,[16] "é a insistência em um comportamento que revela a sua intenção". Nesse sentido, o que chama a atenção nessa seção é que, apesar da quantidade e da variedade de notícias encontradas, existe uma grande regularidade subjacente de temas que podem ser organizados de forma sistemática, e que veremos a seguir. Ou seja, as notícias (apesar de os locais ou agentes serem diversos) apresentavam semelhanças marcantes em termos do discurso, na forma como eram redigidas ou mesmo nos temas, podendo ser então facilmente agrupadas.

Por outro lado, é interessante ressaltar que não conseguimos encontrar notícias e situações idênticas nos jornais analisados: apesar de os enredos serem semelhantes, os sujeitos e locais variavam sempre, o que a nosso ver destaca ainda mais o caráter "exemplar" e seletivo desse material.[17]

## A violência

Das notícias sobre negros que classificamos, a grande maioria traz temas que de alguma forma ligam-se a ações violentas (vide Apêndice). Essa violência, no entanto, parece não possuir um único fluxo: existe a violência do negro contra o branco, mas também do negro contra o negro. Além disso, parecem existir diferentes tipos e níveis de violência, que variam também conforme o período. (Ou seja, o tipo de ação negra que é predominantemente noticiada em 1874 não é exatamente igual ao de 1888. Mas esse será o tema de nosso próximo capítulo.)

As formas e os motivos que levavam a atos violentos entre negros eram realmente inúmeros.

Motivos frívolos como um "simples gracejo" (*A Província de São Paulo*, 22 de setembro de 1887) podiam levar a graves desavenças e assassinatos, e mesmo problemas passionais provocavam consequências funestas:

> "*Silveira*
> [...] Dois escravos do Sr. João Gonçalves foram feridos por Joaquim Clemente com o pretexto frívolo de UMA QUESTÃO AMOROSA... só a malvadez de Clemente é que levaria a praticar tal crime." (*A Província de São Paulo*, 2 de dezembro de 1875)

Se alguns crimes eram descritos como "imediatos" ou como frutos de uma "fúria repentina", boa parte deles indicava preparação e planejamento anteriores:

"(Campinas) *Rapto extraordinário* [notícia sobre o rapto de uma moça por um escravo]

[...] A moça era filha de um abastado fazendeiro em Minas. O negro estava fugido e o rapto deu-se nestas circunstâncias. Toda manhã a moça tinha o costume de lavar o rosto em uma bica próxima da casa da fazenda. *O negro que já formara o seu plano muito antes* e que se achava próximo ao logar... amordaçou-a e carregou-a para o mato." (*A Província de São Paulo*, 8 de junho de 1887)

Por outro lado, percebe-se através dessas notícias que, quando a "ira" do negro dirigia-se contra o branco, em geral os maiores atingidos naturalmente eram aqueles que possuíam um contato mais direto com os escravos. Capitães de mato, traficantes e sobretudo feitores eram, portanto, constantes vítimas de assassinatos e rebeliões:

"*Feitor assassinado*
Ao amanhecer do dia 11 foi morto na fazenda da Cachoeira nas immediações da estrada da Rocinha o feitor da mesma fazenda por seis escravos que se evadiram. O infeliz feitor servia apenas há 12 dias na fazenda." (*A Província de São Paulo*, 15 de novembro de 1881)

No entanto, desse conjunto todo, as maiores vítimas eram sem dúvida os senhores. Nesse tipo de artigo a tônica central era sempre a mesma, já que, como veremos com maiores detalhes no próximo capítulo, estabeleciam-se oposições fixas entre sujeito e objeto da ação: o senhor surgia representado como a vítima absoluta, como o indivíduo estimado, civilizado e conhecido, em oposição ao negro, que aparecia sempre enquanto o "culpado da ação", como bárbaro, violento, traiçoeiro e "desconhecido".

"*Mais um lamentável* assassinato, *mais um* daqueles casos que registramos com profunda mágoa e sentimento. O sr. Manoel Ignácio de Camargo, *conhecido e muito estimado fazendeiro deste município* de Campinas foi victima de seus *próprios* escravos sendo *barbaramente* morto hontem á *traição*, com 12 ferimentos de enxada e foice, cinco dos quais cada um determinava por sí só a morte." (*A Província de São Paulo*, 2 de maio de 1876)

Já o início de vários desses artigos indicava como essas práticas eram recorrentes e cotidianas. Aguçavam-se ainda mais as diferenças existentes na medida em que as notícias ressaltavam com frequência o bom tratamento que os senhores dispensavam aos cativos.

"*Taubaté*
[...] O fazendeiro José Antonio Nogueira assassinado por seu escravo tinha 30 annos de edade. Era eleitor conservador e muito estimado. *O seu enterro foi um dos mais concorridos que aqui tem havido.* Barros Nogueira *não era rigoroso no modo de tratar seus escravos, ao contrário gozava diante da população de conceito justamente merecido de homem desinteressado, muito honesto e brando para com os seus escravos.*" (*A Província de São Paulo*, 15 de maio de 1877)

Não só os homens eram afetados pela violência dos negros. Senhoras de escravos, apesar de "seus instintos maternais", eram assassinadas violentamente pelos cativos que, segundo as notícias, eram muitas vezes criados como filhos:

"*Facto horroroso* [sobre a morte de d. Gertrudes e seu filho por três ou quatro escravos]
[...] d. Gertrudes era mãe de numerosa família, possuía só 8 ou 10 escravos de serviços. Carlo (o filho) era moço de 20 e poucos annos

casado há três ou quatro annos. *Não eram maus senhores. Os principais autores do crime, dois escravos irmãos foram amamentados pela victima que os estimava desveladamente.*" (*A Província de São Paulo,* 11 de junho de 1878)

As notícias nos falavam também, e com frequência, de conflitos entre os próprios negros (livres ou cativos), sendo que nesses a violência deixava de ser encarada como um fenômeno isolado e passava a ser entendida como atributo próprio aos homens de cor.

A associação entre o elemento de cor e a noção de violência era tão imediata nas notícias que a própria palavra "negro", em si, já indicava fatos infames, violentos e reprováveis: expressões como "páginas negras", "negro crime" eram então comumente utilizadas para caracterizar fatos violentos. Essa associação ficava ainda mais evidente quando o preto, mesmo não envolvido diretamente na ação, servia como exemplo:

> *"Mulher fratricida por ciúmes*
> Em Pernambuco no logar denominado Poças deu-se um assassinato entre dois irmãos. Maria e Jovina, de 16 e 19 annos sahiam de casa a buscar água [...] sendo que Jovina foi encontrada com o corpo curvado com 24 canivetadas. Maria contara que Jovina fora esfaqueada por um *preto* mas logo que Jovina recobrou a falla revelou que fora a própria irmã que a ferira [...]. O motivo era o ciúme do casamento que ella Jovina ia contrahir." (*A Província de São Paulo,* janeiro de 1879)

Por outro lado, se o homem de cor não se encontrava ligado diretamente a cenas violentas, muitas vezes estava presente nas notícias, enquanto personagem secundário da ação, aparecendo envolvido de forma indireta.

Assim introduzido de modo vago, o negro tomava parte muitas vezes nesses casos enquanto mero integrante acessório da cena em questão.

> *"Acto brutal*
> Hontem de manham foi raptada por Manoel Ignácio a menor Floris-bella que representa ter 6 annos de idade da casa de sua mãe na rua da Constituição e levada para *uma casa de prostituição pertencente a uma preta livre...*" (*Correio Paulistano*, 10 de novembro de 1877)

## O negro dependente

A seção de notícias trazia, no entanto, não só textos que se referiam a cenas violentas. Apareciam também, e de forma constante, artigos que relatavam a "natural" dependência do negro, que nada podia fazer frente ao abandono ou à falta de tutela de seu senhor.

Em muitos artigos exaltava-se a absoluta incapacidade desses elementos:

> "*Lamentável*
> Uma preta matou inconscientemente o filho por lhe ter dado mais comida e como o visse afflicto ministrou-lhe o suadouro..." (*Correio Paulistano*, Casa Branca, 17 de novembro de 1888).

Em outros, de maneira semelhante às notícias de violência, procurava-se agregar à pessoa do negro a qualificação de "embriagado", e enquanto tal este era considerado absolutamente incapaz de sobreviver.

> "MORTO DE FRIO
> Sexta-feira última foi encontrado na estrada que vai de Sorocaba ao banco da Árvore Grande um indivíduo de cor preta de nome Se-

bastião. Pelas observações feitas, verificou-se que Sebastião morrera enregelado talvez devido a achar-se sob effeito do ÁLCOOL." (*Correio Paulistano,* 13 de agosto de 1890)

Várias outras notícias contavam-nos sobre casos de pessoas de cor, de diferentes idades, continuamente apanhadas por trens quando se encontravam desatentas na linha.

Mas, se em alguns casos era a inconsequência de atitudes que explicava a dependência, em outros era mais uma vez a "loucura" ou o uso do álcool, que a determinava.

"DESASTRE DE TREM
Pelo trem da linha Bananal foi apanhado perto daquella cidade um indivíduo deitado, de cor preta, que se entregava ao vício da embriaguez." (*Correio Paulistano,* 18 de setembro de 1894)

Era constante inclusive a tentativa de comprovar que o negro liberto se encontrava em pior situação que o escravo, insistindo-se assim na sua "natural dependência" em relação ao branco.

"O delegado, a pedido de fazendeiros, no dia 12 mandou busca na Olaria de Felisberto de tal onde se dizia haver escravos acoutados [...] Foram todos apreendidos [...] No interrogatório afirmaram que o trabalho era pesado e só recebiam o sustento e alguma roupa, sendo que um delles chegou a dizer que a vida na casa de seu senhor era preferível à que alli onde estava, desamparado, que estava arrependido de ter dado ouvidos a pessoas que o desencaminharam [...] Por todos modos exploram-se a natural ignorância." (*Correio Paulistano,* novembro de 1886)

Muitas vezes escravos e libertos não apareciam como sujeitos principais da ação, mas, apesar disso, tomavam sempre atitudes passivas e que denotavam, segundo os jornais, pequena capacidade de ação frente a situações inusitadas:

> "A uma hora de noute um gatuno bateu à porta da casa nº 17 da rua das Flores, cujo senhor estava ausente. Vindo uma preta, Custódia, abriu a porta, o sujeito entrou [...] e intimou a preta a que mostrasse tudo sob pena de ser assassinada. Como *é fácil imaginar* a pobre criada sentir o medo apoderar-se de si, tremendo como vara verde [...] Depois sahiu sem a menor cerimônia, deixando a preta testemunha assombrada." (*Correio Paulistano*, Campinas, 2 de outubro de 1885)

## O bruxeiro, o feiticeiro

Se algumas notícias caracterizavam o negro a partir de sua violência ou mesmo dependência, em outras a sua grande marca parecia as atitudes e práticas bárbaras. Era representado então enquanto indivíduo supersticioso que se dedicava à bruxaria, segundo os periódicos "pouco legítima" e degradante.

> "*Mystério* [sob esse título lê-se no *Correio de Santos*]: No lugar denominado do Pae Cará onde reside um casal de velhos pretos apareceu há dias um canoeiro levando consigo um feto que disse ter encontrado no mar. A preta velhota mandigueira de força ao que parece, tomada pela mais extravagante das superstições desejou que o canoeiro lhe entregasse o pequeno cadáver para enterrá-lo no quintal. *ENTERRO QUE LHE DARIA FORTUNA À CASA.* Acedendo o canoeiro preto *BÁPTISOU* o feto e foi esse sepultado no quintal... (no final a autoridade local retirou o cadáver)... Mais um mystério, mais uma miséria humana." (*Correio Paulistano*)

A atitude com relação a esses casos era ambígua. De um lado o feiticeiro era sempre considerado um elemento a ser temido, já que suas práticas eram desconhecidas e pouco controladas.

*"Feiticeiro.* Bragança

Para o lado das pedras mora *um preto velho tido e havido como tal.* Sua casa é frequentemente procurada por *forros* ou *cativos* que vão consultar ou receber lições de bruxaria havendo mesmo reuniões em certas noites com caráter de sessões fatídicas. Admira que nessa ephoca haja quem ainda acredite em feitiçarias que quando muito podem ser sob certas fórmulas e aparatos a aprendizagem de saber conhecer drogas nocivas ou plantas venenosas com o fim de *fazer mal à vida dos senhores ou desaffectos.* Esse foco em que se alimenta a crudelidade estúpida de pessoas ignorantes e mal intensionadas devem ser banidos d'entre nós [...] Deve cair sobre eles o rigor da lei." (*A Província de São Paulo,* 4 de março de 1879)

Porém, por outro lado, buscava-se sempre ironizar as suas ações:

*"Lovelace e Charlatão*

O subdelegado de Merity no estado do R.J. acompanhado de seus subordinados, deu cerco à casa de um célebre *curandeiro feiticeiro.* Deu causa a esta diligência um crime de peor espécie praticado por aquelle *bandido* que se chama Termodano Severino de Freitas. Entre as suas clientes havia duas mulheres, duas mães que entregando-se aos cuidados de tal negro Juca Rosa deixava de ser vigillantes sentinelas da honra das suas filhas cuja belleza de posso mal razonado seduziu o patife [...] A diligência teve bom êxito e o *curandeiro deflorador* foi preso e só resta que a lei o puna." (*Correio Paulista-no,* 3 de outubro de 1893)

Assim, nesses últimos casos, se por um lado o culto era ridicularizado, por outro seus seguidores transformavam-se facilmente em alvo de chacota. No artigo abaixo, por exemplo, o jornalista, através dos grifos, direcionará a leitura, desqualificando totalmente os agentes da ação:

"*Os feiticeiros do R.S. — Grande Caçada*
A política tomou hontem em uma casa 42 pretos livres e escravos, e 11 pretos minas. A CAÇADA deu-se às 10 1/2 da noite no momento em que o preto João celebrava uma sessão de FEITIÇARIA. Foi uma surpresa e um despontamento que aquelles FIÉIS CRENTES jamais perdoarão á polícia. O CELEBRANTE no acto em que foi preso [...] era escutado com religiosa attenção pelo PIEDOSO auditório. A polícia aprehendeu cabeças de galo e outros MANIPANÇOS. Os principais atores da *indecente comédia* foram recolhidos á cadeia e os escravos castigados." (*Correio Paulistano*, 30 de novembro de 1879)

Sem dúvida, *A Província,* que, como vimos nos editoriais, seguia de maneira tão fiel os ensinamentos científicos dos principais intelectuais da época, era quem formulava as críticas mais violentas aos feiticeiros. Ou seja, diferentemente do *Correio Paulistano,* que muitas vezes através dos artigos revelava um certo temor e despreparo frente à situação, *A Província de São Paulo* buscava sempre dar um tom irônico e ao mesmo tempo crítico a esses artigos, já que esses elementos, segundo as notícias, pareciam nada entender "do corpo", realizando somente o mal. Eram então constantemente citados nesse jornal os casos em que esses curandeiros provocavam a morte, ou pioravam as doenças, sendo os exemplos inúmeros: uma criança em que um "curandeiro" pardo aplicou um "collyrio" perdeu um dos olhos (4 de abril de 1884); um remédio venenoso ministrado por "uma curandeira creoulla lavadeira

Antonia de tal" que acabou envenenando Francisco Chicoro (6 de maio de 1885); ou mesmo a morte de uma jovem esposa que foi amarrada a conselho de um curandeiro para lhe "sahir do corpo um espírito obsceno".

A maioria absoluta desses casos envolvia negros e a ironia era cruel, já que *A Província* parecia simplesmente desconsiderar esses elementos e suas práticas:

> *"Desacata a realeza*
> Na longa e por vezes triste história das monarchias não se encontrou um facto que possa de longe ser comparado ao que hontem se deu na cidade [...] *Já não há preconceito, já não há distincções, só a igualdade.* O sr. Possolo, segundo delegado da polícia acaba de por em prática uma ameaça terrível. S. Majestade a rainha mandigueira assignou hontem termo de bem viver na polícia. Uma rainha! exclamara o leitor. Uma rainha sim senhor! E não foi só a rainha, foram os seus ministros. A rainha é Leopoldina Maria da Conceição que também diz chamar-se Leopoldina Jacomé da Costa *preta fula* da nação Mina Gegi 45 annos presumíveis. É a dona da casa e de todos os objetos nella encontrados como ministra de culto denominada: Mãe de Santo Guhade Feliciona de Jesus tem como principal ajudante, casada com um pardo cocheiro do qual se acha separada ha 23 annos. É denominada Vodance... [segue descrição dos outros participantes, todos negros. O texto está repleto de ironias, como por exemplo...] Eva Maria Creoulla, filha de uma preta, 16 annos, muita estúpida e ignorante parecendo até idiota [...] Estas mulheres [...] Estavam mal alimentadas." (*A Província de São Paulo*, 30 de setembro de 1879)

Em alguns artigos de *A Província* a ironia dirigia-se diretamente sobre o ponto que mais parecia irritar os redatores dessa folha.

Isto é, ao fato de os feiticeiros não atuarem segundo a racionalidade e "comprovadas experiências" da medicina e da ciência:

> "(Bragança) *Feiticeiro*
> Andou por aqui um sujeito *preto* ainda moço [...] *Será doutor?* A esta pergunta respondiam uns que sim e outros que não. É doutor effectivamente mas formado por acclamação dos *símilunios pascacios. Doutor de lesma e caramujo dos parvos.* Chama-se Luiz de tal e tem famma de excellente feiticeiro. Foi pena que as autoridades não tivessem conhecimento da presença da personalidade entre nós para o mandarem *ensinar fazer mandinga aos presos da cadeia.*" (*A Província de São* Paulo, 16 de setembro de 1884)

Em geral não se nomeavam os curandeiros, que nenhuma atitude de respeito pareciam merecer por parte de *A Província.* Ao contrário, se não eram considerados "charlatões" ou enganadores, seriam no máximo "tolos", imorais ou criminosos:

> "*Rapto por um escravo*
> No bairro do Rio Abaixo um *escravo fugido* roubou uma moça de nome Candida e conduziu-a para algum *quilombo* [...] Este escravo intitula-se *Santo Emygdio curandeiro e milagroso,* anda em companhia de mais 5 ou 6 todos além de *fugitivos são criminosos...*" (*A Província de São Paulo,* 16 de janeiro de 1883)

Logo, se no *Correio* a atitude era ambígua, em *A Província os* artigos como um todo demonstravam uma boa dose de sarcasmo e de condenação absoluta aos elementos que se dedicavam a atividades de feitiçaria (constantemente acusados não só por suas práticas como por crimes e atitudes violentas) e que portanto pareciam não merecer melhores descrições ou denominações.

*O negro suicida e as mortes mal explicadas*

O caráter vago e pouco detalhado que as notícias possuem muitas vezes pode ser particularmente exemplificado a partir da descrição de um dos assuntos mais recorrentes desta seção: o negro suicida.

A principal característica dos artigos arrolados neste item é justamente a imprecisão das descrições, já que em geral pouco se especificava sobre a situação ou o elemento em questão:

> "*Uma* folha de São Carlos de 15 do corrente refere-se que sábado ao meio dia mais ou menos, *n'uma* venda *um* liberto recebeu um tiro na cabeça, morrendo immediatamente. Conta a folha que o tiro foi casual." (*Correio Paulistano,* 17 de julho de 1888)

Além disso, outro aspecto comum a esses artigos é que em geral buscava-se negar a participação do senhor em tais eventos e mesmo descaracterizar todas as suspeitas que pudessem recair sobre a origem da morte. Assim, muitas vezes, apesar de não se saber ao certo a causa do falecimento, buscava-se intuir ou explicá-la a partir das atitudes da vítima, de seus vícios e maus costumes:

> "Cadáver encontrado
> Foi encontrado o pardo Maximiniano, de 70 a 80 annos. Este indivíduo usava de bebidas alcoólicas, atribui-se a isso a causa da morte."

Por outro lado, é importante notar que o número de notícias que se referiam a suicídios era muito elevado, chegando no final da década de 1870 a aparecer diariamente, envolvendo diferentes situações. Em alguns casos, por exemplo, os suicídios eram, segundo as notícias, provocados por situações passionais:

"Enforcado

Há dias, na fazenda Timotheo, Bairro de Cravinho, appareceu enforcado n'uma árvore um preto que, depois de assassinar com um tiro de garrucha uma preta com a qual tencionava casar-se, havia desaparecido. O que motivou o crime foi o ciúme." (*Correio Paulistano,* 2 de setembro de 1888)

Em outros era o "desespero" que parecia motivar tais ações:

"*Suicídio*

Na semana passada, tendo desaparecido da fazenda do Sr. Luiz Gonzaga um negro que se supunha ser escravo fugido, foram ao encalço delle dous escravos. Sentindo-se perseguido, o negro atirou-se no rio e desapareceu, sendo encontrado já cadáver...

Ignora-se quem elle seja, sabendo-se apenas que era escravo por ter sido achado com ferros no pescoço." (*Correio Paulistano,* julho de 1876)

Através dos próprios títulos das notícias — "MAIS UM SUICÍDIO" — ficava evidente como o suicídio de negro era uma prática constante nesse período, sendo que somente em poucos casos os artigos deixavam margem a dúvidas sobre a "veracidade" de tais fatos:

"Suicídio?

Há 12 dias desappareceu a escrava Benedita. No dia 4 foi encontrado o cadáver [...] Suppõe-se que a morte foi por suicídio." (*Correio Paulistano,* maio de 1874)

Assim como em outras seções, os casos de suicídios pareciam também ser globalmente explicados se não pela atitude das vítimas ao menos pela "sciência" e por todo um discurso que explicava a loucura.

"Cadáver
Junto ao Rio Tietê, já desfigurado, foi encontrado o escravo de nome Anastácio, a quem atribui-se a desarranjos mentaes o fato de ter elle se atirado ao rio." (*Correio Paulistano*, 17 de fevereiro de 1877)

Na grande maioria das notícias, no entanto, ao mesmo tempo que se buscava explicar o ato (pela loucura, embriaguez...) tentava-se também retirar a possível culpa que pudesse pairar sobre o senhor branco. Nesse sentido, em geral os artigos revelavam "um ar de espanto" frente ao acontecimento, buscando mostrar a perplexidade do senhor afetado pela situação.

"Desgraça
Lê-se no Arenense. Na manhã do dia 7 amanheceu enforcado em casa de nosso amigo o sr. Octavio Elienne um escravo do sr. Domingos Moreira. Sobre a morte nada podemos dizer porque tanto o sr. Octavio como sua exma. senhora são senhores *muito humanos e piedosos pelo que a morte causou verdadeira surpresa.*" (*Correio Paulistano*, 19 de outubro de 1876)

Muitas vezes, inclusive, o senhor mostrava-se inconformado com o suicídio devido à boa e privilegiada posição que o escravo ocupava:

"Enforcado
Hontem enforcou-se o escravo Domingos [...] Ignora-se o motivo que levou a este acto de desespero, pois era *pagem*." (*Correio Paulistano*, 26 de setembro de 1880)

Assim, em várias notícias estabelecia-se logo uma espécie de cumplicidade entre o leitor e o senhor branco afetado, desculpando-se sempre a este último, principalmente por ser considerado um indivíduo conhecido e estimado por todos, em oposição ao suicida, um mero desconhecido:

"Suicídio
Ante-hontem foi lançado a um poço o negreiro José de 2 annos por sua mãe, a escrava de *nosso amigo* sr. Emilio Novaes, que num acto contínuo enforcou-se. Ignora-se se o suicídio teve por causa o desespero do facto consumado, o que *é certo* é que esse crime veio por em *sobressalto* o nosso *amigo* e sua estimável família, pois que não houve motivo algum plausível que provocasse semelhante acto."
(*A Província de São Paulo,* julho de 1879)

O negro, enquanto suicida, parecia, ao nível das representações, cumprir diferentes papéis: ora reafirmava o caráter dependente, ora a impossibilidade da convivência com a "civilização", ora o seu caráter degenerado e pleno de vícios. Em todos os casos, no entanto, a figura do branco parecia permanecer incólume, buscando-se constantemente desvincular o senhor da atitude de seu escravo e destacando-se inclusive sua verdadeira benevolência.

"*Suicídio*
Amanheceu enforcado por um lenço na grade da cadeia Ricardo escravo do Sr. José Mariano de Camargo Pimentel. As circunstâncias que procederam foram as seguintes: o sr. Pimentel, vendo que o mesmo por *embriaguês* apresentava symtomas de *alienação mental* e temendo uma consequência fatal mandou prendel-o no xadrez e pediu para que o guardassem vigilante..." [O escravo acabou suicidando-se e o artigo conclui elogiando a "acerba e attenta humanidade" do senhor.] (*A Província de São Paulo,* 21 de julho de 1876)

É interessante notar também que os casos de suicídios só apareciam nos jornais na seção de notícias, não estando presentes nem na de óbitos (onde a maior parte dos casos referia-se a mortes naturais) nem nas "ocorrências policiais". Parece-nos que esse fato reafirma a ideia de que cada seção cumpre uma função específica e às vezes complementar no interior dos periódicos. Assim, enquanto na de notícias apareciam casos selecionados, referentes a diferentes regiões do país (buscando-se inclusive descaracterizar a existência de uma relação violenta entre senhores e escravos na medida em que pouco se questionava sobre o suicídio em si), em outras lidava-se exclusivamente com os casos mais imediatos e cotidianos da cidade de São Paulo (sem o caráter exemplar que as notícias parecem apresentar).

Por outro lado, se os suicídios, segundo vários autores,[18] eram uma prática de resistência negra contra a situação opressiva que enfrentavam, por outro, nesses artigos, tais atos parecem querer atestar antes a incapacidade dos negros que os praticavam do que a busca de uma afirmação de sua individualidade, ou a delação da violência intrínseca a esse sistema.

## O negro degenerado

Por fim, a partir da década de 1880, na seção de notícias, o negro antes predominantemente violento ou dependente era agora também degenerado. Assim, indivíduos bêbados, imorais, de práticas bárbaras (como os sambas e as capoeiras) e de cor negra começavam a "desfilar" cotidianamente pelos jornais, tornando-se esta uma representação inclusive dominante.

As notícias pareciam cumprir então uma "função exemplar" no interior da dinâmica dos jornais, já que transformavam situações particulares em dramas públicos largamente veiculados. Nessa seção, várias imagens e representações sobre os elementos negros vão ser divulgadas cotidianamente, transformando em consensos sociais imagens diversas. Como veremos, com o passar do tempo representações várias vão-se tornando predominantes, sendo que nessa seção o negro parece acumular e ganhar sempre novos papéis.

## ANÚNCIOS

Nesses jornais, que tinham no seu total duas ou quatro páginas, basicamente pode-se dizer que, se boa parte era tomada pelos editoriais e notícias, pelo menos a metade ou mais da metade dessas páginas era ocupada por anúncios dos mais variados tipos e tamanhos. Tais anúncios constituíam a maior fonte de renda dos periódicos; além de abundantes, apareciam misturados com os demais tipos de informação.

No entanto, o que mais se destaca nesse tipo de material não é tanto seu aspecto visual, mas antes o contraste entre a linguagem utilizada no jornal como um todo e a dos anúncios. Nestes últimos aparece um discurso menos rígido, onde podemos observar mais facilmente ainda expressões e costumes da época. Como nos diz Gilberto Freyre, trata-se de uma "linguagem à vontade", já que os anúncios na maioria das vezes eram redigidos por iletrados que buscavam vender seu produto ou anunciar seu escravo evadido, dando sempre seu "tom pessoal".[19]

Na época estudada parecia inexistir uma concepção fixa e rígida para os anúncios, sendo que cada anunciante preenchia o seu espaço da forma que melhor lhe conviesse, utilizando recursos e argumentos que considerasse legítimos. Nesse sentido, os anúncios ganham outro tipo de destaque, já que não possuíam uma linguagem absolutamente cifrada, mas antes evidenciavam anseios e objetivos diversos.

## Anúncios de negros: os classificados

Até inícios da década de 1880, grande parte dos anúncios que ocupavam os periódicos da época referia-se a escravos. O cativo aparecia então vinculado a todo tipo de transação econômica: compra, venda, aluguel, leilão, seguro, fugas, testamentos, alienação, empréstimos, hipotecas, penhora, doação, transmissão, depósito e usufruto.

Tais anúncios encontravam-se fartamente distribuídos nos periódicos da época, sendo que, num só número do jornal (que contava em média com uns vinte anúncios de diferentes produtos e tamanhos), podemos encontrar aproximadamente uns seis anúncios referentes a escravos. Estes em geral apareciam de forma bem destacada, não só através dos títulos, em negrito e com grandes letras, que procuravam captar a atenção do leitor, como pela própria posição que ocupavam no jornal (aparecendo geralmente no centro da página ou no alto). No entanto, tais características, no final do século XIX, com a proximidade da abolição vão sendo modificadas, pois aos poucos parecem perder antigos espaços, escondendo-se nos cantos das páginas, encolhendo-se em tipos miúdos, perdendo seu antigo luxo de pormenores e deixando de aparecer com títulos em negrito.[20]

Segundo um modelo clássico, podemos verificar que os anúncios visam "estabelecer, no leitor do jornal, tipos de familiaridade, associação, automatismo em torno do objeto anunciado. Procura-se atrair, prender, absorver a atenção do leitor do jornal de modo especial com objetivos práticos e imediatos e através de palavras capazes de conquistar o leitor para o anunciante ou para o objeto anunciado".[21]

Esse tipo de modelo era seguido pelos anúncios de venda, seguros, aluguel ou leilão de escravos, já que neles eram destacadas qualidades e vantagens das "peças", bem como seus preços módicos e facilidades de pagamento. Ressaltavam-se nesses casos, portanto, os atributos positivos dos cativos, tanto no que se refere às suas qualidades profissionais como às características físicas e mesmo morais:

> "*Escravos bons:* Vende-se 3 *excellentes* escravos, sendo: um moleque de 16 para 17 annos de idade, *bonita figura,* outro de 35 annos, *habilíssimo, destro de serviço de lavoura* e uma creoulla de 14 para 15 annos, *bonita estampa.*" (*Correio Paulistano*)

Nesses anúncios, as "peças" exibidas eram constantemente valorizadas como "robustas, fortes, sadias, inteligentes e boas para qualquer serviço...", sendo que, enquanto "coisa" e objeto, eram comercializados:

> "Escravos
> Na rua da Consolação, 72, há 38 'peças' para vender [...] todos bonitas peças. *Vende-se barato para liquidar.*" (*Correio Paulistano*, 9 de maio de 1880)

Os escravos eram descritos como objetos, recebendo nesse sentido o mesmo tratamento, ao nível da linguagem, dos "fogões" ou bebidas que ao seu lado eram anunciados. Assim, como "peças bonitas", "bonito lote", "peças em liquidação", "primeira ordem ou qualidade", "bonita estampa", os cativos eram anunciados aos prováveis compradores.

Muitas vezes eram inclusive vendidos como "lote" ou como "ofertas especiais", conjuntamente com terras ou outros objetos também indispensáveis.

> "*Carro e Escravo*
> Vende-se uma Victoria em muito bom estado com arreios, e compra-se um escravo de meia edade, sadio e sem vícios para todo trabalho." (*A Província de São Paulo*, 27 de agosto de 1880)

Nos casos de venda ou aluguel de escravos, eram ainda mais destacados os aspectos físicos da peça oferecida; dessa maneira é possível inferir inclusive outras formas de utilização das cativas:

> *"Muitta Attenção*
> Vende-se uma *ellegante e bonita* mucama recolhida e de casa particular que tem muitos préstimos com 18 annos de edade, sadia, sabe ainda engommar, fazer tuyote, costurar e cortar figurino. O motivo da venda não desagradará o comprador." (*A Província de São Paulo*, 25 de setembro de 1877)

Nesses "classificados", ofereciam-se negros não só através da afirmação das características físicas positivas das "peças comercializadas", como também através da própria negação das "atribuições morais" pejorativas normalmente associadas aos negros:

> *"Escravo.* Vende-se um de 20 a 30 annos *sadio, robusto, sem vícios, nem defeitos."* (*A Província de São Paulo*, 28 de fevereiro de 1879)

> *"Escravos*: No Arouche rua do Paraiso nº 39, vende-se ou aluga-se *uma* preta de 24 annos de edade, perfeita costureira e com todos os préstimos para casa de família, servindo também para ama de leite por estar próxima a dar luz, é *sadia, sem vícios e bem-educada".* (*A Província de São Paulo*, 23 de fevereiro de 1879)

Assim, além da referência às características que os negros possuíam efetivamente, fazia-se questão de ressaltar também a exceção e a singularidade das "peças anunciadas", reafirmando-se o caráter do negro pela negação. Nesses casos, muitas vezes num só anúncio aglutinavam-se várias imagens comumente dispersas:

*"Excellente escravo*

Vende-se um creoulo de 22 annos, *sem vícios, muito fiel, bom e acea-do,* cozinheiro, copeiro e boliero. Faz todo o serviço da casa com presteza, e é o *melhor trabalhador* de roça que se pode desejar, *humilde, obediente, bonita figura...*" (*A Província de São Paulo,* 19 de fevereiro de 1878)

Tal situação é particularmente clara no caso das amas de leite, já que estas possuíam uma relação muito próxima com seus senhores. Nesses casos lançava-se mão inclusive, em determinados momentos, das "certezas" que só a "sciência" podia oferecer.

*"Ama de leite*

*Inspeccionada e affiançada por médicos,* quem precisar e quiser pagar bem, pode dirigir-se à praça do mercado, 12." (*Correio Paulistano,* 15 de julho de 1880)

Nos classificados, os anunciantes possuíam, portanto, uma difícil tarefa: a de exaltar as características positivas dos cativos oferecidos, garantir o caráter excepcional das "mercadorias" e afastar deles todo o "estigma" da escravidão, tão presente nos anúncios de fuga que veremos a seguir.

## Anúncios de fugas de escravos

Vários historiadores já atentaram para a importância desse material, mas foi Gilberto Freyre quem o trabalhou de forma mais sistemática.

"Anunciologia" (ou "ciência dos anúncios") foi o nome adotado por Freyre para caracterizar o que ele mesmo se propunha a trabalhar. Através dos anúncios referentes a escravos, Freyre buscou reconstituir as características da população negra residente no

*Correio Paulistano, 9 jan. 1874*

Anno I

ASSIGNATURAS PARA A CAPITAL

Anno...... 14$000
Semestre 7$000

A assignatura póde principiar em qualquer dia e mez mas terminam em Junho e Dezembro.
Todos os pagamentos adiantados.
Numero avulso—200 rs.
Typographia e escriptorio
RUA DE PALACIO N. 14

# A PROVINCIA DE SÃO PAULO

## PROPRIEDADE DE UMA ASSOCIAÇÃO COMMANDITARIA

### REDACTORES: AMERICO DE CAMPOS E F. RANGEL PESTANA

ADMINISTRADOR—JOSÉ MARIA LISBOA

N. 120

ASSIGNATURAS PARA FORA

Anno..... 18$000
Semestre . 9$000

A redacção acceita informações justas e esclarecidas relativas a serviços publicos e denuncias de administração e presos.

Typographia e escriptorio
RUA DE PALACIO N. 14

Columnas franqueadas aos escriptos de utilidade publica | Sexta-feira 4 de Junho de 1875 | Liberdade de pensamento e responsabilidade do auctor

---

## ADMINISTRAÇÃO

Assignaturas de um anno, pagas até 30 de Abril, com direito ás vantagens offerecidas:

**1:080**

Assignaturas pagas até hoje, com direito aos premios . . . 8$12

Distribuição actual da folha :

**2:200**

Preço do assignatura, de Junho a 31 de Dezembro :

Capital . . . . . . . . . . 9$000
Para fora . . . . . . . . 11$000

Pagamento adiantado, nos agentes locaes, ou remettido em carta registrada á administração da folha.

A cobrança dos atrazos devertidos está expedido.

## A PROVINCIA DE SÃO PAULO

4 de Junho de 1875

[corpo do artigo — texto ilegível]

## FOLHETIM

### MINHA IRMÃ JEANNE

por

GEORGE SAND

SEGUNDA PARTE

III

( Continuação )

[texto ilegível]

## SECÇÃO SCIENTIFICA

### A previsão do tempo na provincia de S. Paulo

( Continuação )

[texto ilegível]

## QUESTÕES SOCIAES

[ Traducção da « Provincia » ]

### O centenario da Republica Americana

[texto ilegível]

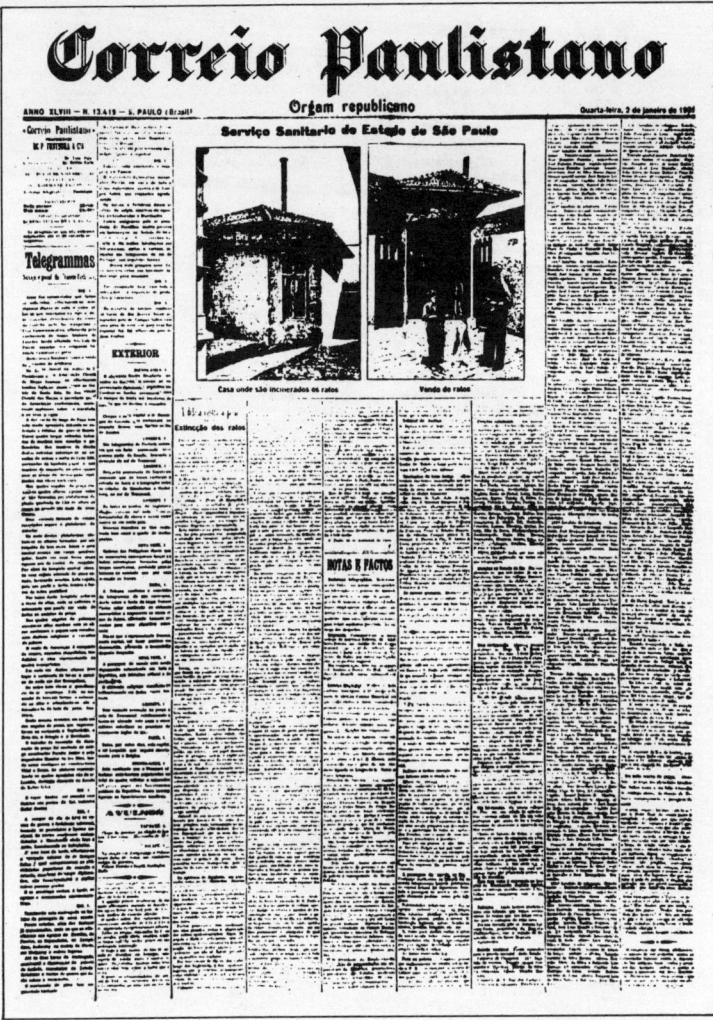

*Correio Paulistano*, 2 jan. 1901*

# Attenção

A Joaquim de Sampaio Goes, conhecido por Quito de Sampaio, morador em Campinas, fugio no dia 21 de Dezembro de 1873 o escravo Rufino, creoulo da Bahia, idade 25 annos mais ou menos, altura regular, bem feito de corpo, côr fula, quasi mulato, vermelho, cabellos grenhos, pouca barba, boa dentadura, tem o rosto bem bexigoso, tem o braço direito quebrado, perto da munheca, tem os pés muito largos, os dedos grandes muito abertos, é bem ladino, gosta de cantar, e tem boa voz. Quem o prender e levar ao seu senhor, será gratificado. Protesta-se contra quem o tiver acoutado com o rigor da lei.

## MAIS ATTENÇÃO

Em Outubro de 1869 fugiram ao mesmo Joaquim de Sampaio Goes os escravos seguintes: Gregorio, idade 26 annos mais ou menos, mulato caboclo vermelho, boa dentadura, tendo falta de um dos da frente, altura baixo, grosso de corpo, tornando-se bem recalcado, cabellos corredios, bem barbado, tendo as sobrancelhas e bigodes muito serrados, o corpo muito cabelludo.

Marinho, idade 25 annos mais ou menos, alto, bem repartido de corpo, mulato claro, bonito de feições, quando falla ri-se, barba sómente no queixo, boa dentadura, ambos são filhos do Ceará, e mostram muito no sotaque serem filhos do Norte, ambos tocam viola, e usavam de precatas, foram comprados dos srs. Francisce & Adão. Desconfia-se que estejam nos sertões de Botucatú ou Itapura, ou no sul da provincia de Minas-Geraes: Protesta-se com todo o rigor da lei a quem tiver acoutado e gratifica-se a quem prender estes dois escravos acima referidos e entregar a seu senhor, 100$000 rs. por cada um. Estes dous escravos fugiram no tempo que seu senhor morava em Indaiatuba.

Santa Maria 20 de Maio de 1874.     10—6

# Urgente

Precisa-se de uma ama de leite, para acompanhar uma familia para o Rio de Janeiro, quem estiver no caso dirija-se ao Hotel d'Europa.

# Adolpho Tessier

*Correio Paulistano*, 29 jan. 1878*
*Correio Paulistano*, 27 abr. 1886*

# 400:000 RS.

Gratifica-se com a quantia acima a quem prender e entregar ao abaixo assignado, em Campinas, os escravos seguintes :

Ladisláu, 24 annos, preto, estatura regular, bons dentes, presa e muito risonho, apto para o serviço de roça e cosinha. E' natural de Magé, provincia do Rio, e fugiu da estação de Santa Barbara em Maio de 1876.

Marcos, 27 annos, estatura regular, corpo reforçado, côr parda bem clara, cabellos pretos, finos e annellados, pouca barba e pequeno buço. Passa por domador de animaes, sabe lêr e escrever, entende de cosinha, de pedreiro e carpinteiro. E' natural do Rio Grande do Sul e fug u em Novembro de 1875 da Estação de Santa Barbara.          20—10

Campinas, 22 de Maio de 1878.
                    João J. de Araujo Vianna

*A Província de São Paulo*, 11 jun. 1878*

# Escravo

Vende-se por commodo preço um escravo, preto, de 45 annos pouco mais ou menos, excellente official de pedreiro. Trata-se á rua do Constituição n. 3 C.

3—3

*Correio Paulistano*, 23 abr. 1878*

# ALUGADA

Aluga-se uma escrava que lava, engomma e cosinha. Para tratar no largo de Paysandú n. 19

3—2

*Correio Paulistano*, 8 jan. 1878*

# ESCRAVA

Vende-se uma escrava, no pateo de S. Bento, quarta casa do canto da rua da Boa Vista.

3—3

*Correio Paulistano*, 23 abr. 1878*

# Excellente escravo

Vende-se um creoulo de 22 annos, sem vicio e muito fiel : bom e aceado cozinheiro, copeiro, balieiro. Faz tudo o serviço de arranjo de casa com presteza, e é o melhor trabalhador de roça que se póde desejar ; humilde, obediente e bonita figura. Para tratar na ladeira de S. Francisco n. 4. 5-3

*A Província de São Paulo, 19 fev. 1878**

# Escravos fugidos

Fugiram em dias de Março do corrente anno, da fazenda de José Fernando d'Almeida Barros do municipio de Piracicaba, os escravos :

Pantaleão, alto, fulo, nariz afilado, boa dentadura, bahiano, falla macia, 30 annos.

Fernando, preto, baixo, corpulento, boa dentadura, bahiano, 25 annos mais ou menos.

Estes escravos foram trazidos a esta provincia ha pouco tempo, pelo sr. Raphael Ascoli; levaram alguma roupa fina e blusa de baeta vermelha, e offerece-se uma boa gratificação a quem os prender e entregar a seu senhor ou em S. Paulo ao sr. José Alves de Sá Rocha. 3—3

*Correio Paulistano, 15 abr. 1874**

# 2:000U000

Offerece-se dous contos de réis (2:000$.) a quem prender, e puzer na cadeia da cidade de Sorocaba o escravo Generozo que assassinou seu senhor, o tenente-coronel Fernando Lopes de Souza Freire, ás 6 1/2 horas da tarde do dia 28 de Abril, cujos signaes são os seguintes: estatura regular, delgado de corpo, côr fula avermelhada, cabellos carapinhos, nariz chato, bocca grande, pés magros e um pouco franzidos, pernas finas; é domador, e viciado em bebidas alcoolicas. Anda fugido desde Janeiro do anno proximo passado; do seu escondrijo suhiu para commetter o crime. 3—1

*A Província de São Paulo, 14 maio 1875\**

# ESCRAVA FUGIDA

Acha-se fugida desde o dia 6 do corrente a preta Rita, creoula de Santa Catharina, de 16 a 17 annos de edade, altura regular, bons dentes, olhos grandes e alguns fios de barba no rosto, e tambem com signaes de espinhas.

Gratifica-se a quem a prender e entregar a seu senhor, nesta cidade, á rua do Boa-Vista n. 28, e protesta se com todo o rigor da lei contra quem a tiver acoutado.

S. Paulo, 28 de Fevereiro de 1878.
3—2 *Antonio Joaquim Ferreira Campos.*

*A Província de São Paulo, 3 mar. 1878\**

**Para a boa conservação DE Vosso Cabello usai do Tonico Oriental**

Elle é um preventivo seguro e certo contra a calvice,

Elle dá e restaura força e sanidade a pelle da cabeça,

Elle de prompto faz cessar a queda prematura

Anúncios publicados na imprensa de São Paulo entre 1874 e 1886*

# Gabinete magnetico

## RUA DA ESPERANÇA N. 3

O sr. d. Pedro Pollero, professor de magnetismo, com diploma da SOCIEDADE MAGNETICA DA ITALIA, condecorado com a medalha de ouro da mesma sociedade, tem a honra de offerecer ao illustrado publico desta capital o seu gabinete magnetico com a celebre SOMNAMBULA LUIZA.

Tambem se consulta sobre enfermidades de crianças, senhoras e homens, tudo sob o effeito do SOMNAMBULISMO. Tambem se adivinha qualquer cousa que uma pessoa queira saber.

O gabinete está aberto desde 9 horas da

# DESCASCADOR DE CAFE

## ENGELBERG
Ventilador para café em côco
## APARTADOR DE PEDRAS
e Machina de beneficiar arroz
## EVARISTO CONRADO
Com privilegio do Governo Imperial, tendo a machina de arroz privilegio tambem em diversos paizes da Europa, da America e na India Oriental
## ACHAM-SE A' VENDA
nesta cidade, em nossa officina, estas machinas tão elogiadas por autorizados e distinctos lavradores.

Solidez, duração, simplicidade e perfeição de trabalho são os caracteristicos que as distinguem e exprimem para a lavoura um consideravel melhoramento.

O descascador «ENGELBERG» descasca o café sem quebral-o e com muita perfeição.

Eis o que a respeito d'esta machina diz o illustrado lavrador, commendador José Vergueiro :

S. PAULO

CASA A. L. GARRAUX & C.

38, Rua da Imperatriz, 40.

### EXPOSIÇÃO PERMANENTE NO SALÃO DO 1º ANDAR

**ESPELHOS**
DE TODOS OS FEITIOS

ESCOLHA VARIADA
de Quadros a Oleo
em panno, a aguarella etc.

ESPLENDIDO SORTIMENTO
de Jarras de todos os gostos
de Cristal,
Porcelana, Bronze, etc.

**BORRAS DE FERRO**
a Prova do fogo
Para Casas particulares
e Commerciaes

**ADORNOS**
DE SALAS E DE VISITAS,

MEZAS DE CHARÃO
de varios tamanhos

APARADORES
«Buffets de salão» requivintados
URBERINAS SECRETARIAS (toucador de sala)

**PRATELEIRAS**
de toilette
Cache - pots
Vides, Crochets

MOXOS PARA PIANO
(Chiffonniers, etc.)

E Mais objectos de gostos
elegantes
e modernissimos

O SALÃO PODE SER VISITADO A QUALQUER HORA DO DIA

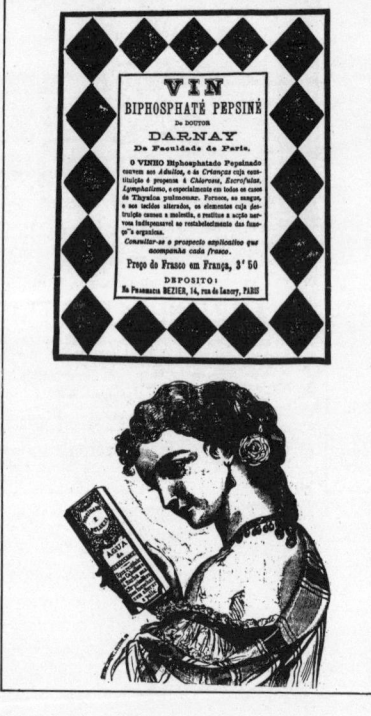

## VIN
BIPHOSPHATÉ PEPSINÉ
DU DOCTEUR
DARNAY
De la Faculdade de Paris.

O VINHO Biphosphatado Pepsinado curam nos Adultos, e às Crianças cuja constituição é propensa à Chlorose, Escrofulas, Lymphatismo, e especialmente em todos os casos de Thysica pulmonar. Forma, no sangue, os sues incisos alterados, os elementos cuja destruição causa a moleztia, e restitue a acção nervosa indispensavel ao restabelecimento das funcções organicas.

Consultar-se o prospecto explicativo que acompanha cada frasco.

Preço do Frasco em França, 3f 50

DEPOSITO:
Na Pharmacia BEZIER, 14, rue de Lancry, PARIS

# FILHOS DA CANDINHA
## Programma dos festejos desta sociedade
## nos dias 15, 16 e 17

No dia 15, reunidos os socios na sala da sociedade ás 4 horas e meia da tarde em ponto, partirá o congresso, na seguinte ordem :

1.º—A banda de musica do corpo policial.

2.º—Os mascaras a cavallo escoltando o carro que conduz o estandarte.

3.º—Os carros conduzindo os socios phantasiados.

4.º—Os mascaras a pé

O congresso partirá da sala da sociedade (travessa do Collegio n 8) seguirá pelo largo de Palacio, ruas do Carmo, Boa-Morte, Flores, Quartel, Theatro, Esperança, largo da Sé, rua da Imperatriz, travessa do Rosario, ruas da Boa-Vista, S. Bento, Direita, Imperador, Principe, Ouvidor, S. Bento, Boa Vista e Imperatriz, recolhendo-se de novo á sua sala.

Ás 8 horas da noite deverão os socios achar-se reunidos novamente para encorporados, fazerem a sua entrada nos salões do theatro Provisorio.

Nos dias 16 e 17 seguir-se-ha o mesmo programma.

E' expressamente prohibido aos socios dirigirem gracejos que possam offender a qualquer pessoa, e aquelle que não guardar o respeito devido ao publico será immediatamente despedido do congresso.

Os carros deverão guardar, durante os passeios, a mesma ordem em que sahirem da travessa do Collegio, não sendo permittido passarem uns adiante dos outros.

Os srs. socios deverão, ao chegar á sala da sociedade, apresentar seus cartões á pessoa para isso encarregada, e bem assim levarão os seus distinctivos sem os quaes não poderão fazer parte do congresso..

No dia 16 os srs. socios deverão observar rigorosamente o uniforme estabelecido.

O secretario,

A. Senra.

Praça da Sé e rua Marechal Deodoro (antigas rua de São Gonçalo e rua do Imperador), 1860**

Rua Florêncio de Abreu (antiga rua da Constituição), 1860**

Rua Álvares Penteado (antiga rua do Comércio), 1862**

Mercado da rua 25 de Março (visto dos fundos do antigo Palácio do Governo), 1870**

Largo do Ouvidor. Ao fundo: igrejas de São Francisco e da Ordem Terceira de São Francisco, 1870**

Faculdade de Direito e igrejas de São Francisco e da Ordem Terceira de São Francisco (posterior a 1872)**

Rua do Tesouro (antiga rua do Palácio) e praça Manuel da Nóbrega (antigo largo do Tesouro), 1874**

Convite de inauguração do viaduto do Chá**

Viaduto e Chácara do Chá, 1889**

Viaduto do Chá, 1893-4**

Viaduto do Chá, 1900**

Vale do Anhangabaú e viaduto do Chá, 1903-5**

Cartão-postal "Belle Époque", 1886-7**

Parque D. Pedro II, 1890**

Rua Direita, 1898**

Praça Antônio Prado (antigo Largo do Rosário). Ao fundo a igreja de Nossa Senhora do Rosário. Foto anterior a 1904**

Rua Líbero Badaró, 1900**

Rua Direita: assentamento dos trilhos, 1900**

Campos Elíseos, 1900**

Praça Manuel da Nóbrega, 1901-7**

Avenida São João, 1900**

Avenida Paulista, vista em direção à rua Paraíso, 1902**

Avenida São João e Cassino Paulista, 1903**

Rua João Brícola (antiga rua do Rosário dos Homens), 1904**

Casa do barão de Tatuí reconstruída na esquina da rua Direita com o viaduto do Chá, 1903-5**

Praça Antônio Prado, 1906**

Avenida Tiradentes (antigo Campo da Luz), Seminário Episcopal e igreja de São Cristóvão, 1905**

Rua Brigadeiro Luís Antônio vista da rua Riachuelo, 1906**

Higienópolis no começo do século**

Palacete do conselheiro Antônio Prado (Barra Funda)**

Jardim do Palácio do Governo, no atual Pátio do Colégio, 1910**

Planta da cidade de São Paulo em 1881 **

* Fotos: Cortesia do Arquivo de *O Estado de S. Paulo*
** Fotos: Cortesia do Museu da Imagem e do Som (MIS)

Brasil, verificando sua constituição física e psicológica. Dessa maneira e a partir desse trabalho, esse autor trouxe importantes contribuições, na medida em que, além de descrever os tipos de negros residentes no Brasil, reconstituiu vocábulos e mesmo costumes da época.

Para esse antropólogo, os anúncios eram como uma fotografia da época, uma fonte de "informações desinteressadas de onde podíamos retirar fatos inquestionáveis e definidores do período e caracterizar ao mesmo tempo a população negra em si".[22]

No entanto, para nós esse tipo de material ganhou importância não só devido à sua função pragmática (já que, como notou Freyre, a partir dele podem-se tecer considerações sobre as fugas e as características da população escrava), mas também a outras informações subjacentes, também presentes no interior dos anúncios.

Em primeiro lugar os aproveitamos buscando retirar dados a partir de seu lado mais fatual e pragmático, ou seja, procurando dimensionar certas características das fugas no interior do processo de abolição.

Nesse sentido, certas questões afirmaram-se de forma clara: a maioria dos indivíduos que recorriam à fuga nesse momento pertencia ao sexo masculino, estava localizada na faixa etária adulta (quinze a quarenta anos) e em geral trabalhava na lavoura (vide Apêndice).

Quanto ao caráter da fuga, pode-se concluir a partir dos anúncios catalogados que, na maioria das vezes, a evasão dava-se de forma isolada, já que normalmente se reclamava um único escravo fugitivo (assim, por exemplo, nos dois jornais utilizados neste capítulo levantamos 540 evasões individuais, para 181 coletivas). Além disso, é necessário destacar que as fugas coletivas catalogadas tornaram-se mais frequentes só a partir da década de 1880, quando tomava força o movimento abolicionista.

Tais evasões coletivas eram consideradas particularmente perigosas, já que revelavam inclusive um certo descontrole do senhor frente à situação:

> *"Muita attenção das auctoridades*
> Fugiram da cidade de Limeira no dia 17 os seguintes escravos
> 1. João Pernambuco — fula, baixo, 25 annos mais ou menos...
> 2. Athanásio — preto, 22 annos, corpo fino...
> 3. Caetano — preto, alto barbaro...
> 4. Pedro (velho) — preto, baixo, cabelos já brancos...
> 5. Faustino — preto, alto, 30 annos mais ou menos...
> 6. Francisco — preto, bem alto, 30 annos mais ou menos...
> 7. Pedro (moço) — 22 annos mais ou menos, sem barba...
> Estes escravos tentaram contra a vida de seu senhor e descarregaram um tiro ferindo-o gravemente. Fugiram levando 3 armas de fogo, e objetos da fazenda. — Limeira. Antonio Mariano da Silva Godinho." (*A Província de São Paulo*, 28 de fevereiro de 1879)

Mas nem todas as fugas coletivas eram perigosas ou violentas. Muitas, como dizíamos, davam-se entre familiares, já que fugiam constantemente: maridos e mulheres, mães e filhos, irmãos e irmãs e mesmo famílias inteiras.

As fugas às vezes pareciam curtas (já que os anúncios não voltavam mais a aparecer) e às vezes longas, revelando como mesmo depois de anos da evasão o anunciante não acreditava na perda de sua "propriedade".

> *"300:000 rs*
> Gratifica-se com a quantia acima e paga-se as despesas a quem entregar a Antonio Carlos P. Queiroz em sua fazenda no Amparo o seu escravo Lazaro bem preto [...] Está na capital. Fugiu em fevereiro de 1871." (*A Província de São Paulo*, 24 de outubro de 1875)

Os anúncios, na maior parte, provinham de outras cidades e mesmo províncias, sendo que os proprietários pareciam acreditar que São Paulo (como mostra o exemplo acima) e mesmo Santos constituíam bons refúgios para escravos fugidos. Esses fatos podem ser explicados na medida em que, primeiramente, na cidade os homens de cor podiam misturar-se, no período final da escravidão, mais normalmente à população, e sobretudo porque era nesses locais que o movimento abolicionista agia de maneira mais frequente.[23]

Assim, não sem motivos, os senhores insistiam, nos anúncios, que seus escravos se encontravam ou em Santos ou em São Paulo.

"*Gratificação*
Fugio da Fazenda Morro Azul, o mulato claro de nome Paulo, pertence a [...] *desconfia-se de achar-se nesta cidade ou em Santos*. Luiz Pinto Homem de Menezes." (*Correio Paulistano*, 21 de fevereiro de 1879)

Os anúncios de fuga não possuíam e veiculavam uma só imagem dominante. Ou seja, apesar da grande maioria se referir a escravos do sexo masculino, podemos notar através dos menos frequentes anúncios de fugas de escravas que existem nestes claras distinções na forma como o senhor lesado redigia ou revelava a evasão.

As mulheres em geral eram descritas a partir de sua boa aparência, seu caráter meigo ou serviçal, indicando inclusive a existência de uma relação mais íntima entre senhores e cativas (semelhante à que notamos nos anúncios classificados):

"*Escrava fugida*
De José Antonio de Souza residente em Itú fugiu há 5 mezes a escrava Balbina, mulata de 30 annos, estatura pequena, rosto cumpri-

do, cabelos não bem pretos, *bonita figura, prosa de corpo, bons dentes,* fala com doçura e em uma das faces, abaixo do olho, tem uma cavidade mui pequena." (*Correio Paulistano,* 6 de janeiro de 1886)

Muitos dos casos de anúncios de escravas fugidas referiam-se, por outro lado, a "negras urbanas" e indicavam inclusive a maior autonomia que estas possuíam na cidade. Um caso interessante, e que foi descrito por Laura de Mello e Souza,[24] é o das negras quitandeiras, ou de "tabuleiro", que justamente por possuírem uma vida mais livre e circularem pelas cidades, auxiliavam constantemente nas fugas e insurreições escravas. Desse tipo de escravas são vários os anúncios de fuga, sendo que nesses casos o próprio tabuleiro era utilizado como sinal para futuro reconhecimento.

*"Escrava fugida*
Da casa nº 2 da rua das Flores nesta capital, fugiu a escrava Maria, com os signaes seguintes: alta, magra, de nação, 40 a 50 annos de idade, trajando vestido e chale cor de Havana, *levando um tabuleiro* de doces, visto ser quitandeira. Foi vista conversando, tomando a direção de Juquery ou a do Ó." (*Correio Paulistano,* 4 de setembro de 1879)

As mulheres que se evadiam em geral o faziam com seus companheiros e familiares, ou então isoladamente, o que não impedia que excepcionalmente realizassem fugas coletivas, como no dia 26 de agosto de 1881, quando fugiram da "rua Direita nº 13 em São Paulo" três escravas, uma até com "princípio de gravidez" (*A Província de São Paulo*).

As descrições das cativas que fugiam eram também diversas das referentes aos homens, já que não se costumavam mencionar sinais de tortura ou castigos. Além disso, a gratificação era normalmente inferior à oferecida aos escravos do sexo masculino.

Por outro lado, também através da verificação das diferenças etárias dos escravos que aparecem nos anúncios de fuga podemos constatar a existência de imagens diversas. Ou seja, apesar de a maioria desses anúncios obviamente se referir a elementos adultos, havia também casos que envolviam pessoas idosas e mesmo crianças. Logicamente, a maioria das crianças fugia, em companhia dos familiares. No caso, porém, de evasão individual de crianças escravas, os anúncios já no título revelavam a excepcionalidade de tal acontecimento: "Moleque FUGIDO!".

"*Moleque fugido*
Desde quinta-feira anda fugido o escravo Silvestre, natural do Ceará, levou calça embranquecida. Costuma dar-se por livre, mudar de nome e alugar-se para qualquer serviço, outras vezes diz que é captivo de diversas pessoas sem declarar quem é o seu senhor, tendo contrahido dívidas em nome deste, anda quase sempre pelos arrebaldes, finge de humilde para illudir quando é surpreendido torna a fugir..." (*A Província de São Paulo*, 25 de abril de 1878)

Por outro lado, "os moleques" eram normalmente descritos como pessoas vivas e espertas, revelando a existência de uma relação mais amena e de um tratamento melhor.

Quanto aos escravos idosos, a caracterização já era bem diversa, ou seja, os anúncios destacavam sempre seus defeitos físicos ("mancos", "gagos", "mudo", "aleijados") e revelavam inclusive o envelhecimento precoce desses cativos, que, já com seus quarenta anos, possuíam "cabelos e sobrancelhas embranquecidas" e "andar curvado e vagaroso".

Além disso, os anúncios referentes a escravos que contavam com idade superior a quarenta anos ressaltavam também seus "defeitos moraes", aparecendo vários casos de escravos dessa faixa etária "dados aos vícios de embriaguez" ou "a palavradas".

## A divisão por atividades: a autonomia urbana/o contato doméstico/a indiferença rural

Não se pode dizer que o "objeto procurado" era um só, sem qualquer nuança ou diversidade. Ao contrário, reclamava-se diferentemente sobre um escravo doméstico, urbano ou rural.

Por um lado, o escravo *urbano*, acostumado a morar na cidade, parecia gozar de uma autonomia maior,[25] sendo que os anúncios referentes a esse tipo de cativo possuíam características bem singulares. Eram sempre redigidos com um tom que revelava "familiaridade" e "conhecimento", os dados eram precisos e em geral descreviam-se os cativos como indivíduos saudáveis, de boa aparência e muitas vezes "eruditos".

> "Fugio da cidade de Itapetininga o escravo de nome Luiz, cabra 22 annos, altura regular e corpulento, pés grandes, cabellos grenhos, olhos vivos e pequenos, falta de dentes na frente, *sabe ler e escrever regularmente, falla bem e muito explicado, muito risonho e fica sempre com papéis nas algibeiras gosta muito de recitar versos*, é pedreiro e copeiro e costuma dizer que é forro, *anda descalço*. É de Macahé, Rio de Janeiro." (*Correio Paulistano*, 18 de agosto de 1877)

Também através desses anúncios ficava evidente como, nas cidades, tudo parecia ser "familiar e conhecido":

> "*Fujão*
> Pede-se a quem encontrar o menor Estevão, *muito conhecido aqui dentro da cidade*, fugido de casa há 8 dias, o favor de mandar encontrál-

-o à rua da Esperança que será gratificado. Elle sahio com calça de algodão de inverno, jaqueta velha e camisa *tudo sujo*, desconfia-se estar pela Penha, Consolação ou pelas estradas, tem de 9 a 10 annos, é pardo. É escravo e por isso intitula-se às vezes forro. Protesta-se contra a quem o acoutar." (*Correio Paulistano,* 7 de setembro de 1874)

Às vezes a "intimidade" era tal que o próprio apelido do cativo era suficiente enquanto caracterização, como é o caso de "Maria comprida", que fugiu em março de 1875 (*A Província de São Paulo*).

Muitas vezes, esses anúncios de escravos urbanos revelavam a existência de cativos que se tornavam verdadeiros profissionais em seus ramos, afastando-se da imagem mais imediata e recorrente do escravo rural, rude e sem especialização alguma:

"Escravo — fugiu de Bierrenbach & Irmãos, de Campinas, no dia 2 de setembro deste anno, o mulato Rodolpho, de 24 annos, estatura média para baixo, corpo reforçado, falla bem, pisar firme [...] é muito activo e *inteligente, natural de Campos* (R.J.), *professor chapelleiro mas sabe cozer em máquina de costura, tendo trabalhado com máquina a vapor no que é prático. Sabe ler.*" (*Correio Paulistano,* 11 de setembro de 1877)

Assim, se de um lado, como vimos, as cidades facilitavam as fugas, devido à maior autonomia que lá os escravos possuíam, de outro a "familiaridade" reinante poderia dificultar e levar a uma apreensão mais fácil.

Próximos dessa imagem do negro urbano estariam também os escravos *domésticos* que, vivendo ao lado dos senhores nas casas-grandes, recebiam um tratamento diferenciado, afastando-se muitas vezes de seus colegas no campo.[26] Toda essa situação, é claro, se evidenciava na própria forma como o senhor elaborava os anúncios de fugas desses homens. Ou seja, diferentemente dos que se prestavam a serviços agrícolas, os escravos urbanos eram descritos em geral como indivíduos de boa figura, sem grandes defeitos físicos e com certo conhecimento e especialização.

> "*Juiz de Fora, Escravo fugido*
> Acha-se fugido desde 1º de março do corrente, o escravo Theodoro. pardo, baixo, cabellos corridos e de boa figura, bem-feito de corpo, bons dentes e começando a barbar e tendo mais ou menos 22 annos, *pagem de serviço doméstico* acostumado a lidar com animaes, *copeiro*, entende do offício de carpinteiro, *sabe lidar com máquinas de corte, lê números e faz conta de memória, sabe música, canta e toca flauta e violão e leva-o corpo só roupa de serviço...*" (*Correio Paulistano*, 6 de maio de 1880)

Deste, como de outros anúncios do tipo, podemos retirar não só as imagens dominantes sobre o cativo doméstico como caracterizar a própria relação existente entre esses escravos e seus senhores (e mesmo seu caráter de exceção).

Muitas vezes, nesse sentido, os anúncios indicavam alguns atributos que diferenciavam esses escravos daqueles normalmente presentes nesse tipo de material. Assim, por exemplo, no dia 17 de novembro de 1880 anunciava-se no *Correio* o desaparecimento do escravo Martiniano e, após a sua descrição física, acrescentava-se: "serviu bem como *pagem*, pois que a 20 annos serve como pagem ao abaixo assignado e sempre o acompanha em viagem, levou chapeo de chile e roupa fina. Não tem sinal algum de castigo".

Esses anúncios revelavam, portanto, o caráter excepcional dos escravos domésticos, sendo que estes eram sempre descritos a partir de suas singularidades: "andam calçados" (*Correio*, 26 de abril de 1876), "não bebe aguardente" (*Correio*, 15 de janeiro de 1874), "é muito experto" (*A Província de São Paulo*, 22 de agosto de 1876).

"Fugiu no dia 8 dessa cidade (Itapetininga) um escravo Luiz, cabra, 22 annos, altura regular, cabellos grenhos, corpo regular, *sabe ler, escrever e contar, falla bem e muito explicado, é copeiro*, costureiro, dis que é forro." (*A Província de São Paulo*, 12 de junho de 1877)

O "bom trato" recebido por esses escravos ficava inclusive evidente, já que vários anúncios destacavam como sinal para uma possível apreensão os belos e às vezes elegantes trajes desses cativos que fugiam com roupas alinhadas, relógios ou mesmo "guarda-chuvas de alpaca com cabo de marfin" (*A Província de São Paulo*, 22 de fevereiro de 1881).

Portanto, se a grande característica da maioria dos anúncios era a de possuírem uma introdução inicial bastante similar e cifrada, nestes últimos casos a grande marca é o destaque que se dá à singularidade da situação, possuindo os artigos um certo tom passional, mesmo que a condição de propriedade nunca fosse questionada:

"Fugiu Américo, crioullo de 38 a 39 annos, alto e bem-feito de corpo, bons dentes, costuma fazer a barba, usa bigode, conversa bem, traja bem é bom carpinteiro e pedreiro, leva consigo algum dinheiro seu, *é bonito é escravo de estimação*." (*A Província de São Paulo*, 27 de março de 1887)

Nesses casos, referentes a escravos domésticos, os cativos descritos geralmente não apresentavam defeitos físicos relevantes e pareciam possuir uma relação próxima com seus senhores, já que a maioria dos anúncios determinava com exatidão o dia, a hora e o local das fugas e descrevia com rigor de detalhes sua aparência.

Radicalmente diferente era, por fim, a descrição de um *escravo agrícola ou rural*. Os anúncios referentes a esse tipo de cativo, que constituíam a maioria absoluta dos casos, destacavam-se, em primeiro lugar, por seu caráter vago e pouco detalhado, demonstrando como muitas vezes o senhor pouco conhecia os escravos fugidos. Não se delimitavam com precisão, portanto, a idade, o cabelo, a altura ou a cor da pele, já que esses proprietários, que às vezes possuíam centenas de cativos, pouco conviviam com eles.

Outra característica constante era a reiteração dos defeitos físicos desses escravos rurais, que poderiam advir tanto do duro ofício, que os diferenciavam de outros tipos de escravos...

"Fugiu de Bragança no dia 17 do corrente mez, o escravo Jovito de 18 annos mais ou menos, pardo, sem barba, olhos vivos, foi criado de servir na corte. Há pouco mais de um mez foi vendido nesta cidade para serviço de roça *e por isso está com as mãos callosas...*" (*Correio Paulistano,* 23 de maio de 1880)

... como de torturas e sevícias que pareciam constituir fato corriqueiro, e que eram destacadas nos anúncios como sinais para uma possível captura. Assim, "peças e ganchos", "cicatrizes", "marcas de ferro", membros mutilados... não só testemunhavam os rigores da escravidão como também acabavam por ser utilizados como sinais, que dificultavam a evasão do cativo, marcando em seu próprio corpo a sua condição.

"Casa Branca
Fugio da fazenda de Francisco Prudente José Correa o escravo Agostinho, de cor preta, tocado a fulla [...] tem um sinal no pescoço de [ferro] e este recente [...] este escravo foi a 2 mezes submetido a julgamento no jury desta cidade e sendo condennado a açoute tem sinal de castigos nas nádegas. Esteve açoitado por 10 mezes. Quando preso precisa toda a cautela pois que tem conseguido soltar-se estando *preso em ferro.*" (*Correio Paulistano,* 10 de fevereiro de 1880)

"Deolindo natural de Bahia, *signais de castigo nas nádegas,* alto e corpo regular [...] idade 40 annos mais ou menos [...] *fugiu com pegas e ganchos* e quando tenha tirado deve existir os sinais de ferros..." (*Correio Paulistano,* 28 de janeiro de 1874)

A referência aos sinais e defeitos parecia ser tão constante que o anunciante costumava desculpar-se quando por algum motivo não podia descrevê-los convenientemente:

"*Escravo fugido*
No dia 15 do corrente fugiu da fazenda de José Gonçalvez de Araújo do município de São Carlos do Pinhal o seu escravo de nome Antao, creoullo da Bahia, 22 annos, bem preto, bons dentes... *Não se sabe se tem alguns signaes pois foi comprado no dia 14 e a 15 já fugiu.*" (*A Província de São Paulo,* 22 de outubro de 1877)

As marcas e os castigos eram de tal maneira comuns que o fato de não possuí-las era já em si relevante para a apreensão. Assim, por exemplo, Joaquim de Siqueira Moraes, ao anunciar a evasão de seu escravo Antonio em *A Província,* afirmava no final: "*Nunca foi castigado*" (14 de abril de 1882). Em 16 de agosto de 1882 o "creoullo Jorge" era descrito nesse mesmo jornal como "bem ladino", não tendo "signal physico e de castigos".

Além disso, se os escravos domésticos e urbanos dos anúncios eram representados como espertos e pacíficos, os agrícolas, não só por suas características físicas mas também por seus atos, deviam inspirar medo ao leitor da época: vários deles, segundo os anúncios, fugiam deixando para trás crimes, roubos e assassinatos, enquanto outros evadiam-se levando consigo armas e instrumentos.

"Escravo fugido

Acha-se fugido desde o dia 15 de junho o escravo de nome Quintino creoullo de 50 a 60 annos, magro, cabellos embranquiçados, pernas finas, signaes [...] levou uma espingarda de dous cannos, uma foice e uma facca comprida [...] S. Simão." (*A Província de São Paulo*, 24 de julho de 1881)

A associação da fuga com a criminalidade e a violência era tamanha, nesses últimos casos, que inclusive ressaltava-se com estranhamento quando não se podia identificar nenhum crime anterior do negro fugido. Assim, por exemplo, em *A Província de São Paulo*, no dia 19 de janeiro de 1882, um anúncio procedente de Rio Claro terminava afirmando: "desconfia-se que foi seduzido por alguém por não ter crime algum...".

## O "enredo" da paixão ao ódio

O conteúdo que compunha esses anúncios de fuga obedecia normalmente a uma mesma ordem interna. Ou seja, o nome do anunciante aparecia no início, ou destacado ao final do anúncio; seguiam-se outras informações, que arrolavam desde o nome do cativo às características "físicas e morais". No entanto, no interior dessa distribuição mais básica, pudemos encontrar diferenças relevantes, já que, enquanto alguns anúncios eram mais diretos e ligeiros, como o que saía em *A Província* do dia 14 de março de 1880...

"Rs. 100$000: Fugiu de José Amancio Rosa em Dous corregos João castigos..."

... outros eram por sua vez mais ricos em detalhes. Esses classificados mais descritivos podiam tanto revelar "conhecimento" e até um certo tom mais passional como, às vezes, ira e raiva pelo elemento que se evadira:

> "Da chácara do Pacaembu de cima fugiu no dia 31 de março Dionísio, edade 45 annos mais ou menos... [segue descrição]... *Tem o hábito inveterado de fugir e de roubos repetidos, e de modos humildes e insinuantes, astuto e velhaco como poucos.* É muito conhecido nesta cidade... — São Paulo." (*A Província de São Paulo*, 4 de abril de 1882)

Essa diferença no "tom" e no texto dos anúncios, por sua vez, revelava como esse material não só trazia dados pragmáticos como informações antes de tudo qualificativas e subjetivas, já que o senhor, ao anunciar a fuga de um escravo, "expunha" também a si próprio e sua visão sobre o cativo. Ou seja, tais anúncios possuíam uma característica bem específica, na medida em que eram redigidos pelos próprios senhores que se sentiam lesados. Dessa forma, ao mesmo tempo que estes últimos comunicavam um fato, nomeavam também um problema de diferentes maneiras: reclamava-se pelo objeto que se evadiu, discutia-se com os "abolicionistas", lamentava-se de forma passional pelo serviçal que abandonara o serviço, discutia-se sobre o problema de mão de obra ou mesmo temia-se por uma possível perda de status. No interior desse movimento, então, o material vai tomando maior importância enquanto depositário de uma série de representações sociais e perdendo de certa maneira sua função exclusivamente pragmática. Isto é, qual a eficácia de um anúncio de fuga de escravos no interior de uma sociedade em que o indivíduo negro é imediatamente identificado como escravo e preso sem qualquer maior comprovação? A quem se dirigiam esses anúncios, então? Só a "capitães de mato" ou elementos que se dedicavam à captura de escravos, ou existia também no interior desses anúncios um outro tipo de comunicação entre os próprios senhores de escravos e entre eles e a sociedade? Quando o senhor afirmava a perda de sua propriedade expunha também a sua situação e condição?

Assim, a questão da eficácia desses anúncios parece atingir uma nova dimensão que é dada não pela criação de possibilidades de captura mas antes pela difusão de representações, sensibilidades sociais e pelo estabelecimento de uma rede de relações intersubjetivas.

Ao lado dos dados objetivos (idade, cor, cabelo, altura) que apareciam nos anúncios de fuga, buscando facilitar a captura, podemos encontrar uma série de descrições que em nada pareciam auxiliar uma possível apreensão: antes evidenciavam a forma como o senhor branco representava o escravo que se evadira. Existia então nos anúncios uma série de atributos, tais como: "fingido de humilde", "dado a folias e sambas", "labioso e mentiroso", "dado ao jogo dos búzios", "pernóstico", "amigo dos brancos", "escravo de estimação", "amante de conversar", "moldes humildes e insinuantes", "muito amigo do copo", "inclinação a funções", "fandangueiro", "muito influído a dançar samba...", que pareciam não se referir diretamente ao objetivo último do anúncio, remetendo-nos antes à "dimensão simbólica" do material.

Assim, através dos anúncios o senhor parece que não só comunicava um fato como expunha também a si próprio:

"ESCRAVOS FUGIDOS

O abaixo assignado declara que há quatro mezes mais ou menos lhe fugiu de Mogy das Cruzes o seu escravo Caetano, mulato quase branco, há 12 dias lhe fugia outro de nome Francisco, mulato preto de 16 annos de idade, um outro mulato preto de 27 annos e querendo libertal-os, vem por meio da imprensa pedir aos senhores abolicionistas ou aos seus chefes que não põe dúvida em aceitar qualquer indenização, seja de *justiça a fim de mostrar que não é o que dizem*..."
(*Correio Paulistano*, 24 de março de 1887)

Mesmo que a apresentação do senhor afetado não se desse de forma tão direta e objetiva, como no anúncio anterior, parece-nos que esta estava sempre presente, mesmo que por contraste ou oposição.

O senhor buscava afirmar, através dos anúncios, supremacia, propriedade e a dependência do escravo, mesmo quando a situação de fuga o desmentia:

"*Escravo fugido*

Fugiu de Limeira [...] o escravo Luiz mulato, pouca barba, cabellos soltos [...] *muito preguiçoso, algum tanto abobado, muito obediente e humilde, foi* cosinheiro hoje trabalha na roça..." (*A Província de São Paulo*, 30 de julho de 1878)

A representação de "dependência escrava" era tão frequente que alguns anúncios insistiam em que o cativo fugia não por vontade própria e sim por "sedução". Nesses casos, a ira voltava-se de imediato contra a figura do "sedutor", sempre caracterizado como indivíduo perigoso. Assim, por exemplo, em 22 de dezembro de 1883, em *A Província*, um anúncio revelava que a escrava Candida havia sido "seduzida por um camarada que suppõe-se ser criminoso em São Simão", enquanto em 13 de novembro do mesmo ano o feitor escravo Honório foi também "seduzido por Pompeu, *indivíduo implicado n'um assassinato em São Carlos do Pinhal e auctor do rapto de duas menores*".

O caráter "exemplar" e não só pragmático dos anúncios também pode ser verificado, mesmo porque em vários momentos eles são publicados em levas que somem vez por outra dos jornais ou aparecem coletivamente. Ou seja, apesar da grande regularidade desse material, em determinados períodos os anúncios parecem sumir por completo para depois voltarem. Essa característica não parece no entanto acidental, mas antes motivada por certas determinações. Assim, por exemplo, no primeiro semestre de 1878, momento em que se realizavam eleições para deputados e senadores, praticamente não apareciam anúncios no *Correio Paulistano*, o mesmo ocorrendo com as notícias sobre negros (que retornaram quando terminada a eleição, em que o Partido Conservador saiu derrotado). Nesse sentido, o que se conclui é que os jornais, ou seus anunciantes e assinantes, selecionavam determinados momentos em que os anúncios e mesmo as notícias não deviam constar. (Neste último caso talvez porque os anúncios ligassem a imagem do partido ao jornal, ou de seus assinantes, à da instituição escravocrata que principiava a ser largamente questionada).

A partir da análise dos anúncios e da verificação de uma outra dimensão que não só a pragmática, podemos perceber também como o elemento negro parece cumprir trajetórias, já que vai passando de humilde e ainda saudável a degenerado — primeiro física e depois moralmente. Além disso, aos poucos substituem-se e justapõem-se antigas imagens por novas, mais adaptadas talvez ao próprio momento: ao lado da imagem do preto humilde, servil, amigo dos brancos, vai surgindo a do negro traiçoeiro, fujão e ladrão.

Nesse percurso, os anúncios, como veremos, não estarão isolados. Trajetórias similares vão-se delineando em outras seções, tendo muitas vezes o discurso científico e jornalístico como pano de fundo.

O final dos anúncios de fuga (tão característicos de todo o período escravocrata) não vai significar, no entanto, a inexistência de qualquer representação sobre o negro. Nos discursos veiculados pelos jornais, o elemento negro, escravo ou recentemente liberto "abandona" os anúncios de fuga (antigo lugar privilegiado) e "ganha" outros espaços: é o negro das notícias violentas e sensacionalistas, misteriosas ou irônicas, o negro vagabundo, embriagado ou desordeiro das "ocorrências policiais", o negro primitivo das seções científicas e o negro feiticeiro e dependente dos contos e pequenas histórias.

## O NEGRO NOS CONTOS:
## QUEM CONTA UM CONTO, GANHA UM PONTO

Principalmente a partir da década de 1890, nos jornais paulistanos (e com especial frequência no *Correio Paulistano*) começam a ser publicados contos, poemas ou pequenas histórias (muitas vezes de autoria de escritores nacionais) que passam a ocupar locais destacados no interior dos diversos periódicos.

É interessante ressaltar, no entanto, que esses contos em geral não traziam temas estranhos ou desvinculados do conjunto que o jornal apresentava. Ao contrário, na maioria dos casos tratavam de maneira diversa os mesmos temas que as notícias ou anúncios de fuga vinham relatando há mais tempo. O negro era um personagem bastante frequente nessas pequenas histórias e é possível traçar paralelos entre as representações e imagens encontradas em outras seções e as presentes nos contos.

Assim, por exemplo, a imagem constantemente veiculada nas "notícias", do negro de "instintos primitivos", mas que permanecia sempre fiel, está também bastante presente nos contos:

"Páginas volantes

Poemetos em prosa — *Ao clarão dos foguetes*

Badalava lentamente o toque. Ergueu-se certo no meio do terreno o enfeitado mastro de São Paulo. As crianças, tomadas de enthusiasmo e alegria, romperam em vivas a percorrer o terreno, com esse nome havia na fazenda um *preto velho* de que *muito gostavam as crianças* porque lhes contava bonitas histórias de Almas de Outro Mundo, de cavallos sem cabeça que à meia-noite appareciam nas encruzilhadas dos caminhos, de feiticeiras, de mouras encontradas etc...

[As crianças foram brincar e Tio João foi à fogueira.]

Não tardou a romper o SAMBA [...] O preto velho, subitamente, não podendo mais resistir à contagiante alegria dos parceiros, saltou no meio do terreno e dançou, dançou sem parar um instante. As crianças applaudiram batendo palmas, o Tio João, mas este no dia seguinte foi encontrado morto na sua cabana de sapé. O preto velho inteiriçado, sorria mostrando seus dentes alvíssimos. Tio João morreu de alegria/ Wenceslau de Queiroz." (*Correio Paulistano*, 4 de julho de 1888)

Nesse conto parece existir uma justaposição de várias representações, normalmente veiculadas através dos jornais. Por um lado destaca-se a imagem do negro bom mas "primitivo", que se dedica a práticas pitorescas mas "pouco civilizadas" como "a feitiçaria", "almas de outro mundo" e os "sambas"; por outro, a representação do negro dependente, que parece não sobreviver à liberdade e que logo após a abolição inevitavelmente (e independentemente do motivo) morre.

A questão da dependência não aparece, nos contos, relacionada só à libertação; em outros casos, ela se refere de forma direta aos elementos libertos, que são também representados através da afirmação da "incapacidade" e mesmo pela desqualificação pessoal e profissional. É esse o exemplo de *Maria sem tempo* (*Correio Paulistano*, 8 de fevereiro de 1892), cuja história relata o caso de uma mãe negra que passara toda a sua vida em busca do filho, que fora à guerra (e que inclusive "perde a razão" devido à procura incessante e à absoluta falta de ocupação). Esse conto é inteiramente relatado em "estilo dramático" e o desfecho da história é tão trágico quanto o enunciado já parecia indicar: a "pobre" mãe acha finalmente o filho mas não resiste à emoção do momento e acaba falecendo.

Além disso, o negro degenerado, "violentador" e "sem escrúpulos" das notícias das décadas de 1880 e 1890 estava também presente nos contos. Assim, por exemplo, o conto *A última jornada*, que saía em 27 de janeiro de 1893 no *Correio*, tratava do caso da "encantadora" menina "Mariquinha Rosa", filha de um "conhecido" e "distinto" lavrador da região e que se apaixona por "Manuel Rita": "rapaz de cor morena e mulata que eram os seus feitiços" e que começou a estorvá-la "com ardentes afagos como um namorado querido a bolinar-lhe nos queixos, nas ancas das mãos...". O conto termina lamentando a sorte de Mariquinha, que se deixa "seduzir" pelo mulato, o qual prontamente, após realizados os seus "desejos", fugiu sem dar qualquer amparo à pobre "menina desiludida".

Assim, em *A última jornada*, se por um lado o mulato parece representado antes de tudo enquanto um elemento "amoral", por outro parece personificar a imagem do indivíduo "desconhecido", nunca nomeado e pouco estável. Ou seja, novamente e de outra forma estabelece-se uma absoluta dicotomia: enquanto ao "branco" cabem sempre as qualificações que indicam "familiaridade e ao mesmo tempo respeito", ao negro "cabem" só imagens que denigrem a sua pessoa e condição.

Nos contos, que inclusive tornam-se mais frequentes depois da libertação, insistia-se também em destacar a harmoniosa situação existente, já que o negro liberto permanecia "feliz" e ligado a seu senhor. Nesse sentido, por exemplo, o conto *As flores da morta* (24 de dezembro de 1893) é relevante, já que trata da história de uma "escrava muito querida e estimada por todos", chamada Joana, e que quando recebeu a notícia de sua libertação assim reagiu:

> "Sim, laia, mas a gente que tem coração é livre algum dia?... Eu, por mim, acho que o amor prende mais do que qualquer outro captiveiro. Quanto mais affecto, mais captivo se fica e deste captiveiro não há esperança de liberdade e nem coração que o deseje."

O negro também aparece nos contos e muitas vezes como feiticeiro ou ao menos como elemento que claramente se dedica a esse tipo de atividade. Esse é o caso de *A mulher negra* (13 de janeiro de 1899), que traz a história de um maquinista que viajava com o trem cheio, em noite chuvosa, e que quando ia atravessar a ponte sobre o precipício viu uma negra que dançava: "Desceu, ele então assustado tentando verificar do que se tratava e não viu mais a feiticeira negra [...] percebendo no entanto que se continuasse naquele rumo cairia num barranco". O conto termina concluindo que dessa maneira e através desse incidente evitou-se um grande desastre e que a estranha mulher negra "não passava de um inseto preso na lanterna do trem".

Assim, mesmo que a feitiçaria não se comprovasse e que tudo não passasse de ledo engano, é relevante a insistência e a colocação da figura da negra e de sua associação com tudo o que lembre "misticismo ou bruxaria".

Nesse sentido, a partir dessas histórias (e de outras que ainda abordaremos em outros momentos), os contos parecem cumprir uma função importante na dinâmica interna dos jornais. Ou seja, mais do que só produzir ou refletir valores e concepções correntes, os contos parecem "aglutinar" representações dispersas espacialmente no interior do jornal, consensos sociais assumidos, agregando-os num só discurso.

Porém, não queremos com essa afirmação reduzir todos os discursos a um único conjunto coerente e autoafirmativo. Isto é, se por um lado existem variações e contradições relevantes de conteúdo, por outro existem também diferenças que são dadas pelo próprio caráter das seções: enquanto os noticiários e principalmente os anúncios de fuga, cada um à sua maneira, possuem um certo compromisso com a realidade imediata, os contos trazem a vantagem de constituir falas totalmente desvinculadas (ao menos formalmente) e sem qualquer compromisso direto com o cotidiano. Enquanto ficção, eles podem manter-se com "um pé no dia a dia" e outro na criação, produzindo e refletindo representações com um pretenso descompromisso que as outras seções não possuem. Segundo Roland Barthes, a verdadeira especificidade da literatura é que "ela assume muitos saberes... mas esse saber nunca é inteiro nem derradeiro. A literatura não diz que sabe DE alguma coisa; ou melhor, diz que sabe *algo das coisas* — que sabe muito sobre os homens".[27] Assim, de maneira menos direta e imediata, mas tão relevante quanto, o conto, enquanto discurso ficcional, muitas vezes "conclui" ou aponta para diferentes representações veiculadas, sem a pretensa "verdade" dos editoriais ou a "realidade" de outras seções.

Os contos pareciam funcionar como mitos; "não têm como função esconder mas antes formar e normalizar".[28] Através deles, então, representações dispersas são condensadas, ajudando a constituir um conjunto até mais facilmente assimilável.

OUTRAS SEÇÕES

Além das notícias, dos anúncios, dos contos e do editorial, compunham os grandes jornais da época ainda outras seções. Nós as agrupamos não em função de seu tamanho ou frequência, mas basicamente de acordo com os interesses deste trabalho.

*"Ocurrências policiaes"*

Diariamente podemos encontrar nesses periódicos referências sobre o movimento de prisões na cidade de São Paulo. São relatadas então, de forma sintética, entradas e saídas de detentos, determinando-se também os motivos sumários que levaram à captura. Nessa seção, o negro aparece (ao lado do imigrante) com grande regularidade, sendo que os comentários sucintos sobre as diferentes formas de aprisionamentos parecem compor um quadro semelhante ao explicitado anteriormente.

Em primeiro lugar, é interessante destacar que, no caso de pessoas negras, a cor parecia relatada antes mesmo do próprio nome, demarcando-se pela raça precisamente a condição social. Assim, por exemplo, no dia 30 de janeiro de 1886 podemos encontrar as seguintes ocorrências no jornal *Correio Paulistano*:

> "Na Consolação foi presa a *preta* Eufrásia Maria Joaquina por vagabundagem.
>
> Na estação Santa Efigênia foi recolhido o *preto* Esteves escravo de Manoel Cunha por desobediente."

Além disso, o negro, antes e acima de tudo nos momentos em que a escravidão vigorava, era sempre "escravo", pois qualquer elemento de cor que transitasse na rua era capturado e até segunda averiguação ficava detido "por suspeita de ser escravo".[29]

> "São José dos Campos: Acha-se preso na cadeia desta cidade o preto de nome Jair que fora preso por *suspeita de ser fugido* e em seu interrogatório diz que por morte de seu senhor ficou liberto sem que nunca tivesse recebido carta de liberdade, que seu senhor chamava--se Fernando P. Pissola e que tem sua senhora de nome M. Carlota e Joana Rita moradoras na rua da Saudade da Corte, dignando-se a fazer chegar ao conhecimento dos interessados que acha-se preso o *referido escravo até que seja, conhecida a sua condição*." (*Correio Paulistano*, 3 de janeiro de 1886)

Por "suspeita de ser escravo" não foram poucos os libertos que, ao vagarem pelas ruas, foram presos e reconduzidos ao cativeiro.

"Foram recolhidos a cadeia por suspeita de ser escravo fugido o escravo Manoel Archanjo, sendo posto a disposição do conselheiro delegado de polícia para averiguar sobre a condição do mesmo preto. O menor Cyrino escravo de Bazilho de tal por andar na rua depois do toque de recolher, e o preto José Moura por suspeita de ser escravo fugido." (*Correio Paulistano*, 18 de fevereiro de 1874)

"Pela secretaria de polícia se faz público que desembarcou na Bahia no dia 11 do corrente do vapor alemão 'Arquitania' procedente da cidade de Santos desta província, um crioullo preto de 25 annos de idade, baixo, corpo reforçado, que deu o nome de Antonio dos Santos o qual fora encontrado a bordo do vapor sem ter pago passagem nem dar o nome na lista. Não respondendo satisfatoriamente sobre o modo e objeto de sua viagem *há quasi certeza de que seja escravo.*" (*Correio Paulistano*, 24 de fevereiro de 1874)

O número de ocorrências que pudemos observar parece indicar que o aprisionamento por "suspeita de escravo" era uma prática bem corriqueira, sendo que indivíduos de cor tinham sua possibilidade de locomoção muito dificultada no interior das diferentes cidades...[30] Tal situação levava inclusive a incidentes quando se confundiam "homens decentes" com "escravos fugidos".

"*VIOLÊNCIA:* Hontem por simples denúncia de um moço estudante, foi preso na rua do Carmo o Sr. José Cancio Borges de Araujo como escravo fugido. A pessoa que foi victima deste attentado é muito conhecida nesta corte onde exerceu por muitos annos um emprego no correio e ainda hoje ocupa o logar de guarda da escola polytechinica. Quando chegou à estação do 5º Distrito valeu-lhe o testemunho de um seu amigo para se ver livre *daquella crítica posição.* É deveras para lamentar que a leviandade de um moço e ainda mais a do comandante de uma estação policial *baste para por em* risco qualquer homem decente de ir para o xadrez como escravo fugido." (*A Província de São Paulo*, 12 de fevereiro de 1879)

Outro indício relevante encontrado na parte policial refere-se aos relatos dos motivos de captura. Além de "por suspeita de escravo", são constantes as seguintes declarações: "por vagabundo", "por desordeiro", "por ébrio" ou "por andar sem bilhete após o toque de recolher". Logo, quando a afirmação não está diretamente relacionada à condição escrava, parece indicar para o próprio caráter degenerado do negro livre, que é preso por não ter ocupação ou por não estar adaptado às condições "civilizadas" da vida nas cidades.[31]

Por outro lado, nas ocorrências policiais, as qualificações que determinavam as apreensões eram sempre suficientemente vagas, auxiliando na possibilidade de arbítrio a polícia local. Nesse sentido, particularmente clara é a caracterização "por vagabundagem", sendo que, devido a seu grau de subjetivismo, era capaz de comportar uma ampla gama de situações.[32] Assim, através das "ocorrências" podemos verificar como se dava na época a utilização da expressão que Laura de Mello e Souza convencionou chamar de "teoria da vagabundagem",[33] já que se lançava mão desse conceito para prender ou marginalizar qualquer indivíduo sem uma ocupação diretamente verificável.

É interessante notar ainda como a "polícia", por atribuição, devia lidar só com os casos ocorridos entre os civis. Ou seja, cabia a ela capturar o escravo foragido, mas quem determinava o castigo ou a justiça sobre ele *era seu proprietário*. Em determinados momentos, o senhor podia inclusive recorrer aos calabouços policiais, mas era sempre a sua justiça que predominava (já que o escravo era sua propriedade), sendo que nas "ocorrências" recorria-se antes de tudo à palavra e à determinação dos senhores.

Esse tipo de material, apesar de relevante, não pôde ser muito aproveitado, pois foi impossível classificá-lo de forma constante e sistemática, já que era publicado de maneira muito instável, desaparecendo totalmente, vez por outra, dos jornais. Além disso, devido a seu texto direto, tal seção deixava pouca margem à elaboração de textos menos cifrados, sendo que reiteradamente aparecia um número limitado de qualificações ("suspeito de escravo fugido", "por ser escravo fugido", "sem bilhete depois do toque de recolher", "por ébrio", "a pedido do senhor", "desordem") que buscavam determinar de forma absoluta a situação e o motivo da apreensão.

No entanto, sua presença nos jornais é importante, já que parecia cumprir uma função determinada. Ou seja, enquanto, por exemplo, a seção de notícias parecia o local privilegiado (juntamente com os contos) para a colocação de casos selecionados e exemplares, a policial aparentava manter maiores "vínculos" com o cotidiano mais imediato da cidade de São Paulo. Assim, era nela que um senhor poderia buscar pistas sobre o paradeiro de seu cativo e era através dela que a população paulista poderia buscar índices mais precisos sobre a situação da cidade (mesmo porque as notícias, em sua grande maioria, referiam-se a outras províncias e cidades). Logo, enquanto as "notícias" poderiam provocar maiores reações ou debates, as ocorrências limitavam-se, com seu texto curto e seco, a relatar o movimento diário da instituição local, oferecendo provavelmente uma imagem menos filtrada sobre o que ocorria na capital paulista.


## "OBITUÁRIO"

Outra seção de menor importância, na qual buscamos levantar novos dados, foi a de "óbitos". Através dela pudemos encontrar informações sobre idade e condição de morte de indivíduos de cor da cidade.

Um fato que logo se destacou foi o de que, na seção, a grande maioria dos casos referia-se a pessoas acima de 45 anos, ou a crianças abaixo de dez anos, aparecendo poucos indivíduos na faixa intermediária (normalmente mortes de crianças concentravam-se na faixa dos recém-nascidos, tendo como motivo básico "problemas de parto", enquanto as pessoas de mais de 45 anos, na sua grande maioria, morriam, segundo os obituários, em hospitais de caridade, como "alienados", ou então devido a "males de coração" ou infecções em geral).

Se não estivéssemos lidando com uma sociedade escravocrata, esses dados pareceriam extremamente lógicos. No entanto, no interior desse contexto específico, permanecem problemáticos. Ou seja, se a média de vida de um cativo era de vinte a 25 anos e se já com quarenta anos um escravo podia ser considerado velho, por que então tais casos não apareciam nos óbitos? Além disso, a rara presença de "adultos" nos óbitos contrasta diretamente com o grande número de suicídios e mortes não explicadas presentes nas seções de notícias.

Por outro lado, um fato que também chama a atenção é que as mortes nessa seção eram sempre naturais e quase nunca motivadas por acidentes ou resultado de sevícias ou maus-tratos, o que mais uma vez contradizia as informações obtidas em outras seções.

Nesse sentido, parece-nos que os "obituários" cumpriam papéis semelhantes "às ocorrências policiais" a que nos referimos, já que os "óbitos" limitavam-se a tratar dos casos acontecidos na cidade de São Paulo (onde, com certeza, a presença escrava não era tão necessária e marcante). Portanto, em São Paulo, os cativos, com toda a probabilidade, desfrutavam das regalias e da autonomia dos escravos que residiam em centros urbanos, sofrendo menos sevícias e possuindo uma perspectiva de vida mais longa.

Por outro lado, ainda, é interessante repensar na maneira e na necessidade que o senhor branco tinha de revelar publicamente a morte de seus cativos. Nesse sentido, o que mais uma vez fica claro é que cabia exclusivamente ao senhor decidir sobre a vida e a morte do escravo, possuindo então, logicamente, a opção entre "publicar" ou não a notícia da morte de um cativo. Por outro lado, os casos de crianças e velhos eram sempre mais justificáveis e legítimos na medida em que, nessa seção, constava sempre o motivo da morte.

Além disso, parece que as seções se completam em determinados aspectos, pois muitas vezes a *falta* de mortes (verificada nos obituários) parece equilibrar-se com a abundância de falecimentos, tão presentes nas seções de notícias. Assim, nos óbitos, a violência (tão natural e cotidianamente exposta em outros espaços de jornais) parece inexistir, já que os casos de morte são sempre naturais ou no máximo acidentais.

Existem ainda, nesses periódicos, outras seções que, devido principalmente ao caráter instável e passageiro, deixamos de analisar. Assim, certas seções de moda ou humorísticas que desaparecem repentinamente não foram trabalhadas de forma sistemática. Por outro lado, as seções referentes a notícias do exterior, como o próprio título do *Correio Paulistano* já indicava ("Telegrama"), eram muito ligeiras e diretas, não merecendo, pelo menos de acordo com os objetivos deste livro, maior tratamento. Por fim, os "folhetins", por mais constantes que fossem, não foram trabalhados (apesar de revelarem a grande influência cultural estrangeira, principalmente francesa), já que não lidavam diretamente com a questão negra.

A partir dessa primeira descrição podemos perceber como diferentes seções cumpriam papéis diversos. Assim, enquanto nos editoriais se veiculava um discurso mais fechado e distante sobre os principais debates da época, as outras seções pareciam constituir "efeitos de verdade", ou seja, davam verossimilhança à fala mais globalizante dos editoriais, funcionando como uma espécie de "pano de fundo" que oferecia concretude e eficácia aos sérios e "longínquos" editoriais.

Nessas seções, em que o negro muitas vezes torna-se o tema central, parece haver uma proliferação de discursos e representações: existe o negro "comprovadamente" inferior dos editoriais científicos; o negro degenerado e não civilizado das notícias; o negro fujão e marcado dos anúncios de fuga; o negro desordeiro ou "suspeito de escravo" das ocorrências policiais; o negro das "mortes naturais" presentes no "obituário"; o "negro alugado" dos classificados e "dependente" das notícias de libertação; ou o "feiticeiro" dos contos de suspense. Assim, vários personagens parecem ir como que refletindo representações do momento e produzindo, ao mesmo tempo, novos papéis. Um leque de representações transparece a partir dessas seções, formando um todo cheio de nuança em que diferentes imagens compõem-se ou se chocam, às vezes num mesmo dia.

No entanto, a meu ver, essas representações têm significado não enquanto elementos isolados no interior de seções também fechadas e impenetráveis, mas antes em relação a um sistema que deve ser entendido em todo o seu conjunto. Segundo Saussure e Lévi-Strauss,[34] uma categoria, sozinha, jamais possui significado; ela só se delimita pela diferença, pois cada um apenas se evidencia enquanto integrante de um sistema. Logo, o sentido e o valor de cada elemento advêm da posição que ocupa em relação aos demais.

Assim, mais do que entender isoladamente as representações sociais sobre negros que apareciam no interior de cada seção específica, buscamos verificar como estas remetem a um todo maior, e enquanto tal formam imagens mais complexas e nuançadas, que parecem justapor-se às análises mais recorrentes sobre esse momento no Brasil.

Ou seja, grande parte da historiografia brasileira caracteriza o período escravocrata como um modelo de sociedade totalmente dicotômica, marcada pela presença de oposições rígidas e básicas: senhor e escravo, dominantes e dominados, brancos e negros. Nesse tipo de sociedade, então, o controle absoluto parece estar concentrado nas mãos dos senhores brancos, que têm em seus escravos mercadorias, propriedades ou coisas a seu serviço.

A condição escrava é então conceituada a partir de categorias econômicas, como, por exemplo, nesse texto de Clóvis Moura: "de fato as relações de produção determinam no fundamental as relações de trabalho e propriedade entre senhores e escravos".[35]

Logo, como "peça" e "coisa", o cativo seria totalmente definido, formando-se nesse sentido um conceito único e abrangente sobre a condição escrava.

Sem pretender negar a importância dessas afirmações, queremos, no entanto, apontar para algumas limitações presentes nesses tipos de análise. Ou seja, ao se eleger um conceito absoluto, descarta-se qualquer nuança ou complexidade que possa estar envolvida na questão da condição escrava. Apresentam-se, ao invés disso, conceitos rígidos e universais que parecem aproximar-se da definição que Durkheim dá a esse termo, já que para ele "o conceito resiste à mudança", e é antes de tudo "uma maneira de pensar que está a cada momento de tempo fixada e cristalizada".[36] Pode-se falar então em relações de produção, exploração e representação, de maneira idêntica quando se trata de escravos ligados a tarefas domésticas, urbanas ou mesmo rurais?[37]

Os escravos viviam, na América, uma imensa gama de situações econômicas e sociais. O contraste aparece tanto na comparação de diferentes regiões escravistas (sendo clara a diferença entre os escravos do Norte, que se dedicavam a uma lavoura decadente, e os cativos do Sul do país que, plantando nas culturas cafeeiras, conviviam com a mão de obra imigrante) como na análise de uma mesma área. Nesse sentido, a diversidade é muito grande: os escravos podiam ser "creoulos" (nascidos no Brasil); ladinos (nascidos na África mas falando bem o português); ou boçais (nascidos na África e que não se comunicavam em português); podiam viver no campo ou na cidade (onde ganhavam maior autonomia); quanto à atividade, como vimos, podiam estar ligados a tarefas domésticas, urbanas especializadas ou mesmo rurais; e, além de tudo, a sua própria condição sexual poderia impor-lhes especificidades.

Nesse sentido, os anúncios e notícias parecem referir-se também não a um único conceito universal, mas antes a diferentes situações e condições. Não se representava da mesma maneira o "doce e serviçal escravo" e o "rude cativo do campo". Além disso, era totalmente diversa a imagem de um pajem educado e solícito da oferecida pelo escravo do campo, violento e "fujão", ou do garoto negro, "moleque" inofensivo.

Ser escravo é ser coisa e propriedade, mas é também ser bruxeiro ou bárbaro, violento ou educável, dependente ou insubmisso, "espécie bela" ou "plena de vícios". *"Servus non habent personam"*, nos diz Marcel Mauss, o escravo não tem personalidade, não tem corpo, não tem antepassados, nem nome, nem cognome, nem bens próprios.[38] O escravo entendido como corpo sem persona é, por definição, para o branco, o próprio vazio social.

Buscaremos, no próximo capítulo, reconstituir como se elaboram através dos jornais diversas construções simbólicas desse "vazio" no transcorrer do tempo. Criaram-se corpos de negros, personalidades, nomes e cognomes. Essas imagens, por sua vez, não se afirmaram de maneira unívoca nos jornais: pareceram existir nesse sentido trajetórias heterogêneas de transformação ou adição de atributos característicos do negro, que passava da condição de cativo a liberto, sendo que a imagem predominante do serviçal dependente, de raça pura e por vezes violento, parece compartilhar ou ceder lugar à representação dominante de finais dos anos 1880, do negro "bárbaro", "degenerado", cheio de vícios físicos e morais.

Assim, sem absolutamente buscar negar o conceito de propriedade intrínseco à escravidão, pretendemos desvendar a diversidade e a complexidade que um conceito absoluto e homogêneo parece mascarar. Nesse sentido, esse "corpo sem persona" comportou diferentes imagens e representações que podem ser percebidas não só no interior de um só momento ou numa mesma leitura sincrônica, mas também a partir de uma perspectiva diacrônica, que privilegie o movimento e as mudanças das representações predominantes no decorrer do tempo.

# Imagens de "negros" em diferentes momentos: uma análise diacrônica

## INTRODUÇÃO

Tendo em vista que as representações sobre o negro transformam-se nos diferentes momentos da fase final do sistema escravocrata, delimitamos para efeito de análise três períodos cronológicos, onde encontramos representações predominantes diversas. São eles: a) 1875 a 1885, b) 1885 a 1888, c) 1888 a 1900. É necessário esclarecer, no entanto, que essa delimitação não é estrita ou fixa (já que diferentes representações perpassam os três períodos), mas de qualquer modo é importante pela insistência que revela em representações determinadas.

## 1875-85 — DO NEGRO VIOLENTO AO NEGRO FIEL E AMIGO DOS BRANCOS: ENTRE A BELA E A FERA

Neste primeiro período, a grande característica em termos de contexto nacional é a de uma "ilusão de estabilidade", já que, como vimos, com o final da Guerra do Paraguai uma série de questões que andavam suspensas são retomadas (como o problema da libertação dos escravos e da emergente ideia da formação de uma República), agitando todo o cenário nacional.

Por outro lado, nos periódicos destacavam-se basicamente nesse momento duas imagens contrastantes e reveladoras. De um lado, a figura do negro violento e bárbaro, que assassina como um animal, e de outro a do negro dependente, fiel, "amigo dos brancos".

## O negro fera ou quando a exceção confirma a regra

Quanto à primeira imagem encontrada, o que se destaca é o fato de que ao elemento cor não se atribuíam características mais específicas ou delimitações mais precisas, limitando-se os artigos, como vimos no capítulo anterior, a destacar o "instinto feroz e animal" desses elementos.

"*Rapto extraordinário*
O correio de Campinas de hontem completa a notícia que há tempos demos do rapto de uma moça de *boa família* por um escravo preso em um matto próximo de Botucatu. A moça era filha de um abastado fazendeiro de Minas. Costumava ir todos os dias lavar o rosto em uma bica próxima da casa da fazenda. O negro, que já formara o seu plano, servindo-se de uma toalha amordaçou-a e carregou-a para matta próxima. Da triste vida da pobre moça sabe-se apenas que seu vil raptor a deixara amarrada a um tronco... Finalmente encontraram a moça, sendo que o preto saltou armado como uma verdadeira fera. Foi acertado, cahiu mas arremeteu-se para matar a moça. Os outros conseguiram agarrar e subjugar aquella *fera com face humana*." (*Correio Paulistano*, 8 de julho de 1875)

Assim, nesta como em outras notícias do período, o negro é representado antes de tudo como um elemento bárbaro que, como um animal, assassina e se enfurece repentinamente. Além disso, é interessante também notar como a figura dos sujeitos das ações em geral permanece vaga e imprecisa, sendo que não se fornecem dados (nome, idade, condição) que possam precisar a situação desses elementos.

> "*Mais uma lamentável consequência da escravidão* [sobre uma sublevação de escravos contra um feitor]
> [...] Chegando alli fou agredido pelos mesmos que se atiraram *enfurecidos como feras* [...] Outros escravos demoveram os companheiros de arrombar a porta e cometter atrocidades segundo seus *instintos enfurecidos e ferozes.*" (*Correio Paulistano*, 18 de setembro de 1877)

No entanto, essa notícia específica nos traz ainda outros elementos relevantes além da verificação da descaracterização do negro. Por exemplo, o título, "Mais uma lamentável consequência da escravidão", deixa evidente que esse tipo de acontecimento não era único ou esporádico, mas bastante corriqueiro. Tal afirmação pode ser melhor comprovada se verificarmos como esse tipo de título é constante no interior dos jornais; por exemplo, no dia 4 de dezembro de 1878, no *Correio Paulistano*, aparecia uma notícia com a seguinte chamada:

> "*Mais um assassinato*
> [...] deu-se hontem às 10 horas da manham uma scena de sangue em que foi victima um *pai de família* maior de 60 annos. Entre alguns escravos tinha elle um moleque de nome Manoel, de *má índole, desobediente e inimigo* do trabalho. Tendo Manoel há dias saído de casa de seu senhor, a polícia prendeu-o e mandou avisar a Ma-

noel de Mattos que o soltou. Formou elle logo o plano de assassinar seu senhor e effectivamente matou-o a cacetadas..."

Assim, enquanto o título nos evidencia a "familiaridade" existente entre emissor e público quanto a esse tipo de violência, o artigo indica também para representações que parecem ser comumente compartilhadas, onde o negro cumpre sempre o papel de elemento violento e ofensor e o branco, de vítima absoluta.

> *"Dramma sanguinolento*
> Hontem a uma legua da cidade de Rio Claro deu-se *maes uma dessas scenas tão frequentes entre negros x brancos* [...]." (*Correio Paulistano,* 13 de outubro de 1887)

Mas não só as expressões de "familiaridade" ou os títulos sensacionalistas e chamativos são relevantes para análise. Também o é o conteúdo dessas notícias, onde se elaboram oposições rígidas e estanques entre "sujeito e objeto" das ações em questão (oposições estas que parecem inclusive organizar todo o enunciado). Ou seja, nesses relatos aparecem caracterizados de forma bem demarcada os papéis de negros e brancos: o senhor é sempre destacado como a vítima absoluta, indivíduo "estimado, conhecido, nomeado e civilizado", em oposição ao negro, que surge como o único culpado da ação: "bárbaro, violento e, antes de tudo, desconhecido e nunca nomeado". Além disso, enquanto ao branco cabem todos os atributos que revelam familiaridade, respeito e admiração (tais como "pai de família", "nosso estimado amigo"), o negro é sempre um estranho, de quem não se fica sabendo o nome e quando muito a quem pertence.

As situações e as referências poderiam até mudar, pois algumas vezes a ocorrência era explicada a partir da própria incapacidade negra...

"Mais um assassinato acaba de dar-se na fazenda de Morro Grande pertencente ao *nosso amigo* o Sr. Segisberto Motta Paes [...] Os escravos a *foiçada* e de *traição cruelmente* assassinaram-no e vieram a cidade apresentar-se na cadeia confirmando o seu *nefasto* crime com o maior *cynismo* e no meio de risadas contaram o facto em seus *pormenores*." (*Correio Paulistano*, 12 de julho de 1879)

... Mas de toda maneira a oposição permanecia: enquanto o branco era o "pai de família", "nosso amigo" ou qualquer qualificação que indicasse o seu caráter "correto", e principalmente próximo (e é importante notar que sempre se nomeava o branco), o negro era essa imagem invertida: traidor, rude e "jamais nomeado".

"De Taubaté comunicam-nos que um horrível atentado revestido de todas circunstâncias de maior *atrocidade de barbárie*, o fazendeiro Sr. Antônio Nogueira de Barros, *moço bem apessoado e de natureza varonil* acaba de ser assassinado hontem, por *um seu escravo* com uma enchadada na cabeça fazendo-lhe saltar os miolos. O assassino que é conhecido por sua *'má índole'* está na cadeia e contou tudo com *sangue frio*. O finado pertence a uma *família importante* daquela cidade." (*Correio Paulistano*, 12 de maio de 1877)

Nessa notícia, por exemplo, as oposições aparecem de maneira tão distinta que podem inclusive ser separadas rigidamente:

| BRANCO | PRETO |
|---|---|
| "bem apessoado" | "bárbaro" |
| "varonil" | "má índole/sangue frio" |
| "família importante" | "sem qualquer referência" |

Assim, enquanto o branco é sempre conhecido, respeitado e admirado...

> "Assassinato em Campinas
> Um horroroso acontecimento deu-se quando foi *barbaramente* as-sassinado por seus escravos o conceituado e conhecido fazendeiro Sr. Francisco Sales de 27 annos de idade e cunhado do *distinto* ad-vogado Sr. Dr. Manoel Ferraz..." (*Correio Paulistano*, 1876)

... o negro é desconhecido, e pervertido:

> "Assassinato
> Apresentou-se ao delegado o preto escravo do finado José Manoel de Queirós e declarou que na madrugada havia desfechado uma machadada na cabeça de seu senhor que o deixara roncando. São essas as palavras do assassino cujas *declarações são feitas com sangue frio que denota uma alma pervertida.*" (*Correio Paulistano*)

Ao mesmo tempo que essas notícias vão como que consti-tuindo representações de negros, apresentam, por constraste e oposição, diferentes imagens de brancos. Nesse sentido, como nos diz Ducrot, a língua tem um papel importante, "pois é o lugar da intersubjetividade onde indivíduos se confrontam ou onde en-contram outrem [...]". Esse outrem, por sua vez, não é nada, é esse outro que me constitui a mim mesmo porque é somente através dele que posso me ver, e "é através de seu reconhecimento que eu posso me reconhecer".[1] Assim, ao representar o negro, o branco constituiu-se ao mesmo tempo como a imagem invertida do que normalmente se apresenta e oferece. Ora, se a língua é antes de mais nada o "terreno onde afronto outrem", então não nos sur-preende, como viu Saussure, que a realidade linguística seja a de ser fundamentalmente opositiva, pois uma identidade linguística não se define independentemente: "Sua realidade não se localiza nela mas fora dela, ou seja, nos outros enunciados cujo uso ele oferece ou proíbe a um eventual interlocutor".[2]

Todos esses enunciados parecem partir de pressupostos e concepções comuns e aceitos coletivamente, sendo que o próprio ato de noticiar parece obrigar o leitor a enviar deste ato seu reflexo, constituindo então um "jogo da fala" que é entendido aqui como "um nada em si mesmo", como uma alusão a outros enunciados,[3] essa sombra de si mesmo e que é antes de tudo sua realidade.

Formulam-se dessa maneira sistemas de representação que explicam a cada um dos elementos do conjunto social e suas inter--relações. A própria noção de identidade grupal deixa de ser entendida em termos absolutos, mas antes em relação a um sistema de identidades étnicas diferentemente valorizadas em contextos específicos e situações particulares, ou seja, tomando palavras de Roberto Cardoso de Oliveira: "Quando uma pessoa ou grupo afirma--se como tal o faz como meio de diferenciação em relação a alguma pessoa ou grupo com que se defronta [...]. É assim uma identidade que surge por oposição e que não se afirmar de forma isolada", ou seja, implica sempre na afirmação de nós diante dos outros.[4]

Esse "jogo de alusões", que espelha tanto brancos como negros, constitui-se, no entanto, não só a partir da afirmação do comum e do familiar como também através da distinção ou da ironização das exceções que se referem a elementos de cor. Nesse caso, são inúmeros os exemplos de "creoullos falsos leitores de Varella", como a notícia destacada na introdução, ou exemplos que através da ironia e descrédito às exceções acabam por alimentar todo um universo de representações que nos parece bastante consensual:

"Por haver cometido um roubo em Casa Branca foi capturado Dalmacio Ferraz de Oliveira de cor preta e *intitulando-se dentista*. Em poder do *dentista* foram encontrados: um par de brincos, um broche de ouro, uma concha de prata e diversas roupas finas marcadas com iniciais B. O." (*Correio Paulistano*, 24 de março de 1886)

O negro é, então, de uma nova maneira, desqualificado e representado como alguém diferente "do familiar", "do elegante" e "do profissional".

Por outro lado, existem nos jornais inúmeros exemplos de negros caracterizados enquanto elementos que, por sua honestidade e correção de caráter ou por sua cultura refinada, destoam do comportamento normalmente imputado aos cativos ou libertos.

> "*Um captivo, homem de bem*
> (Casa Branca). Contam-nos que ha dias um escravo do senhor Martinho Prado, cujo nome não sabemos, foi mandado a *São Paulo* em serviço da fazenda [...]. Chegando nesta cidade entregou intacto o dinheiro do negociante. *É de admirar como se entregou 20 e tantos contos a um escravo! Não pode este captivo fugir? Não pode o sr. Martinho Prado ficar sem o 'escravo modelo*'? [...] Deixarei ao público que faça *seu juízo* quanto a *honradez do escravo e falta de senso* de quem entregou o dinheiro ao escravo." (*Correio Paulistano*, 14 de abril de 1880)

Muitos desses artigos, no entanto, como podemos verificar a partir do exemplo acima exposto, ao invés de julgarem ou elogiarem o negro que "excepcionalmente" portou-se de forma diversa da normalmente esperada, acabam por criticar o senhor ou mesmo mostrar um certo ar de espanto frente ao fato.

Por outro lado, quando o "elogio era grande demais", o negro, segundo os artigos, parecia perder sua identidade, aproximando-se, ao invés disso, do branco, se não na aparência pelo menos na alma:

"(Recife) *Deshumanidade*

Informavam-nos que as 11 horas da manhã do dia 16 passava pelo becco do Espinho [...] *um homem* de cor preta quando ouviu choros de um recém-nascido. Percorrendo com a vista descobriu um pequeno bahu de flandres. Aproximando-se do referido bahu verificou que effectivamente se encontrava um recém-nascido do sexo feminino de cor branca, cabelos louros, olhos azuis. Despunha-se a levál-o ao subdelegado quando *uma preta* moradora das immediações sabendo do facto e contando que a criança precisava de socorros, prestou esses com o consenso do preto [...] a preta que havia também ido á presença do subdelegado pediu a este que lhe fosse concedida a mesma criança e a autoridade concedeu. *O coração dessa negra era com certeza mais do branco, do que a da branca mãe perversa.*" (*Correio Paulistano*, 3 de novembro de 1885)

É interessante destacar, também, como nesse tipo de artigo muitas vezes não se revelava o nome da pessoa de cor em questão, talvez porque a razão da notícia se esgotasse na simples demonstração da exceção. Assim, ao mesmo tempo que se afirmava a exceção, também negava-se, para a maioria, a mesma situação.

Portanto, mesmo nesses casos, como diz o velho provérbio, a exceção só servia para confirmar a regra, já que esses indivíduos eram descritos como "objetos exóticos e pitorescos" que em nada contribuíam para alterar a imagem negativa predominante.

"*Um casamento democrático*

O *cidadão* Jorge, *aquelle bom pardo* que já foi captivo do Sr. desembargador Galvão, mas que *não obstante* isto gozou sempre de bons *créditos*, que ficou sendo conhecido pelo apelido de *rei dos pardos*, é *hoje nada menos* que *chefe de família*. Casou-se tendo por testemunhas *2 cavalheiros distinctos* de nossa sociedade e *pode-se dizer sem medo de errar que recebeu com a maior amabilidade* os parabéns das pessoas que a seu convite foram a sua casa tomar uma chávena de chá. Há quasi um anno que está liberto e para tal resultado houve até intervenção do S. M. Imperial do Brasil e por fim libertou por 1 ou 2 contos de réis (*dizem*) a sua dona. *Hoje* Jorge é *geralmente* estimado e goza dos foros de homem *muito sério, muito honesto e muito trabalhador.*" (*Correio Paulistano*, 27 de junho de 1876)

O interessante na análise dessa notícia é que ela não traz só a exceção, mas conjuntamente uma série de alusões "à regra" e à sociedade branca (que aí funciona como uma espécie de "pano de fundo"), para quem o "rei dos pardos" é uma clara e positiva exceção.

Primeiramente, o título já dá o "tom" a todo o artigo: "Um *casamento democrático*". Chama a curiosidade de leitores desavisados em geral, sobretudo porque se refere a elemento de cor "parda" cujas famílias (como veremos à frente) são constantemente desqualificadas.

Assim, logo no começo do artigo "Jorge" é caracterizado como um elemento que se aproxima da sociedade dos brancos, pois recebe o atributo de "cidadão", em geral utilizado exclusivamente por brancos, que inclusive se reconheciam como tal. Mas, além disso, o que chama a atenção é que a notícia está repleta de vocábulos que ressaltam a singularidade do caso. Assim, por exemplo, quando o jornalista afirma que "*não obstante* ter sido escravo [...]", ou então que "*hoje* é geralmente estimado como honesto trabalhador", fica claro como é o inverso que é com frequência representado. Logo, se por um lado a expressão "não obstante" indica que em geral o escravo não era "erudito", já a palavra "hoje" parece demonstrar que no passado o pardo não podia ser honesto e trabalhador.

Esse jogo de "ditos e não ditos" acaba por transformar a exceção em "exótico" ou em "teatro de marionetes" sem vida e autonomia, que só se define em função de oposições alusivamente presentes e de todo um pano de fundo que o contrasta, delimita e identifica.

Mas o uso da exceção não se restringe aos negros. São comuns também os artigos de críticas ao senhor, sendo que em geral estes parecem servir mais para chamar a atenção sobre o reduzido número de senhores que tomam atitudes mais violentas ou muitas vezes para comprovar o caráter infundado das acusações, que na maior parte das vezes acabam sendo críticas ao próprio negro.

> *"Infanticídio*
> Foi hontem recolhida á cadeia desta cidade a preta Leopolda escrava do senhor Barão de Itaoca a qual apresentou-se ao sr. delegado com uma filhinha morta nos braços, declarando que a tinha asphixiado voluntariamente com as mãos, dizendo que assim procedera porque o feitor não lhe dava tempo para cuidar de sua filhinha. Examinando-a a escrava não se lhe achou signal algum de sevícias tendo também declarado a escrava que nunca fora castigada." (*Correio Paulistano*, 3 de abril de 1878)

A maioria dos artigos desse tipo insistiam, portanto, não em exaltar as exceções, mas antes em desmascará-las, buscando provar nesse sentido a impossibilidade da igualdade, ou reafirmando a polaridade entre brancos e negros.

Dessa maneira, a identidade étnica dos elementos demarcava-se claramente de forma contrastiva: pela mera afirmação das diferenças ou então pela descrição das raras, ou mesmo falsas, exceções.


O NEGRO: SUSPEITO Nº 1

Nesse momento ainda pudemos verificar que a associação da violência com elementos de cor era tão imediata que frente a qualquer crime não explicado todas as observações recaíam sobre os escravos, logo considerados os principais suspeitos:

> "*Assassinato*
> Na noute do dia 14 foi assassinado José Alves de Oliveira com uma machadada [...] Não tendo o fallecido indisposição com pessoa alguma suspeita-se com fundamentos que o assassino ou assassinos sejam escravos. Entretanto nada se sabe de positivo." (*A Província de São Paulo*, 19 de março de 1878)

Assim, frente a um assassinato não explicado, as suspeitas incidiam todas sobre elementos de cor:

> "Horroroso assassinato
> D. Maria Sanches de Mello Queiroz, portuguesa de 56 annos que vivia de dar lições de piano residia em companhia de uma creada escrava à rua da Imperatriz nº13, Nitheroy, onde appareceu hontem de manham assassinada, cahida no chão da sala de jantar, ainda vestida [...] Consta que possuía joias de valor que não foram encontradas. A polícia investiga o caso e *já está presa e incommunicável a creada da assassinada*." (*Correio Paulistano*, 29 de setembro de 1880)

A grande característica desse tipo de artigo era por sua vez o texto vago e impreciso, pois o cativo parecia sempre acusado como culpado, já por princípio:

> "*Assassinato Mysterioso*
> Ante-hontem foi encontrado o cadáver de Martin Pauman [...] foi encontrado com um grande golpe na garganta [...] *Atribuem alguns a auctoria do crime a um escravo foragido*." (*A Província de São Paulo*, 18 de novembro de 1875)

A representação da violência negra assumia, no entanto, contrastes e características diferentes no interior dos jornais: no *Correio* os artigos serão mais minuciosos, atemorizantes e sensacionalistas, enquanto em *A Província* os discursos e textos, secos e diretos, destacarão com a distância necessária as características "bárbaras" dessa população "tão avessa à civilização".

De toda forma, através do levantamento de hipóteses ou da comprovação "empírica", o negro nesse período é antes de tudo "um suspeito em potencial", já que direta ou indiretamente, nos diferentes artigos, a sua imagem estará sempre vinculada à ideia da "violência", da "ferocidade".

Paralelamente a essa imagem, outra representação tão arraigada e tradicionalmente veiculada sobre a escravidão brasileira parece continuar a predominar. Isto é, ao lado do "negro violento" aparece constantemente, e compartilhando dos mesmos espaços, a representação do negro "dependente", "serviçal", "fiel" e de "raça pura", que como tal é considerado incapaz de sobreviver sem os "bons cuidados" de seus senhores. Assim, enquanto as notícias, como vimos nos capítulos anteriores, nos relatam casos de negros que morriam largados nas cidades, nos trilhos e nas florestas devido ao abandono, revelando dessa maneira a necessária tutela branca, os classificados não se cansavam de oferecer "bellas peças sadias, e fiéis", e os anúncios de fuga insistiam em afirmar o caráter fiel dos cativos que se evadiram:

"Fugiu Luiz mulato [...] cabelos soltos [...] fala baixo [...] aparência muito preguiçosa e algum tanto abobado, *muito obediente*."

"Sahiu com licença de 4 dias a escrava de nome Ana, cor preta, altura mais que regular com o fim de procurar senhor, mas como até o presente momento não haja notícias da mesma, o abano *supõe talvez estar fugida*."

"Fugiu no dia 3 de julho de 1872 com 46 annos de idade um mulato escuro (cabra) altura mais que regular, mãos e dedos compridos, um pouco gago, tem falta de dentes na frente, *bastante amigo* dos brancos e muito humilde." (*A Província de São Paulo*, 22 de setembro de 1878)

Reafirmava-se constantemente a *submissão*, a *humildade* e a *fidelidade* do negro, por mais paradoxal que fosse, ou seja, justamente no momento em que o negro, pela prática de fuga, a negava.

"*Escravo fugido*
Ao abaixo assignado, fugiu no dia 15 o escravo Dionízio, que tem os signais: idade 45 annos, creoulo, cor preta [...] Foi de família Barruel é muito conhecido nesta cidade. Tem falla mansa e pausada, modos que indicam *humildade mas tem também mais de 30 fugidas*. Ardiloso e astuto, fugio depois de haver feito um roubo de dinheiro com inteiro abuso..." (*Correio Paulistano*, 9 de março de 1878)

Além disso, parece que se marcava o discurso sobre a dependência através dos nomes dos escravos (já que muitas vezes esses eram dados pelo senhor). Assim, nos anúncios encontramos vários exemplos de nomes que denotam ou a ideia de dependência (Fidelia, Clemente, Clemência, Pacífica), ou a imagem alegre, não violenta e pacífica, que era normalmente utilizada para representar a relação entre senhores e negros (Fortunato, Felicidade, Bendita, Bem-Vinda, Aprazível, Felizberto, Boaventura, Esperança, Victória, Justina, Fructuoso). Logo, através dos próprios nomes marcava-se de forma "sintética", porém "eficiente", a maneira como se entendia ou representava a situação.

Por fim, a ênfase na dependência era tal que se insistia até na incapacidade de os homens de cor sobreviverem isoladamente e longe das fazendas a que pertenciam.

"(Piracicaba) *Robinson da escravidão*

Ha 5 annos fugiu de uma fazenda desse município um escravo velho de nome Elesbão. Nunca mais houve notícia delle e seu dono
suppol-o *morto*. Há poucos dias um vizinho avistou de noite um
pequeno clarão de fogo na matta. No dia seguinte mandou o feitor
e 2 escravos verem o que era aquillo e encontrou Elesbão completamente nu e faminto. Quando viu os parceiros, Elesbão tentou resistir, mas quando *viu o feitor entregou-se de cabeça baixa* [...] afirmou
que nunca quis furtar nem para comer. Foi recolhido e está bem
*tratado* em casa de um genro de seu finado senhor. Chorou quando
conheceu *a sinha moça* que deixara menina..." (*A Província de São
Paulo*, 15 de outubro de 1881)

Assim, a partir de inícios da década de 1880, torna-se particularmente presente esse tipo de artigo, que pressupunha a absoluta dependência do negro, para quem a escravidão e o cativeiro
pareciam representar talvez a situação mais segura e estável.

Nesse momento, então, duas imagens predominam: "a da
bela e a da fera". A violência daqueles que provam por seus atos a
sua pouca capacidade de adaptação e o outro lado (por vezes até
complementar), serviçal e dependente, que revela por sua vez a
forma tutelada como esse elemento de cor poderia ser "assumido"
por essa "sociedade de brancos".

## 1885-88 — O "QUILOMBOLA" E O "ESCRAVISADO": "QUANDO O PRETO VIRA NEGRO"

Conforme nos aproximamos dos momentos que antecedem
a libertação dos escravos, a questão negra vai se tornando cada vez
mais predominante no interior dos diversos jornais paulistas, tomando todos os espaços (inclusive os editoriais, até então supos-

tamente bastante desvinculados das questões mais cotidianas) e levando inclusive à criação de novos jornais, como *A Redempção*, que surge em 1887, assim como outros órgãos, com o fim explícito de divulgar a questão da abolição.

## A abolição enquanto tema

A abolição nesse momento se transforma então em tema central, porém é entendida de diversas formas no interior dos periódicos. Para o inseguro *Correio* era antes de tudo um problema a ser analisado com grande temor, sendo que essa folha foi uma das últimas a "advogar" a causa. Só o fez em 1887, quando as fugas de escravos, individuais ou coletivas, tornavam-se uma realidade cada vez mais frequente e cotidiana, ou mesmo diante da iminência da lei, quando os senhores se adiantaram optando por conservar os cativos em suas fazendas a partir de salários e condições fixas.

Assim, por exemplo, no final da década de 1880, enquanto nas outras seções desse período tudo parecia correr normalmente, como se nada de diferente ocorresse, os editoriais revelavam um clima de tensão, principalmente devido ao incontrolável movimento de fugas de escravos.

Conflitos diretos travavam-se inclusive através do jornal, pois na seção livre, por exemplo, Ramos Nogueira atacava veementemente Antônio Bento (líder dos caifazes e redator de *A Redempção*), a quem chamava de Bento Sapo, devido às suas práticas de libertação.

"Aos fazendeiros e possuidores de escravos
Propagandistas do espiritismo social forçado a bater de frente todos os pontos negros da sociedade. Sou abolicionista porque os escravos são meus irmãos em Cristo. *Este* mandou os *escravos serem obedientes* aos *seus senhores* e mandou seus senhores amarem seus

escravos [...] Porém os fazendeiros não devem ser tolos. Venham o quanto antes e tratem de por na cadeia os larápios dos senhores de escravos como Antonio Bento. A evolução abolicionista não precisa de salteadores." (*Correio Paulistano*, 24 de julho de 1887)

As dissensões entre abolicionistas eram de tal forma claras e expostas com toda a ironia que reproduziam inclusive a velha forma dos "antigos" anúncios de fugas de escravos, que parecem nessa época acabar por constituir uma espécie de "símbolo" da escravidão, nesse momento tão combatida.

"Acha-se nesta cidade um abolicionista muito conhecido na capital pelas artimanhas e diabruras que alli tem praticado. Os signaes são: baixo, cheio de corpo, rosto grande e redondo, moreno, usa bigodinhos, tem 25 annos mais ou menos, é bom empinador de copo e orelhador de sota, anda procurando um casamento rico. Cuidado com o bicho senhores fazendeiros e paes de família, olhem que elle é DAS ARÁBIAS como são todos os de $^1/_2$ e $^3/_4$ *de sangue* e que tem a cor tostada de LOMBO ASSADO. Cautela com o finório porque além de tudo é bacharel. Campinas, Papa Peculio." (*Correio Paulistano*, 30 de dezembro de 1887)

Esses artigos, além de revelarem preconceitos correntes quanto à cor, traziam à tona uma cumplicidade de informações explícitas entre anunciante e leitores. Mostravam, por outro lado, como nessa sociedade esse tipo de conflito era presente: títulos de editoriais revelavam a presença constante do problema do negro (como no *Correio Paulistano* do dia 30 de outubro: "AINDA A QUESTÃO DO DIA"), e por outro lado, artigos informavam sempre em tom de alarde sobre o verdadeiro estado de choque em que se encontrava a cidade de Santos com o grande número de escravos evadidos que ali permaneciam sem qualquer assistência ou punição. Quanto a esta última questão, o jornal não deixava de publicar sua posição, considerando esses conflitos um problema afeito exclusivamente aos fazendeiros.[5]

*"A transformação*
Foi objeto de muita censura especialmente da parte dos que julgavam possível retardar o movimento emancipador nesta província, o modo pelo qual nos pronunciamos a respeito da atitude própria da autoridade perante as fugas de escravos das fazendas. Com a franqueza necessária em tão melindroso assumpto, sustentamos a inutilidade e inconveniência do emprego da força pública para a prisão de escravos fugidos salvo o caso de perturbação da ordem pública. Os fatos têm-se encarregado de demonstrar a justiça de nossa apreciação. A intervenção da autoridade num e outro caso justificada pela excepção indicada não conseguiu impedir que os escravos continuassem a abandonar as fazendas sendo certo pelo contrário que as fugas multiplicaram-se nos municípios onde a ordem pública ameaçada exigiu o emprego da força pública para deter o passo aos fugitivos [...].
As libertações em massa atestam a convicção que domina os fazendeiros em seu maior número. Entretanto é preciso manter os libertos nas fazendas para que a desorganização do trabalho não seja consequência da grandiosa obra da emancipação que vae sendo realizada sob os auspícios tão favoráveis à prosperidade da lavoura." (*Correio Paulistano*, 18 de janeiro de 1888)

Porém o debate não se limitava a esses setores. Existia também, nas páginas desse jornal, uma polêmica entre grandes proprietários escravocratas e Exército, já que esta instituição opunha-se cada vez mais a que escravos, que haviam outrora combatido nela, fossem reconduzidos à sua antiga condição.

"*Escravos alistados no exército*

Tendo-se propalado que o ministério da Guerra mandará tirar a farda ao indivíduo que sendo escravo do Conde de Cadofeito lograra illudir a vigilancia da autoridade assentando praça no exército, foi contestado o facto pelo *Diário Oficial* que acerca as seguintes linhas: Nenhum escravo depois de alistado e em serviço do exército é restituído a seu senhor [...] procede-se a indenização do valor arbitrado judicialmente [...] Tem sido esta com effeito a prática ininterruptamente observada desde 1872 por se haver então considerado que menor é o inconveniente de taes alforrias artificiosamente alcançadas, do que o facto repugnante de revocar à escravidão indivíduos a que o acaso tenha permittido servir a pátria. A incomparável desgraça pode mesmo ser lembrada algumas vezes para honra do mesmo homem que *da aviltante condição de escravo tenha conseguido erguer-se até tornar-se digno de liberdade*." (*Correio Paulistano*, 2 de fevereiro de 1886)

O *Correio*, com relação a essa questão, oscilava claramente, ora relatando o clima tenso que reinava...

"*Distúrbios — Piracicaba*

Nos dias 9 e 10 do corrente deram-se distúrbios de certa gravidade na cidade de Piracicaba. O Sr. Luiz Gonzaga fazendeiro daquele município havia dado liberdade a seus escravos, *fazendo comunicação à imprensa local,* a muitas pessoas. Os libertos abandonaram a fazenda tomando passagem na estrada de ferro para essa capital. Em Jundiaí foram retirados do trem pelo delegado da polícia e comandante do destacamento alli estanciado e recolhidos a cadeia. Avisado o Sr. Gonzaga veio a Jundiaí e conduziu os *fugitivos* para Piracicaba. Tendo-se conhecido o facto naquela cidade reuniu-se grande massa do povo ao chegar o trem foram arrancados das mãos de seus condutores que foram muito maltratados.

Esse fato produziu grande excitação nos ânimos e no dia seguinte pretos em número superior a 1000 percorreram as ruas da cidade provocando desordens. A população reagiu contra as desordens travando luta entre o povo e os pretos, da qual resultou tiros e ferimentos." (*Correio Paulistano*, 12 de janeiro de 1888)

... ora buscando desmentir e amenizar as situações:

"*Tiete*

Não tem procedência a notícia publicada pelo *liberal paulista* sobre uma passeata pelas ruas da cidade de 500 escravos que abandonaram as fazendas. Não há dúvidas que houve no dia 1º deste mez uma passeata pelos negros ultimamente libertados *mas na melhor ordem possível, com consentimento prévio do honrado delegado de polícia. Finda a passeata, os negros retiraram-se na melhor ordem para as suas fazendas onde continuaram no serviço de seus senhores mediante salário mensal ou empreitada.* O delegado tem sido infatigável no cumprimento de seu dever pois é sabido que ele não admite vagabundagem na cidade *forçando uma organização do trabalho do liberto.*" (*Correio Paulistano*, 9 de janeiro de 1888)

Assim, de diferentes maneiras, a questão abolicionista nesse momento estava muito presente no *Correio*, revelando uma certa preocupação e temor que, como veremos, marcava e diferenciava a postura dessa folha noticiosa com relação às demais.

Por sua vez, *A Província* manteve-se, desde o início, em atitude de clara contemporização com relação à questão da emancipação do negro, já que oscilava entre o que pretendiam ser os "novos valores" que tanto apregoava e as necessidades dos cafeicultores paulistas, a quem estava vinculada. Assim, só em 1884 é que esse jornal passa a defender a libertação dos escravos, sem deixar, no entanto, de continuar publicando anúncios de fugas e mesmo sem introduzir grandes alternativas para o problema da mão de obra (na medida em que, para esse periódico, o problema que a escravidão oferecia era secundário com relação à questão da iminente proclamação da República).

Para esse jornal, no entanto, a libertação era um "problema de brancos" e a questão deveria ser resolvida, nesse sentido, da melhor maneira possível.

> "[...] Não se deve reagir e antes concordar que a escravidão está no fim [...] Hoje só nos resta bem dirigir os seus effeitos tornando os escravos *trabalhadores úteis.*" (*A Província de São Paulo*, 6 de janeiro de 1887)

A libertação deveria ser "pacífica" e "harmoniosa", e para tanto lenta, gradual e adaptada às necessidades econômicas. Logicamente o argumento predominante utilizado não era o material (isto é, a necessidade de manutenção da mão de obra negra nas fazendas) mas sim o "moral", isto é, não se devia libertar homens "não preparados" para esse grande "presente" que era a liberdade:

> "Não há no paiz quem não queira a emancipação da escravatura. A escravidão é um grande mal que somos victimas por herança, mas não se pode acabar com o mal produzindo outro ainda maior, porque além de attender grandes questões econômicas e sociais há um outro princípio ainda maior: o moral. Não é possível libertar repentinamente 1 400 000 homens *não preparados para a liberdade,* é necessário um PRAZO RAZOÁVEL. O Brasil não pode arrastar á ruína pelo arrabatamento de *corações generosos.*" (*A Província de São Paulo*, 17 de maio de 1884)

Nesse ambiente idílico que *A Província* buscava criar, o negro aparecia não tanto como o elemento violento e feroz que as notícias do período relatavam, mas antes como indivíduo ordeiro e pacífico e por isso mesmo educável.

"CAPIVARY — *Um benemérito*

Há factos honrosos, actos tão dignos de louvor e imitação que o maior elogio que se lhe pode fazer é publical-o simplesmente sem comentários.

O exmo. Sr. Barão de Almeida Lima depois de ter feito vários benefícios ao município de Capivary taes como dois altares da Igreja matriz, um elegante edifício onde funciona uma das escolas públicas ter declarado todos os escravos livres por sua morte, acaba de fundar uma escola primária para seus ingênuos escravos. Edificou uma casa espaçosa e com todas as comodidades precisas para a escola.

Contractou como professor o Sr. Francisco José Vaz do Amaral Júnior que com toda dedicação rege a escola.

No dia 4 do corrente foi inaugurada e abertas as aulas; durante o dia são frequentadas pelos ingênuos e à noite pelos adultos em número superior a 40.

Reina nas aulas a boa ordem e a disciplina recomendada pelo exmo. sr. Barão e executada com todo cuidado pelo digno professor. É *bonito* e *comovente* quando a tarde os escravos voltam do trabalho, *trocam as roupas e com todo aceio apresentam-se às aulas!* Sente-se um grande prazer quando se entra no salão onde funciona a aula, todo iluminado e ahi vê-se uns 40 homens de trabalho que *tendo largado a enchada e a machada empunham a penna e o livro!* Nota-se no semblante de todos um ar risonho cheio de prazer e com todo o silêncio e attenção ouvem as explicações do professor. *Terminada as aulas vão fazer suas refeições e descansar até o outro dia.*

Oxalá que todos os fazendeiros imitassem o exmo. sr. Barão preparando seus *míseros escravos para gozarem de sua liberdade quando raiar o dia da redempção.* Parabéns ao exmo. Barão de Almeida

Lima, *parabéns a humanidade,* parabéns ao município de Capivary por um grande feito.

Um admirador."

Assim, os negros, enquanto elementos "inferiores", só estudando negariam o que "era seu". Para *A Província,* portanto, os libertos deveriam passar por uma "escola de civilização" (18 de maio de 1889), para dessa maneira conviver lado a lado com seus antigos senhores:

"[...] o senhor brazileiro nunca considerou seu escravo como animal nem methamorphorseando-se em caçador. *Os brazileiros não distinguem raças.* O escravo de hoje será *por seus talentos e com estudo igual ao senhor de hontem* e confundido ambos na qualidade de *cidadãos* colaboração na grande obra da prosperidade da pátria." (*A Província de São Paulo,* 19 de janeiro de 1881)

*A Província* parecia inclusive compartilhar dessa "tarefa", sendo que a leitura desse jornal era comparada a uma "luz que penetrava".

*"A luz penetra* (Ytu)
Comunicam-nos:
    Em uma fazenda do município de Itatiba, indo á roça o seu proprietário examinar o serviço de seus escravos, em vez de encontral--os no eito, *adivinhem os leitores o que estavam elles fazendo?* Agrupados escutavam attentos a leitura do jornal A PROVÍNCIA feita por um delles cuja leitura era nada mais nada menos do que um resumo de um discurso do Cons. Dantas.
    O sr. naturalmente arrependido calou-se... Em todo caso não havia perigo na leitura porque não se pregava a insurreição." (*A Província de São Paulo,* 4 de outubro de 1887)

Logo, nos anos 1880, tudo que lembrasse a escravidão deveria ser devidamente criticado por essa "elite ilustrada" que, ao mesmo tempo que publicava anúncios de fuga de escravos, condenava veementemente os proprietários escravos que de certa forma sustentavam boa parte do jornal.

A postura de *A Província* torna-se ainda mais clara quando, a partir de meados da década de 1880, começa a aparecer uma série de artigos que se referiam a fatos e locais variados, mas todos apresentados sob o mesmo título: "Scenas da escravidão".

Textos curtos e diretos eram a marca dessas notícias, que apareciam com frequência e relativo destaque. Parecia ser essa, inclusive, uma preocupação constante desse jornal, que talvez, dessa forma, marcasse a sua especificidade. Assim, por exemplo, em 12 de novembro de 1884, Rangel Pestana, ao comentar o caso do cadáver de uma mulher parda, encontrado já em "estado de putrefação", ao qual as autoridades não deram qualquer atenção, terminava concluindo: "Expomos simplesmente o facto com a magoa que causam esses dramas suspeitos da escravidão. Não costumamos em taes casos *romantizar*".

Logo, se por um lado *A Província* compartilhava das ideias comuns a outros jornais e condenava a escravidão a partir da década de 1880, pretendia fazê-lo de forma própria e talvez mais condizente com a postura que adotava nos editoriais: um texto mais frio e imparcial, mais próprio da sua linha, que buscava aproximar-se do que seria um ideal "científico-positivo".

Em todas essas notícias o tema central era comum, ou seja, a condenação dessa instituição considerada pelo jornal como decadente e pouco digna do "grau de civilização" que havíamos alcançado.

Catalogando mais detidamente esses artigos, verificamos que vários deles referiam-se a casos de suicídios provocados pelo desespero da situação: amantes, mães e filhos... suicidavam-se para "descansar e evitar os flagelos da NOVENA..." (10 de maio de 1882). Nesses casos, o cativo assumia ou posições "extremas", ou pouco aparecia, ou então era representado como uma espécie de herói que preferia a morte a continuar sobrevivendo nessa "desgraçada situação".

Tais tipos de descrição e explicação eram por sua vez muito diferentes das que apontávamos no capítulo anterior, quando se associavam crimes e suicídios à "loucura" ou "dependência" dos cativos e nunca à instituição escravocrata. Na seção "scenas da escravidão", a atitude dos cativos parecia estar (como o próprio título revela) umbilicalmente associada ao sistema escravocrata, revelando também, dessa maneira, como as posições e a opinião pública se modificavam com relação a essa questão.

Por outro lado, outros artigos dessa seção constituíam uma clara crítica aos senhores de escravos e, se não nomeavam os brancos envolvidos, ao menos exemplificavam uma atitude comum de condenação às torturas. A grande marca desses artigos, no entanto, é que neles a ação dos negros pouco importava, já que o que interessava destacar era antes os abusos que a escravidão vinha promovendo. Assim, como veremos melhor mais à frente neste capítulo, o negro violento e imoral de outros momentos ganhava aos poucos uma nova representação: a de vítima que denunciava uma situação. Ou seja, culpado ou inocente, o "negro infeliz" basicamente sofria as ações ou então era uma "consequência" da situação.

Portanto, parece-nos que esses artigos, se por um lado elucidavam um "estilo" de *A Província*, por outro exemplificavam e dirigiam os leitores com relação às posturas do jornal. Para acabar com a escravidão, devia-se combater a atitude dos senhores, já que se tratava de uma questão entre "brancos". O negro, por sua vez, era sempre um "objeto da ação" (que podia tanto ter atitudes consideradas "legítimas" como "condenáveis"), secundário à discussão que se estabelecia.

Parece-nos que não é um fato aleatório que o "homem de cor" nesses artigos, na maioria das vezes, não fosse nomeado. Ele era sempre um instrumento que somente exemplificava uma situação, talvez já analisada nos editoriais. Reforçava-se assim que a escravidão deveria acabar, já que não se adaptava ao "progresso" e à "civilização"; mas o problema racial, por outro lado, parecia inexistir, pois, como o próprio título dos artigos esclarecia ("Scenas da escravidão"), tudo se resumia a uma questão.

A escravidão enquanto instituição parecia permanecer quase desvinculada de qualquer categoria ou agente social. Ela era a única culpada "de todos os males" e parecia que sua extinção fosse suficiente para que todos os problemas se vissem remediados. O homem de cor, por sua vez, não atuava enquanto "cidadão consciente" pela sua emancipação: só reagia como fera acuada, através da violência ou do sacrifício individual.

Essa seção parecia cumprir a função de exemplificar (e os exemplos eram aí ainda mais "rigorosamente selecionados") uma postura geral do jornal. Como nos diz Roberto DaMatta (sobre o discurso da violência), essa seção (como as outras notícias sobre violência) constituía também um "discurso escandaloso e nunca interrogativo", que "se não é denúncia é elogio".[6] Assim, em "Scenas da escravidão" ora denunciava-se a violência da instituição, ora elogiavam-se algumas atitudes exemplares. Tratava-se de toda forma de um discurso nada "interrogativo", que parecia antes confirmar as conclusões do jornal, já "elegantemente" expostas nos editoriais.

Para a A Província, então, a questão racial no Brasil era passível de solução: bastava o fim da instituição escravista e a educação da "massa negra".

Por fim, A Redempção, apesar de representar talvez o pensamento abolicionista mais radical do período, não deixava também de "esbarrar" nos limites que o próprio momento lhe impunha.

Ela representava em si a própria radicalização do debate para a época, ao negar as vias legais para a abolição do trabalho servil e mesmo ao introduzir novos temas no interior desse já viciado debate. Essa folha falava não só em libertação como em "revolução", ou diretamente em "igualdade", e mesmo numa suposta "missão", o que realmente deveria assustar boa parte da população que se mantinha ligada à mão de obra escrava.

No entanto é importante destacar que, se por um lado *A Redempção* apontava para outras formas mais radicais de manumissão, por outro deixava claro como também existiam outras vias possíveis para a resolução dessa questão (formas essas, diga-se de passagem, plenamente aceitáveis segundo os padrões da época).

> "*Orientação abolicionista*
> [...] A abolição deve ser imediata para que não ocorra um cataclysma [...] É melhor e mais consentaneo que se declarem já livres todos os escravizados porém todos sujeitos a *prestação de serviços por um certo número de annos e faça o governo indemnização equitativa que a questão estará resolvida.*" (A Redempção, 9 de janeiro de 1887)

Nesse artigo a velha fórmula parecia prevalecer, qual seja, a libertação era igual à prestação de serviços mais indenizações, sendo que pouco se avançava, nesse caso, em termos de soluções diversas, ou mesmo na questão das condições de vida dessa população liberta.

O artigo que saía no dia 16 de janeiro só viria a confirmar essa postura de uma mediação maior, que *A Redempção* ora assumia:

> "[...] sejam declarados livres todos os escravizados porém para o bem desses infelizes que foram nossas *victimas,* não *queremos para* elles já a liberdade *completamente absoluta. Queremos* conceder-vos os serviços *deles,* 3, 4 ou 5 annos no máximo mas [...] é preciso um

tipo de transição entre o *ex-algoz* e a *ex-victima* e habitual-os a unirem-se sem existir o título de escravos. Transformar da noite para o dia os escravos."

Também esse jornal parecia só entender a libertação a partir da tutela e da constante afirmação da natural inferioridade dessa população que protegia. Assim, ao mesmo tempo que em suas páginas se falava, com a maior naturalidade, sobre a possibilidade da libertação e de uma futura igualdade, afirmava-se também a desigualdade entre as raças (sendo que o jornal parecia compartilhar nesse sentido das teorias evolucionistas tão aceitas e divulgadas nesse momento, que estabeleciam o atraso da civilização negra).

"*A raça negra*
A *escravidão* do negro *proveio do atraso dos povos* dessa *raça habitantes da África* e da ganância dos brancos. *Os africanos são povos ignorantes e avesados a barbaridades* e às injustiças, mas não se segue por isso que devemos escravisal-os.

A raça da *civilização branca* poderia estender os *benefícios da civilização até as costas da África,* poderia *ser povoado o Brasil com negros estabelecidos* sob o regime de trabalho livre..." (*A Redempção,* 14 de julho de 1887)

Assim, a partir desse como de outros artigos, pode-se perceber que, se por um lado a postura de Antônio Bento e seus homens significava um avanço, já que não admitiam a possibilidade da escravidão, por outro ficava também evidenciado como suas ideias estavam condicionadas por teorias que hierarquizavam os povos a partir de conceitos como os de civilização e barbárie, superioridade e inferioridade.

Outro aspecto relevante era a postura tutelar que o jornal compartilhava com os demais: os "africanos mesmo que inferiores" poderiam ser introduzidos no Brasil, sob regime de trabalho livre, o que seria sem dúvida um "bem" para eles, já que "beneficiariam-se no convívio com a civilização".

Nesse sentido, a "civilização" era também uma meta a ser alcançada, segundo essa folha, por essa população "avessada a barbaridades".

"Os povos não alcansam repentinamente a civilização conquistam-na aos poucos lentamente; já mantendo uma fábrica, já destruindo um preconceito, hoje adquirindo uma fórmula scientífica amanhã perdendo um hábito tradicional, aqui fundando uma escola, além destruindo uma casa velha, porque a civilização consiste no câmbio da vida simples e patriarcal [...] Ora São Paulo é evidentemente uma cidade civilizada [...] Da civilização decorre historicamente para a sociedade democrática niveladora [...] mesmo no tempo da escravidão em que ainda co-existiam duas classes internamente desiguais perante a lei e perante os costumes os escravos sentavam-se ao lado do SENHOR no mesmo banco do bond, sem que ninguém reparasse nisso. E hoje já não há mais escravos, vemos: frequentemente um casal honestíssimo sentado em um banco do bond entra duas horizontais da mais baixa estofa..." (A Redempção, 4 de janeiro de 1891)

Nesse texto, vemos como que um "desfile" de diferentes valores da época compartilhados também pelos outros jornais que analisamos. Primeiramente a civilização, que "consiste no câmbio da vida simples", era também para A Redempção o grande fim já alcançado pelos brancos e que a população de cor devia "conquistar lentamente".

Essa "conquista" não se faria, no entanto, sem a destruição de elementos considerados "bens capitais" da civilização africana: "preconceitos", "hábitos tradicionais", "casas velhas", "vida simples e patriarcal". Assim, os negros, perdendo seus preconceitos ou, em outros termos, sua cultura e religião, ganhariam o direito ao acesso à "verdadeira civilização" marcada, segundo o artigo, por todos os símbolos de progresso da época: "fábricas", "fórmulas scientíficas", "escolas".

Essa "conquista" se daria, é claro, de forma lenta e gradual, assim como era considerado lento o acesso ao conhecimento científico ou à economia dos países civilizados.

Mas o artigo não nos remetia só à teoria do evolucionismo social de Spencer. Junto com esse tipo de ideias, o texto introduzia um mito (que começava a tomar corpo) que definia a situação brasileira como a de uma "perfeita democracia racial".

Podemos, então, verificar como também *A Redempção* parecia acreditar na imagem já tradicionalmente veiculada a respeito da sociedade brasileira. Isto é, uma sociedade onde reinaria a "harmonia racial", bastando libertar o país da escravidão ("esse cancro social") para que tudo fosse sanado.

Nesse sentido, a saída era simples, já que todos os males estariam basicamente concentrados na escravidão:

> "*A escravidão e o caráter*
> Diversas são as causas que tem contribuído para a *depressão do caráter nacional, mas a mais culminante sem dúvida é a escravidão. A escravidão mata no homem todos os sentimentos generosos* porque o senhor se constitue num tyrano [...] O Brasil é um país novo está desgraçadamente aviltado, tão rebaixado pelo *caráter* de seu povo que chega a nos ameaçar de morte [...] *a libertação é o caminho mais seguro para a conquista da civilização.*" (*A Redempção*, 24 de julho de 1887)

Esse periódico parecia inclusive compactuar com as teorias da época, que se referiam e denegriam não só os negros como os mestiços:

"A maior parte dessa honrada gente pertence a *raça cruzada* dos brancos e pretos. *Bebados, jogadores e frequentadores de bordéis gastam neste passadio o fruto do torpe ganho...*" (9 de abril de 1887)

Para *A Redempção*, a questão racial era um dos grandes debates do momento, já que trazia o problema do "caráter de nosso povo" e da futura formação de uma nação. Nesse sentido, as posições do jornal eram até positivas, já que o periódico, apesar de considerar o elemento de cor como inferior, acreditava na sua adaptação e na constituição de uma nação que uniria brancos e negros, não mais expostos aos "estigmas" e "degenerações" que a escravidão trazia consigo.

Com relação à adaptação dessa população, *A Redempção* também não possuía tantas certezas e oscilava, ora exaltando o fato de o "preto livre efetivamente entregar-se ao trabalho que nobilita e liberta" (maio de 1897), ora afirmando que a "raça preta" "desaparecia porque abusando da liberdade entregava-se ao vício da embriaguez".

Porém, mesmo no segundo caso motivos e explicações não estariam ligados estritamente à origem ou à cor, mas antes aos males da escravidão que de tal forma "havia corrompido a alma dessa infeliz raça".

Para esse periódico, então, muito pior do que a "raça africana" era o cativeiro, pois como dizia o artigo de 25 de setembro de 1887: "A ignomínia da escravidão *infiltrava-se* de tal forma nessa *pobre gente* que muitas gerações são precisas para *purificar-lhes* e dar *sentimentos* próprios daqueles que nunca tiveram sangue escravo".

Aliavam-se então a "barbárie africana" com a "ignomínia" e o resultado era também um elemento despreparado durante "gerações" para a "convivência com a civilização".

Vários conceitos da época eram também utilizados por esse último jornal: em *A Redempção* eram frequentes as imagens de uma evolução rígida comandando os destinos da humanidade, e a caracterização dos países europeus como símbolos do que havia de mais avançado e progressivo.

Um bom exemplo nesse sentido é o artigo do dia 25 de setembro de 1887, elogiando ingenuamente a política inglesa com relação ao tráfico de escravos:

"Sabe-se também que a Inglaterra *envergonhada* por *essas* cousas e vendo a cegueira do Brasil e que os mercadores de carne humana estavam publicamente continuando com o mesmo negócio viram-se na *necessidade* de cercar o trânsito [...] Não precisamos comentar o *grande serviço patriótico, caridoso, humanitário* praticado pelo governo inglês."

No entanto, se *A Redempção* logicamente engrossava o coro das ideias correntes de sua época, guardava especificidade por sua postura (talvez a mais radical, com relação à população negra) e por seu estilo mordaz, que parecia perturbar, como dissemos, as grandes figuras e instituições da época.

"*Manicômio*
É o nome que hoje cabe à vasta região. Há oito annos que não fazemos outra cousa senão jogar cabra cega e bater a cabeça na parede [...] O sistema republicano transformou-se numa bomba chata que ahi está. A opinião pública é posta de lado. Somos uma súcia de loucos. Vamos à urna? para que? Vamos à imprensa? para que? Para que o governo mande empastilhar a typografia." (*A Redempção*, 18 de julho de 1897)

Por fim, para essa folha, em que a questão da abolição tomava todos os espaços, a libertação parecia de tal forma um fim em si mesma que logo após o "13 de maio" o jornal foi aos poucos se transformando num órgão que ano a ano só se ocupava em comemorar ritualmente a data da libertação e traçar apologias à Lei Áurea e a Isabel, a "Redemptora".

Transformava-se assim a data em marco periodizador rígido, e mais uma vez esquecia-se da população recém-liberta e com inúmeros problemas de integração na jovem e elitista República que se formava.

## O negro fugido

Quanto às representações e questões presentes neste segundo período, é particularmente interessante pensar em como reagem esses jornais à realidade das fugas de escravos, que se tornavam cada vez mais constantes. Está aí, sem dúvida, uma questão crucial, já que coloca esses periódicos frente ao ato rebelde do cativo. Nesse sentido parece que começam a aparecer e a reaparecer (agora com maior insistência) "novos personagens" que se congregam, de uma forma ou de outra, à imagem do "negro fugido". Assim, se qualquer elemento negro era considerado potencialmente perigoso, já esse tipo de cativo parecia exigir "cuidados" particulares e destacados.

O negro fugitivo, além de "violento e bárbaro", agregava agora, segundo os jornais, outra qualificação: a de "vingativo", "traiçoeiro" e, particularmente, incontrolável, devido inclusive à instabilidade de sua situação.

"(Campinas). *Matar para melhorar de sorte*
José Mulato escravo de Antonio C. de Teixeira no dia 7 do corrente mez encontrado no caminho de Guapira deitado junto ao portão

da chácara a um indivíduo de nome Antonio Miguel o qual estava completamente embriagado decepou-lhe horrivelmente o pescoço com um golpe circular... [segue descrição] [...] Quando o preso disse que fugira para evitar os maus tratos do feitor que, sendo homem livre não se lembrava que os escravos deviam comer e beber. Dentro de pouco tempo tem se repetido diversos assassinatos commetidos por escravos e não simplesmente contra aquelles que se dirigem e vigiam. O punhal vibra contra qualquer um, o que quer é cometter o crime e ganhar a boaventurança do reino de Galles. *É claro pois que não só os proprietários de escravos que correm perigo, mas todos e a sociedade inteira que terá de precaver-se para fazer facce aos ataques inesperados destes homens que para melhorar a sorte matam o primeiro que encontrem.*" (*A Província de São Paulo*, 13 de outubro de 1878)

Nesse sentido, não só as notícias como também os classificados e anúncios de fuga alertavam para o perigo de tal situação:

"Acha-se fugido o preto Francisco pertencente ao Sr. José de Souza Teixeira. Este escravo é o que tentou contra a vida do mesmo senhor assim como quando esteve preso na cadeia desta cidade feriu gravemente João Francisco Camargo. O sr. Teixeira comprara-o do pharmaceutico sr. J. de Oliveira Barreto e mandara-o para casa de correção de S. P.; ultimamente por isto o vendeu. Francisco no mesmo dia sahio da correção evadindo-se prometendo vir à cidade no intuito de vingar-se do sr. Teixeira. Um caso desses exige vigilância, frustrando seus maléficos intentos." (*Correio Paulistano*, 11 de abril de 1885)

No entanto, esses elementos ofereciam ainda maior perigo quando não se encontravam isolados mas em grupos:

"Informou-nos a redação da mesma folha que nas tabernas próximas à estação de Vallinhos reunia-se por vezes, grande número de escravos que praticavam desordem. Diz o informante que *suppõe* haver em taes reuniões fins menos lícitos." (*Correio Paulistano*, 16 de outubro de 1875)

Esse tipo de notícia, referente a "reuniões" ou "encontros" de negros, presente na primeira fase (1875-85) que relatamos, nesse momento ganha nova importância, sendo tratada de uma forma bastante recorrente, com discursos que oscilavam, revelando ora ironia e descaso, ora temor e reconhecimento do medo diante de situações desconhecidas e inusitadas.

No *Correio,* particularmente, em vários artigos, o temor e a incerteza são realmente evidentes:

"Sabemos que existe um quilombo na matta virgem que há entre os rios Jaguary e Atibaia. Actualmente residem lá 6 quilombolas. Naqueles lugares moram alguns trabalhadores que vivem em constante sobressalto naquella matta [...] Os quilombolas continuam a praticar proezas. Não há fazendeiro dali que esteja tranquilo depois que aquelles *negros deram grigados nas fazendas* se convertendo em *malta de ladrões.* Os fazendeiros estão muito *aprehensivos* tendo a maior vigilância [...] Ante-hontem logo que aconteceu desappareceram um pajem, um feitor e 3 escravos que suppõe-se terem sido *aliciados* pelos quilombolas. Não *houve* cousa alguma que motivasse isso..." (Campinas, 21 de agosto de 1886)

Ligava-se inclusive a imagem dos quilombolas à dos feiticeiros e dessa maneira eles eram desconsiderados e às vezes até ironizados:

"A requisição do fazendeiro Elias Antônio Perna, sahiu uma força de destacamento de Itú afim de efetuar a captura de quilombolas ali estabelecidos. O quilombo achava-se abandonado e nas imediações foi encontrado o cadáver do liberto Elias, tendo os pés amarrados com cipó e apresentando diversas contusões que levam a supor a existência do crime. Encontrava-se próximo ao cadáver um saco contendo sementes, raízes, cabeças de cobra e objetos de feitiçaria." (*Correio Paulistano*, 14 de julho de 1886)

"No sábado foram interrogados 5 quilombolas presos [...] Foi interrogado também o quilombola Cassiano que era chefe do quilombo que foi debelado. Este escravo exercia grande ascendência sobre seus companheiros porque DIZIA ELLES TINHA GRANDE DEVOÇÃO COM AS ALMAS e além disso FAZIA VÁRIAS FEITIÇARIAS que não impediram de ir ele dar com os ossos na cadeia." (Campinas, 22 de dezembro de 1886)

O que impressiona, entretanto, no *Correio Paulistano,* é que o temor frente a tal situação era tal que, no final da década, a palavra "quilombola" parecia ter um significado mais amplo. Ou seja, tornava-se aos poucos sinônimo para a expressão do "negro insubmisso":

"No sábado a 2 léguas de Campinas um mulato alto e dous negros reforçados completamente armados assaltaram o Adão Gonçalvez tentando tomar-lhe a mulher de 25 annos de idade. Não obstante Adão só se viu a cavallo. Os quilombolas fugiram..." (*Correio Paulistano,* 25 de agosto de 1886 — Campinas)

Esse fato pode ser mais bem compreendido se notarmos como o pânico era geral, pois parece que "pairava no ar" para os senhores "o fantasma da insurreição", sendo que o próprio *Correio* fazia alarde e mobilizava a população:

"Informam-nos os moradores que vários escravos fugidos e pessoas livres tomam parte em assaltos e muitos roubos que alli se tem dado [...] Esperamos providências. Anima-se a insurreição, tenta-se ridicularizar os agentes da administração e depois censura-se o mesmo governo. *OS QUILOMBOLAS isto é os escravos que estão devastando as fazendas...*" (*Correio Paulistano,* 5 de dezembro de 1886 — Campinas)

O medo era talvez ainda mais evidente porque as notícias deixavam claro que os escravos não se encontravam isolados, já que a população livre e mesmo cativa os ajudava.

"[...] parece que existe algum acordo entre quilombolas e alguns escravos da fazenda em razão da pequena distância com o conjunto de fabricar farinha e o engenho..." (*Correio Paulistano,* 9 de maio de 1886)

Assim, se no primeiro período o negro já era representado enquanto bárbaro, potencial e objetivamente violento, neste segundo momento parece-nos que seu principal qualificativo no *Correio* é o de *quilombola;* como tal tornava-se ainda mais perigoso, já que ficava evidente o descontrole dos senhores frente à situação.

Já *A Província,* coerente com sua postura, buscava manter um maior distanciamento com relação à questão, dando maior destaque a essas notícias e inclusive representando esse tipo de elemento que fugia não como "quilombola" mas como "escravizado". Assim, diferentemente do *Correio, A Província* buscava *"não apavorar"* seus leitores e se possível pouco comentava (a não ser de forma resumida) a respeito desses tipos de acontecimentos.

Assim, por exemplo, as notícias sobre "revoltas de escravos" são nesse jornal todas muito "ligeiras" e sobretudo vagas:

"A requisição do delegado de polícia de Amparo seguio ante-hontem uma força de 15 praças. Para saber o que havia, a redação do Diário de Campinas expediu um telegrama a um cavalheiro de Amparo, que mandou o despacho em resposta:

'Escravos Antonio Prado de Godoy revoltados. Não há por enquanto maior novidade, desconfia-se de hoje a tarde. Estão dadas as providências'". (*A Província de São Paulo*, janeiro de 1885)

Nessas notícias curtas, se por um lado ficava claro como as insurreições eram frequentes, por outro procurava-se sempre tranquilizar os leitores, garantindo como os "desfechos finais" dessas ações eram sempre "felizes".

*"INSURREIÇÃO DE ESCRAVOS*
Reproduzem-se em todos os pontos do Império assassinatos cometidos por *negros* insurgidos contra senhores. Ainda agora lemos no monitor Campista que os escravos da fazenda do sr. Julião de Castro sublevaram-se. Prevenidas felizmente as autoridades prenderam 6 escravos." (*A Província de São Paulo*, 16 de maio de 1887)

Um fato interessante a ser destacado é que, diferentemente do que constatávamos em relação ao *Correio Paulistano*, em *A Província* apareciam poucas notícias sobre quilombos em si. Nesse sentido talvez a preocupação em não alarmar a população, ou mostrar como a libertação era "um assunto entre brancos", tenha direcionado o jornal a obscurecer um pouco esse fenômeno que tanto constrangia outras folhas.

*A Província*, nas poucas notícias que encontramos sobre esse tema, descrevia os quilombolas como "assassinos e depredadores", e os quilombos como agrupamentos instáveis e sem qualquer organização interna[7] e que, como tal, ofereciam talvez menos perigo e mereciam pouco alarde.

"Quilombo abandonado

[...] Quadro horroroso! Sobre um pequeno estrado de paus roliços achava-se um cadáver deitado de costas com a mão direita na nuca. O seu adiantado estado de putrefação não permitiu uma exame [...] os negros abandonaram e o infeliz por enfermo lá ficou só e abandonado." (A Província de São Paulo, 10 de setembro de 1885)

Assim, em A Província buscava-se acima de tudo amenizar esse fenômeno que parecia antagonizar-se com a postura geral do jornal. Em suas páginas as insurreições e os quilombos, tão presentes no Correio, assemelhavam-se a "incidentes corriqueiros" prontamente abafados.

Por fim, A Redempção limitava-se apenas a ironizar esses outros jornais que, segundo essa última folha abolicionista, deveriam tratar da libertação ao invés de ficar se preocupando com essa questão.

"Quilombo

Achamos tocantes as narrações feitas nos jornais sobre ajuntamentos de negros fugidos que os jornais mesmo os republicanos denominam de Quilombos. Infelizes os escravos, cercados de trabalhos de graça, procuram nos mattos a liberdade [...] Estudem os republicanos o que é o sacrifício pela liberdade e deixem de vender por pomada de cheiro." (A Redempção, 13 de janeiro de 1887)

É interessante notar que nesse momento novos termos além dos já expostos vão sendo introduzidos. Parece existir também uma mudança no nível da linguagem, na forma como se apresenta o "quilombola" ou o "escravizado". Surge uma distinção clara, e aos poucos consensualmente aceita pelos jornais: na grande maioria dos textos o escravo, homem de cor ou liberto, que era descrito como PRETO, quando se trata de notícias de insurreições ou quilombos, passa a ser chamado de NEGRO. Esta diferenciação às vezes estava presente (e parece-nos não despropositadamente) num único artigo:

"Assalto
Ante-hontem as 10 horas da manham na antiga estrada de Itatiba foi assaltado por dous *negros fugidos* um camarada de nome Antonio de Godoy [...] foi quando apareceu outro e *os dous negros* evadiram-se. Há dias deu-se na estrada o seguinte facto: tendo ido catar cipó a mando de seu senhor um *preto* de uma fazenda foi apanhado por diversos *negros* fugitivos que despediram-no e deram-lhe uma valente sova. O *preto* teve de esperar a noite para voltar para a fazenda." (*Correio Paulistano,* 12 de outubro de 1887)

Assim, enquanto o *"preto"* é o escravo comumente representado, violento, porém de alguma maneira dependente ou vinculado à sua condição, o *"negro"* é antes de tudo um fugitivo, perigoso e não confiável. Por outro lado, "negro" é aquele que acima de tudo perdeu sua "humildade", característica que parecia predominar ao menos no discurso até então oficial sobre a escravidão. Como este, que transcrevemos:

*"O que eles dizem e o que eles fazem*
[...] E a boa raça africana, tão *dócil,* tão *affectiva,* tão amiga, factor de riqueza nacional, a velha raça de Chaim em cujas *tetas submissas* bebemos, grande parte de nossa vida nacional está ahi a nosso lado, *humilde* e sempre *boa, honesta, moderada, serviçal, proliferando em paz entregue a si mesma sem incomodar os brancos.* Que sympathia por essa velha paria da existência! Que beleza no seu *fetichismo,* na sua *aflição primitiva no amor que tem aos filhos dos brancos!* Incorporada ao povo brasileiro ela que não nos *incommoda* vive conosco *aparte* sentindo conosco as cousas que sentimos..." (*Correio Paulistano,* 13 de maio de 1895)

Nesse segundo momento a associação do elemento de cor com esse novo tipo de violência era tão imediata que a própria palavra "negro" já indicava, em si, fatos infames e reprováveis. Expressões como "páginas negras", "negros crimes", "diários negros", "dramas negros" e tantas outras eram tão normalmente veiculadas que o termo transformava-se aos poucos em consenso, utilizável em qualquer tipo de situação negativa ou indigna.

Assim, se nos títulos a utilização era explícita, nas notícias, mesmo que de forma secundária, o termo era claramente pejorativo:

"Quarta-feira às 8 horas da noite na cidade de Amparo foi assassinado um camarada do sr. José Joaquim por um filho desse senhor de nome José Paulino [...] Paulino conversava no bar quando entrou ali um camarada que vinha chamar José Paulino. Este sem se recusar a ir disse para que o camarada esperasse e elle esperou. Quando porém se resolveu a sahir, disse-lhe o camarada: — Seu Juca paga hoje um mata bicho? Pago, e voltando-se para o dono da casa disse: — Dê 4 vintens de pinga a esses *negros*.

O camarada não achando bom o *dito*, respondeu para *esses negros não! Dobre a língua*, mas a isto o moço respondeu dando um tiro a queima-roupa." (*Correio Paulistano*, 1888)

A caracterização que relaciona o elemento insubmisso ao termo "NEGRO" mantinha-se também quando as notícias se referiam a casos do exterior que, sem dúvida, também inquietavam os senhores locais:

*"Revolução no Haiti*
De Kingston, capital de Jamaica, há um telegrama referindo que recomeçaram as desordens em Porto Príncipe, capital do Haiti. Os *negros* queimaram muitas casas e depois as saquearam. É avul-

tado o número de mortos." (*A Província de São Paulo*, 18 de outubro de 1885)

Logo, com todas as contradições e nuanças presentes, o elemento de cor no período final da abolição é predominantemente representado como NEGRO ("quilombola" ou "escravizado") e como tal considerado violento, infiel e perigoso, apesar dos desditos dos discursos oficiais.

Por outro lado, é possível verificar que o "negro desleal" não estava só presente na seção de notícias. Ou seja, os últimos anúncios do período final da escravidão não falam mais de escravos humildes e obedientes, mas antes de cativos desleais, "labiosos" e com "novas estratégias" de fuga.

Essas novas formas de evasão, por sua vez, eram as mais originais e variadas possíveis: "incluem-se forros ou imigrantes", "mudam de nome e de roupa", "dão-se por livres ou cativos", "não dão seu nome de verdade", apresentam "cartas e documentos falsos"... mas em todos os casos a ordem era sempre semelhante: "prevenir-se contra enganos e ilusões".

"Escravos fugidos
Fugio o escravo Raymundo de 18 annos de idade, fino de corpo, cor retinta, cabello mal cortado [...] *finge-se humilde quando é interrogado, muda de nome, dá-se por forro, pede serviço de jornal* [...] Gratifica-se a quem o entregar na rua da Constituição nº 72, advertindo-se que *deverá ser bem seguro, pois costuma illudir os padrinhos e condutores e fugir novamente.*" (*Correio Paulistano*, 12 de maio de 1885)

Nesses casos parece que qualquer estratégia por parte dos cativos era igualmente válida, inclusive "dizer-se criminoso" e passar "5 ou 6 meses" preso em São Paulo, como anunciava um classificado publicado em *A Província de São Paulo* em 21 de julho de 1887, referente ao escravo João.

Os anúncios recomendavam, nessas circunstâncias, a maior cautela, afirmando explicitamente os cuidados e as preocupações:

"[...] Quem aprender, não facilite na viagem pois ele é muito labioso e costuma enganar os que o acompanham." (*A Província de São Paulo*, 15 de fevereiro de 1884)

*Notícias de libertação: comícios, festas e desfiles "ao nosso senhor de 'ontem'/ao patrão de 'hoje'"*

Mas ao lado da representação do "negro" velhas imagens resistem, ao menos enquanto reafirmações necessárias. Isto é, nas notícias que relatam as festas da libertação, e que se tornam constantes e diárias nesse momento, o negro ainda é "preto", fiel e dependente.

Assim, no *Correio*, a partir da seção chamada "Movimento emancipador", e em *A Província*, através de notícias esparsas, e mesmo em *A Redempção* (talvez com um caráter de menor exaltação) começam a aparecer cotidianamente notícias de libertações de escravos ocorridas em toda a província. Agora, esse mesmo senhor que oferecia tutela aos "negros dependentes" ou que condenava seus atos violentos era aquele que concedia a liberdade a seus cativos. Para tanto, qualquer ocasião parecia igualmente válida: mortes, casamentos, formaturas, batizados, nascimentos, novos cargos, venda de imóveis ou qualquer outra data comemorativa. Até "por amor à arte", por exemplo, libertava-se, sendo que em 13 de julho de 1880 (em *A Província*) um escravo passou a chamar-se "Francisco Camões" em homenagem ao escritor que seu ex-senhor tanto apreciava.

Essas notícias tinham estilos e enunciados muito similares, já que a libertação era sempre entendida como um "ato", uma "dádiva" exclusivamente ofertada pelo senhor branco, que concedia a manumissão a seus cativos. Com efeito, a libertação era no Brasil um assunto essencialmente privado e que fazia parte dos direitos de propriedade zelosamente guardados na época (o Estado era circunspecto em suas intervenções, só interferindo em épocas de crise). Quanto aos escravos, cabia-lhes exclusivamente o papel de receptores humildes, gratos e dependentes, que na maioria das vezes contentavam-se em permanecer nas fazendas sob praticamente as mesmas condições ou como assalariados (ou mesmo com a promessa de virem a ser).

"O sr. Silveriano Pedroso reuniu toda a encravaria e explicou-lhes a nova lei que se regulamentou. Separou os escravos maiores de 60 annos, declarando que os considerava como desobrigados do serviço de 3 annos e dois meses se elles se *comportassem exemplarmente*. O sr. Pedroso falou em seguida aos seus escravos dos emissários de revolta que tanto ele como a sua família há muitos anos viviam entre eles *sem um só empregado livre e confiando unicamente na justiça com que sempre os trataram. Os escravos commovidos declararam que estavam promptos a morrerem onde morressem seus senhores.*" (*Correio Paulistano*, 10 de janeiro de 1886 — Campinas)

O tom era sempre o mesmo: a libertação era uma concessão do proprietário branco aos seus escravos, que em troca deviam fidelidade, mesmo quando a liberdade fosse comprada pelo cativo por altas somas.

A. Agostini. *A Revista Ilustrada*, 30.6.1885

*Quadros da atualidade:* O ministro-fazendeiro (*Saraiva*) *explicando o seu projeto aos lavradores:* — *Vocês compreendem que, sendo eu lavrador, não podia deixar de* tranquilizar a lavoura, garantindo a propriedade escrava e fixando-lhe um valor. Podem, pois, continuar a considerar o escravo um animal como qualquer outro e sujeito a ser comprado, vendido, surrado, etc., pelo menos nestes dez anos. É o que lhes garante o meu projeto.

*"Liberdade*
O sr. Manoel Joaquim da Costa e Silva *concedeu* carta de liberdade a
sua escrava Luíza de 38 anos de idade *mediante a quantia por ella of-
ferecida* de 200$000." (*A Província de São Paulo*, 27 de agosto de 1886)

O clima que os artigos criavam era sempre o mais paternalista possível, ou seja, grandes discursos revelavam a boa alma do
senhor e eram sempre recebidos com a resposta amiga e comovida
dos escravos.

*"BATATAES*
No dia 11 do corrente o senhor Candido Ferreira da Rocha, agricul-
tor do município de Batataes reuniu em sua fazenda vários amigos
e em presença deles por ocasião de um jantar em que banqueteava
com seus *amigos ao lado de seus escravos declarou que dava liberdade
a estes em número de 9 e que esperava que os novos cidadãos tivessem
dessa data em diante o mesmo comportamento, a mesma dedicação
ao trabalho que tinham manifestado no cativeiro.* Depois fizeram
mais discursos, soltaram foguetes e a alegria era grande por parte
quer dos *escravos* quer dos *bemfeitores* quer dos convidados presentes..." (*Correio Paulistano*, 17 de março de 1888)

A libertação aparecia então retratada ritualmente como uma
grande festa de brancos, onde desfiles, comícios e festejos celebra-
vam constantemente a "boa e meritosa" ação dos senhores brancos.

"Emancipação
Foi solene a festa que houve em Angra dos Reis no dia 15 para
entrega de carta de liberdade aos escravos. As janellas da comarca
estavam ornadas de colchas, tremulavam bandeiras nacionais e estava o chão alcatifado de folhas e flores. O juiz de orphãos, rodeado

237

de *pessoas gradas*, tendo à sua frente sentados os *libertos a dirigir-lhes commoventes discursos.*" (*Correio Paulistano*, 1877)

"SOROCABA
Na tarde de um do corrente teve lugar a entrega das cartas de liberdade pela comissão emancipadora. Por essa ocasião houve sinceras manifestações de regosijo por aquele acontecimento percorrendo *os libertandos em seguida, as ruas, precedidos da comissão e de uma banda de música, sendo nesta ocasião levantados enthusiásticos vivas.*" (*Correio Paulistano*, 5 de janeiro de 1888)

Os critérios para a libertação, por sua vez, não eram aleatórios; quanto mais "próximo do espírito branco" mais perto da libertação e do acesso à cidadania.

"Acto philantrópico
A bordo do vapor Arinos, deu-se um acto de philantropia. A 17 do corrente, logo que partiu, os passageiros sr. Artur Puigguy e Meira chamaram a attenção do sr. Mesquita para *uma moça branca captiva de cabelos louros, bonita* que vinha no comboio de escravos para ser vendido no Rio de Janeiro, manifestando a ideia de libertal-a. Imediatamente [...] dentro de uma hora atingiram a somma de 946$500 réis. Foi então entregue ao generoso sr. da escrava Francisca a quantia de 930$000, passou a carta de liberdade, a quantia de 16$500 para recibo. Para comemorar, o local foi proposto à *nova cidadã* passar a chamar-se Francisca de Iguape Arinos, o que todos aplaudiram [...]. Um poeta fez uma poesia de improviso:

Francisca a bordo do vapor Arinos
Das luzes que esclarecem a humanidade
Há um raio de sol que Deus derrama

Caridade sem fim no céu que se chama

E chama-se na terra, liberdade...

Da redempção o quadro é tão humilhante

*Ergue-se o pobre escravo gratibundo*

E diz-lhes Deus: Caminha! És livre! Avante!".

(*Correio Paulistano*, 21 de agosto de 1874)

A cor branca era, portanto, critério suficiente de "civilização":

*"Negro branco*

Está entre nós uma verdadeira novidade [...] Representa ter 20 an-

nos de edade, tem a cor negra bem pronunciada e a estatura bastan-

te desenvolvida. *Apparentemente é negro vulgar* [...] Porém, vendo-

-se as costas approxima-se ao tabiano ou oveiro. Há pouco mais de

2 annos produziu-lhe um câmbio de destino [...] Passar de *negro*

*retinto* a *branco perfeito* é facilidade que não está reservada a todos

os descendentes da Ethiopia [...] *Peior seria o inverso...*" (*A Província*

*de São Paulo*, novembro de 1877)

As notícias de libertação foram aos poucos tornando-se tão

frequentes que ganharam nos jornais espaços determinados e es-

táveis. Por exemplo, o *Correio Paulistano*, a partir de 13 de outubro

de 1887, criava uma nova seção intitulada "Movimento emanci-

pador", cujo único objetivo era relatar casos de pessoas do Partido

Conservador que manumitiam seus escravos.

Em vários desses artigos, no entanto, ao lado dos "festejos e

desfiles" uma questão relevante tornava-se presente: o problema

da manutenção dos negros nas fazendas. Nesse sentido, buscava-

-se sempre dar uma "aparência natural" a esse "complicado" pro-

blema, que justamente se referia ao assentamento dos escravos nas

propriedades, agora sob o regime assalariado:

"*Acção philantropica*

É sabido que o *nosso amigo* commendador Joaquim B. do Amaral comprou uma grande fazenda aos herdeiros do finado Neto dos Santos, incluindo nas transações os serviços de 130 e tantos escravos. O prazo findava-se em abril seguinte, mas o commendador Amaral disse-lhes que se os servissem, os despacharia em dezembro, cumprindo religiosamente a palavra. No último dia do mez, findo a um *toque de sino,* fez saber que toda aquella porção de homens, que findava o *estigma* do cativeiro. O *honrado lavrador* veio a perder alguns contos de réis, mas que ficou amplamente recompensado nos gozos da consciência e nos aplausos da própria alma [...]. Elle ainda fez mais: brindou aos libertos *com grande e lauto jantar em que se deram scenas animadíssimas de gratidão e fervorosos sentimentos por parte daquelles rudes corações.* Assim, por exemplo, *um dos pretos* levantou-se com este brinde, seguindo-se outros. A liberdade? *Ao nosso senhor de hontem! Ao nosso patrão de hoje!* Ao defundo do Sr. Neto...

À excessão de dous ou três delles que allegaram motivo justo, os outros ficaram empregados a salário." (*Correio Paulistano,* 8 de janeiro de 1876)

Assim, ao mesmo tempo que tomavam volume as notícias de libertação, foram se estabelecendo lado a lado as condições e os prazos para a emancipação, deixando evidente como o senhor buscava sempre controlar a "liberdade" de seu ex-escravo:

"O Sr. Elisário Alvaro de Souza veio a seus escravos dizendo que a contar de janeiro de 1891 ficarão livres. Os que se *comportarem bem e derem provas de amor ao trabalho e perfeita observação do serviço* começaram a ganhar 5000 mensaes desde janeiro de 1888." (*Correio Paulistano*)

240

Ao lado da ideia da manumissão, vinha sempre, claro, "a questão da manutenção da ordem e do trabalho":

"(Rio de Janeiro) *Manumissão e trabalho*.
O sr. J. de Paula Cordeiro distinto *capitalista e industrial* que ha pouco regressou da *Europa* deu-nos um exemplo dos benefícios da iniciativa particular [...] Reunindo hontem seus escravos em número de 21 entregou a cada um deles carta de liberdade *comunicando* que *continuariam* empregados na sua fábrica vencendo salário de 30 mil réis [...] *Os novos libertos festejaram* hontem o seu dia de emancipação fazendo *votos pela vida e prosperidade de seu actual patrão* e protector". (*A Província de São Paulo*, 24 de novembro de 1881)

Por outro lado, já nesse momento a determinação do salário era fixada a partir do sexo dos escravos.

"No dia 20 reuniram-se os fazendeiros da zona cafeeira servida pela estação do Laranjal, e resolveram entregar as cartas de liberdade dos seus 300 e tantos escravos, *pagando-lhes o salário anual de 60\$ a 100\$ conforme as aptidões de cada um e o tempo que convier aos doadores... Para os trabalhadores do sexo feminino será a metade do marcado para o homem.*" (*Correio Paulistano*, 1º de janeiro de 1888)

O problema da mão de obra era então recorrente, sendo que em vários artigos não só se buscava destacar o interesse de senhores em que seus escravos se mantivessem nas fazendas como procurava-se demonstrar que era esse também o desejo dos "futuros cidadãos".

"*Acção louvável*

(Sob a epigraphe supra refere-se a *Gazeta de Campinas*):

Communicam-nos que o sr. dr. Moutinho da Silva Prado ornou a seu filho o sr. dr. Martin Prado Júnior que declarasse inteiramente livres todos seus escravos de 65 annos em nº de 17, que desistissem do serviço que deviam prestar os de 60 em número de 14, devendo trabalhar somente até o fim da colheita 13 da mesma idade, e de 46 annos, um de 57, um de 50, um de 41, sendo concedido liberdade imediata a dois de 48 e 38 annos.

Estas declarações foram feitas em presença de todos os escravos e igualmente declarando a cada um de per si o seu valor, de conformidade com a lei, podendo libertar-se desde que exibissem quantidade determinada pela mesma lei.

Todos *declararam desejar permanecer na fazenda* sendo ajustado o salário aos válidos e distribuído serviço aos escravos que o requisitaram com o fim de adquirir recursos para libertar-se." (*Correio Paulistano*, 13 de janeiro de 1886)

Evitando nomear ou declarar objetivamente a questão dos controles e da manutenção da mão de obra escrava, vários outros qualificativos eram então lançados. Assim, se por um lado parecia difícil falar diretamente sobre "o necessário" estabelecimento dos cativos nas fazendas, por outro parecia mais fácil lançar mão de outras "justificativas", como a "desordem" ou a "vagabundagem", que sem dúvida cumpriam o mesmo fim: segurar o negro na fazenda.

"O sr. Capitão Pedro Alcantara enviou-nos para ser publicada a carta de liberdade que concedeu à escrava Eva, de 48 annos mais ou menos. Põe *como condição unicamente que viva em qualquer uma de suas fazendas,* sendo esta condição imposta *para que não ande a vagabundar.*" (*Correio Paulistano*, julho de 1876)

A preocupação com a mão de obra expressava-se, portanto, na tentativa de guiar os libertos nas zonas agrícolas e obrigá-los ao trabalho. Manuela Carneiro da Cunha oferece inclusive uma série de argumentos nesse sentido, demonstrando primeiramente como uma grande porcentagem de alforrias era, já de partida, condicional, prevendo, como vimos, vários anos de serviço antes do gozo da liberdade. Além disso a autora explicita ainda que o liberto da zona rural que fosse:

"Alforriado pelo fundo de emancipação era obrigado a um domicílio de cinco anos no município onde houvesse sido alforriado [...] e da mesma maneira os proprietários que se propusessem implantar trabalhos livres em seus estabelecimentos teriam incentivo do Estado e direito ao trabalho de seus libertos por cinco anos".[8]

Dessa maneira, a libertação trazia consigo a retenção da mão de obra, que nesse momento era exercida e traduzida como uma espécie de tutela ou proteção.

A libertação de escravos parecia ser inclusive, na década de 1880, uma questão tão presente e cotidiana que alguns artigos já a tratavam até com um certo tom jocoso:

*"Abolição canina*
Como a ideia de abolição anda na moda, a nossa municipalidade também assentou em fazer-se abolicionista, porém abolicionista de mansa espécie pois o seu propósito não passa da extinção da raça canina ou seja IMPOSTO SOBRE CÃES NA RUA". (*A Província de São Paulo*, julho de 1884)

É interessante observar, ainda, que nesses artigos, apesar de o negro ser o objeto direto da seção, ele praticamente não aparece ou tem funções enquanto agente ou sujeito que interfere na ação.

Ou seja, a partir desse tipo de notícias, o negro aparece representado como uma espécie de prolongamento de seu senhor branco, só agindo em função deste: alegrando-se ou comovendo-se, permanecendo na fazenda (porque é o certo, e o senhor assim deseja) e comportando-se bem a fim de elevar seu salário.

Dessas notícias de libertação, mais uma vez é a velha imagem do negro humilde, fiel e trabalhador que se depreende, imagem essa que vem se contrapor e complementar a tantas outras encontradas nas diferentes seções e notícias.

Aliada a essa imagem de humildade dos escravos estaria uma concepção específica da libertação, que, como dizíamos, concretizava-se não só como uma questão entre brancos mas também como um presente dos senhores a quem se deveria estar para sempre agradecido.

"*A Avalanche*

Agora é que pode-se dizer com verdade de que a escravidão está a extinguir-se na *Pátria Paulista*.

O Oeste e o Sul *voluntariamente, jubilosamente* quebram os milheiros, a cada dia as algemas da escravidão [...] Não é só a *violência da opinião pública* que os move; são os sentimentos *mais nobres,* o reconhecimento do direito postergado, a sympathia pelos valentes trabalhadores da fazenda. A NEGRADA DO EITO. Dão-se *singulares festas nas fazendas.* Os fazendeiros reúnem os escravos proclamam-nos livres, o VIRAMUNDO... (outros instrumentos de tortura), então eles *os pobres e generosos* trabalhadores fazem de tudo aquillo uma fogueira e ao clarão das chamas n'um *SAMBA phrenético esquecem dos martyrios* inauguram o regime de liberdade aos gritos de *VIVA SINHÔ. Sim vivam os senhores. E viva a sacrossanta liberdade.*" (*A Província de São Paulo*, 30 de dezembro de 1887)

Esses artigos deixavam claro, portanto, como se estabeleciam de imediato e logo após a libertação vínculos estreitos entre o senhor e os ex-escravos. Estes últimos tornavam-se eternos "credores", dando origem inclusive às relações de clientelismo tão presentes em toda a República Velha. Nesse sentido, segundo Manuela Carneiro da Cunha, as alforrias traziam consigo "fórmulas reveladoras das expectativas ideológicas", já que "supunham em particular que laços entre senhores e escravos existiam e não deveriam terminar com a manumissão".[9] Havia, portanto, toda uma expectativa de transformar o escravo num cliente, num agregado, ou de toda forma num elemento ligado a seu senhor por laços de dependência ainda muito estreitos.

As festividades que acompanhavam tais atos de libertação, assim como desfiles, comícios, banquetes e festas, pareciam representar enfim o outro lado da realidade, que opunha ao mesmo tempo essas celebrações pacíficas e controladas ao fenômeno do "negro quilombola e insubmisso".

Portanto, enquanto o *negro* revelava a sua autonomia, o *preto* das notícias de libertação era sempre representado como um objeto passivo da situação. A libertação era um presente dos brancos, que ofereciam ao mesmo tempo a manumissão e o trabalho. Ao *preto* cabia só demonstrar para sempre sua lealdade e gratidão.

*As mudanças na opinião pública*

Até no *Correio* o branco, na conjuntura do pré-abolicionismo, não podia mais castigar impunemente seus escravos sem dever considerações a ninguém. A partir da década de 1880, e cada vez mais, o senhor buscava "explicar" o castigo, parecendo debater com toda uma sociedade que antes o apoiava e agora o condenava em seu papel de escravocrata. Por exemplo, nos anúncios, o senhor começava não só a noticiar como a defender seu papel social e a garantir seu poder sobre os cativos.

"Fugiu do sítio de Antonio Carlos Ferraz Sales, no dia 25 de maio, um escravo de nome José, de altura regular, barbado, olhos grandes vivos, *muito prosa e humilde e muito bêbado, tem muitos signaes pelo corpo, creio de castigos antigos,* é de corpo regular e tem seus pés arcados para dentro..." (*Correio Paulistano,* 22 de julho de 1887 — Campinas)

Por outro lado aparecem variações em partes anteriormente rígidas dos anúncios, que revelam uma certa "amenização" nos textos. Os títulos (que chamam a atenção imediata do leitor) modificam-se aos poucos: ao lado dos antigos "ATTENÇÃO!" e "FUGIO", surgem títulos talvez menos "agressivos", como "DEZAPARECEU" ou mesmo "RETIROU-SE", que parecem indicar uma certa preocupação do senhor ao redigir os artigos.

Podemos notar ainda que, na década de 1880, o senhor parecia debater com um interlocutor direto, que é o abolicionismo, para quem às vezes a fala era de respeito e às vezes de ódio. Em alguns casos, o senhor parecia "falar" com um inimigo ainda difuso:

"Escravo fugido
Fugio no dia 19 da cidade de Itú o escravo de nome Juvêncio, pertencente a D. Ana Carolina Pacheco: idade 20 annos... lida bem com animaes. *Desconfia-se que tenha sido seduzido por alguém, inculcando-se camarada.*" (*Correio Paulistano,* 31 de outubro de 1884)

Porém, em outros casos, o negro era representado como um indivíduo ainda passivo e dependente, que seguia "inocentemente" os "sedutores" que começavam a delinear-se de forma mais clara. Nesse sentido, pudemos verificar que, em vários anúncios, os ataques dirigiam-se diretamente contra a figura dos libertos que, nesse momento, segundo Manuela Carneiro da Cunha, eram considerados pelos senhores fomentadores e organizadores de insurreições devido a sua maior liberdade de circulação.[10]

"Fugio de Vianna & Irmãos, de Limeira, no dia 17 o escravo de nome José, preto, estatura regular, feição fina [...] entende alguma coisa de padeiro e foi *SEDUZIDO por um mulato claro, feição redonda, forro ou livre mineiro.* Julga-se deve estar em Mogy Mirim ou tomou caminho de São Paulo ou Campinas. Protesta-se contra quem o acoutar. O nome do mulato forro que fugio com elle é Martinho Jeronimo. Este mulato servia de correio, *parece* ter roubado um burro armado." (*Correio Paulistano*, 22 de junho de 1889)

Neste e em outros artigos a revolta do senhor lesado recaía normalmente sobre a figura do indivíduo que "induz" o escravo a fugir. Essa atitude pode ser particularmente exemplificada a partir de um grande e destacado anúncio que saiu no dia 25 de fevereiro de 1879, no *Correio Paulistano*, em que o senhor parecia mais preocupado em definir o "sedutor" do que o escravo fugido.

"*ATTENÇÃO. Gratificação 400$000*
Receberá quem apreender ou der notícia do escravo Manoel, pardo representando 20 e poucos annos, sem barba, baixo e corpo regular, alegre e bem fallante, bons dentes, pertencente ao comendador Domingos Theodoro de Azevedo Júnior, de cuja fazenda evadiu-se em 19 de outubro do anno passado, *seduzido* pelo empregado da mesma fazenda que se diz chamar Victor Chavelot, *branco porém de cor morena,* alto, magro, pouca barba, cabellos pretos, dentes postiços, andar activo, inculca-se administrador da fazenda. Este indivíduo foi despedido pelo *mao comportamento* no dia 18 e no 19; às ocultas, retirou-se levando consigo o dito escravo Manoel e juntan-

do também uma besta alta, russa, marchadora. Soube-se que passaram pelo município de Parahyba do Sul acompanhado do escravo Manoel como pagem. *Maiores pesquisas* fizeram saber que Victor é *casado* em Ouro Preto e também em Pedro do Rio, tendo assim *praticado o crime de bigamia,* além disso *processado* na freguesia de Cebolas por *crime de roubo de animaes.* As últimas informações são como entrado em São Paulo. *É natural* que tenha logrado empregar--se em alguma fazenda, *illudindo mais uma vez a boa fé* do lavrador e apresentado Manoel como homem camarada. Pede-se a *coadjuvação* dos *senhores fazendeiros na captura do escravo e prisão do 'sedutor'* Victor C. *inculca-se grande empregado, insinua-se muito e engana a qualquer um nos primeiros tempos,* por isso é possível que esteja empregado em fazenda. Rio de Janeiro, Santa Genoveva."

Assim, toda a ira voltava-se agora contra o "sedutor", contra quem parecia convergir uma série de representações negativas continuamente veiculadas: traiçoeiro, ladrão, imoral (já que bígamo), "mao comportamento" e, finalmente, a cor morena que, segundo as teorias científicas da época, era prova de desequilíbrio e de pouca civilidade.

Aos poucos, os anúncios começavam a dirigir-se diretamente aos abolicionistas, sendo que, cada vez mais contra esse inimigo que se tornava claro, os senhores buscavam apegar-se às vantagens da lei que ainda os protegia.

"Protesto
Tendo desaparecido da fazenda das Piteiras em Mogy Mirim um casal de escravos *meus* de nome Pedro e Mariana, levando consigo dous ingênuos seus filhos, um de nome Francisco de 5 para 6 annos e outro de nome Anastácio de 6 meses de nascimento, todos de cor preta, a excessão da mulher, que é fula e *havendo indícios vehemen-*

*tes de terem sido seduzidos* e de se acharem acoutados por alguém. Contra quem os acoutar, protesto usar de *meus direitos judicial e criminalmente nos termos do artigo 15 do regulamento* aprovado pelo decreto nº 9602 de 13 de junho. Antonio Joaquim de Freitas Leitão." (*Correio Paulistano*, 19 de novembro de 1886)

Efetivamente, em vários momentos o senhor apresentava-se como aquele que "seguia a lei" e que, portanto, podia cobrá-la de outros brancos abolicionistas, escravos ou libertos.

"Fuga de *liberto*
O liberto Candido cor clara, idade 28 a 30 annos, bem barbado, muito cabelludo, com falta de um dente, seleiro, boleiro hábil e forte para todo serviço, *joga* e algumas vezes *embriaga-se novamente*, subtrahiu-se da companhia do major José Egydio da Fonseca, residente na cidade de Itú sem ter cumprido o *contracto de prestação de serviço pelo adiantamento da quantia com que obteve liberdade* (*2300$000*). Gratifica-se a quem der notícias. E previne-se à pessoa em cuja companhia estiver que se fará *effectiva a disposição da lei, que é pagar em dobro a quantia que o dito liberto teve.*" (*Correio Paulistano*, 10 de junho de 1885)

A mudança de atitude era tal que o senhor agora começava a arrolar, junto com as características físicas do escravo, os dados referentes aos registros da sua propriedade:

"Fugiu do abaixo assignado, no dia 16 de dezembro do anno próximo findo, o escravo de nome João, com os signaes: estatura baixa, 22 annos de idade, cor preta [...] de serviço de roça, *está matriculado na collectoria de Santa Isabel com o núntero de 1097 da matrícula anterior e sob o nº 32 actual. Protesta-se contra quem o acoutar.* Santa Isabel, Arthur Nogueira." (*Correio Paulistano*, 18 de janeiro de 1887)

Tudo isso revelava como andava em curso uma mudança de imagem quanto à escravidão. Agora era quase unânime a necessidade de declarar-se abolicionista, sendo que elementos vinham ao jornal manifestar-se pessoalmente quando alguma dúvida pairava sobre sua posição.

"Secção Livre

[...] Não somos escravagistas, queremos ao contrário a abolição completa mas de acordo com os princípios da lei [...].

Quanto aos epithetos que nos dirigiu o devolvemos. O professor calumniado." (*Correio Paulistano*, 26 de junho de 1887)

Assim, até mesmo no *Correio*, talvez o centro das posições conservadoras paulistas da época, as opiniões mudavam. Francos escravagistas transformam-se em abolicionistas, num momento em que até a República transformava-se aos poucos numa "utopia" possível.

Em *A Província*, também a partir da década de 1880, nem todos os artigos "cantavam louvores" aos senhores. Em muitos, ao contrário, começavam a aparecer críticas aos proprietários de escravos.

Muitas notícias, no entanto, demonstravam que os senhores violentos constituíam exceção, procurando demonstrar a liberdade e a harmonia reinantes. Assim, por exemplo, num artigo que discorria sobre os maus-tratos que recebera a preta Eduarda, de quinze anos (13 de fevereiro de 1886), a conclusão era que: "Se desgraçadamente enquanto dura a degradada instituição é necessário conter os senhores".

Por outro lado, em outro artigo que criticava o fato de um escravo viajar amarrado, afirmava-se "[...] contrasta em extremo com o grau de civilização que a nós mesmos nos atribuímos" (25 de setembro de 1887).

Porém, se em muitos desses artigos a crítica era feroz, em outros buscava-se desculpar a atitude do senhor mesmo que para tanto se lançasse mão de motivos "pouco edificantes" como a loucura. Dessa maneira procedeu-se quando, em 25 de novembro de 1887, Vicente do A. Campos matou dois escravos por "grande perturbação de sua faculdade intellectual", ou mesmo quando d. Francisco da Silva seviciou suas escravas por estar *"sofrendo de suas faculdade mentaes"*.

Assim, seja pela afirmação da exceção ou da insanidade, de toda maneira e independentemente das escusas, esses artigos atestavam uma clara mudança nos valores sociais. Ou seja, brancos escravocratas já não agiam sem punição e eram claramente pressionados nesse momento.

Grandes artigos com títulos chamativos indicavam uma mudança nos padrões de conduta. Por exemplo, em 27 de setembro de 1887 uma grande notícia intitulada "ESCANDALO" comentava sobre um fato ocorrido em Santos, quando um *"escravisado* ladeado de 2 capitães do matto" foi retirado de um trem pelo "povo da cidade".

O negro nesses artigos, no entanto, transmutava-se de algoz em vítima, ou passava a servir de prova da inabilidade de alguns senhores que principiavam nessa época a desonrar, pelo seu comportamento violento, a sua classe social. Essa vanguarda falava então pelos jornais como que alertando contra os perigos desse tipo de abuso, no momento em que a abolição era iminente:

"Felizmente nosso povo já não vê com bons olhos e sem um sentimento natural e espontâneo de revolta." (*A Província de São Paulo*, abril de 1887)

Nessa conjuntura toda, ninguém que de alguma forma estivesse associado à escravidão sairia ileso. Os capitães do mato eram constantemente destratados, como, por exemplo:

"Capitão do matto fulano pacau indivíduo muito conhecido pois que tem termo de bem viver assignado na polícia [...] Sabemos que só a força abriga e esse tristíssimo mister de capitão do matto passou fome e teve que dormir na cana". (*A Província de São Paulo*, 8 de novembro de 1887)

Por outro lado, a polícia, que também auxiliava na captura de escravos fugidos, era agora continuamente criticada tanto por seus métodos violentos como pelas prisões indevidas.

Nos anúncios de fugas, por outro lado, as brigas tornavam-se públicas, maculando a imagem de alguns senhores. Esse é, por exemplo, o caso de dois anúncios publicados em dias consecutivos, um respondendo ao outro:

1. "20 de maio de 1881. *Escrava fugida*
Fugiu hontem 17 do corrente, a escrava Paulina creoula da Bahia, edade presumível 40 annos, alta magra, usa sempre lenço na cabeça, anda com chale é bem retinta e prosa. É sogra do camarada José Luiz Chambá. São Paulo, Margarido da Silva."

2. "21 de maio de 1881. *Escrava fugida*
*Não* fugiu no dia 17 do corrente a escrava [...] [segue-se texto idêntico ao do dia anterior e continua...] Ella está depositada judicialmente e trata de alforriar-se para o que tem incontestável direito. José Luiz Chambá."

Em outros casos notamos alterações relevantes por parte dos próprios senhores que redigiam os anúncios, que passavam a utilizar-se de outros dispositivos legitimados pela lei. Citavam-se então números de contrato, artigos de lei e inclusive os novos recursos criados pelas próprias entidades abolicionistas:

*"Attenção. Escravo fugido*
Maria José Lopes, tendo mudado d'esta cidade para a de Rezende província do Rio de Janeiro, fugiu-lhe um escravo de nome Manoel de cor parda, idade 30 annos mais ou menos, estatura regular, bem-feito de corpo [...] O anunciante tem justos motivos para suppor que o mesmo escravo foi seduzido por alguém da cidade de São Paulo para fugir e tratar de sua liberdade pela caixa emancipadora Luiz Gama, ao que esta foi o pretexto para prejudicar o annunciante, pelo qual protesto solenemente propor a acção criminal de indenização contra o seductor e occultador de seu escravo..." (*A Província de São Paulo*, 18 de setembro de 1882)

Além disso, nesse jornal e como reflexo de toda essa situação, já em 1884 (antes, é claro, do que no *Correio*, onde encontramos anúncios até 1887), desapareciam os conhecidos e corriqueiros anúncios de fugas de escravos.

Difundia-se nesse momento todo um universo favorável à libertação.

No carnaval, carros alegóricos representavam os "horrores da escravidão":

"[...] Um outro carro atrahia attenção, era uma alusão ao episódio de Morro Alto (sublevação de escravos) satyra abolicionista em que figuravam a escravidão, o feitor e as effigias de Rio Branco e Luiz Gama. Era a nota melancólica daquelle Congresso de Gargalhadas." (*A Província de São Paulo*, 8 de fevereiro de 1888)

Na "Secção livre" senhores pagavam para anunciar as libertações que faziam, o que com certeza lhes garantia prestígio e distinção:

"*Liberdade*

Declaro que de minha auto livre e espontânea vontade, concedi n'esta data liberdade a meu escravo Matheus de 44 annos de edade para que entre no goso de uma condição sem a menor clausula ou restrição..." (*A Província de São Paulo*, 18 de julho de 1883)

A própria religião (antiga defensora desse regime) servia agora para condenar a escravidão decadente.

"*A Bíblia e os escravisados*

Lê-se na Bíblia. Deuteronomio cap. XXIII

Não entregarás a seu senhor o escravo que tiver acolhido a ti.

Elle habilitará contigo no logar que lhe agradar e descansará em uma das tuas cidades: não o moleste.

Um abolicionista religioso."

(*A Província de São Paulo*, 27 de agosto de 1885)

O escravo rapidamente se transformava, em *A Província*, com esse movimento todo, de algoz em vítima, mas nem por isso ganhava o direito à palavra. Tratava-se muitas vezes da vítima romântica que pacificamente se submetera às violências da escravidão e que como personagem de poemas e poesias "comovia" o coração dos leitores de *A Província*.

"*A escrava mãe*

Ella beijava o filho, e o pobre inocentinho
sem ver o pego immundo em que ella patinhava
Ao contemplal-a assim, tão boa, só carinho
Co'as pequenitas mãos o rosto affagava
'Dorme filhinho dorme' (a *triste* canção dizia)
Por ora a tua vida é lúcida manhã;
Depois... o soluçar e o resto traduzia

E o filho, o innocentinho a balbuciar: 'Mamã'
Abriu-se de repente a porta da senzala
E no corpo da escrava o açoite vil estala
Pelo sr. vibrado um GRANDE coração! ...
Qual o seu crime? Coitada! Era mãe, adorava
Roubou tempo ao trabalho e o filho amamentava
Oh! maldita para sempre a *negra escravidão*"

(Pacheco Miranda Filho, A Província de São Paulo,

28 de novembro de 1886)

Assim, se por um lado, nesse momento, a pobre mãe escrava simbolizava toda a opressão que o sistema impunha, por outro o termo "negro" continuava a ser empregado, servindo para qualificar situações sempre negativas.

O jornal que mais claramente exemplificava essa mudança de atitude com relação aos senhores era, sem dúvida, *A Redempção*. Nesse periódico ocorre claramente uma inversão de papéis, já que, através das diferentes seções, os senhores apareciam representados como "maus cidadãos" frente a seus escravos vitimizados.

Nessa folha, inclusive, todas as seções referiam-se de uma maneira ou de outra à causa abolicionista, tornando-se muitas vezes pouco originais e cansativas, já que o resultado era sempre bastante semelhante.

Assim, se a seção intitulada "Álbum Abolicionista", à semelhança de outros jornais, trazia listas de manumissões e traçava louvores aos dignos proprietários que libertavam seus escravos, na seção denominada "Propaganda Abolicionista" publicavam-se transcrições de textos abolicionistas que apareciam na imprensa, ou poemas de autores ilustres que criticavam a escravidão de forma "solena", trazendo novas imagens sobre os senhores:

"*Brado de liberdade*
Dissipar a negra nuvem
que não encobre a escravidão
Ei p'ra que nos trabalhamos
Ei o fim da Redempção
Então hoje desejamos
Esse grito em frágil verso
Soerguem mas que echôe
Seguir dia no universo
*Ó maldita escravidão*
*Ó instituição vil*
Seja extinta de uma vez
Para sempre do Brasil
Ó *nação* dos Tiradentes, e dos Dias
e dos Andradas
É a que só possue escravos
Entre os *mais civilizados*."

(Pelópidas de Toledo, *A Redempção*, 8 de outubro de 1887)

Nesse, como em outros poemas, notamos uma característica comum não só a *A Redempção* mas também ao discurso abolicionista brasileiro como um todo. Ou seja, a escravidão era considerada um "*mal em si*", sendo que bastava sanar a nação desse "cancro" para que tudo corresse bem. Mas o que mais nos interessa destacar é que nessa, como em outras seções, fazia-se um tipo de representação bem recorrente, qual seja, o negro algoz e violento de outros momentos transformava-se em vítima infeliz nas mãos de senhores e capatazes ferozes.

"*Uma escrava*
Eu ví! Uma escrava chorando
e contra o peito apertando

256

os seus *infantís filhinhos*
Sem *pena* e *sem compaixão*
Tiravam-nos da mãe
*Coitadinhos* tão pequenos
já iam ser exilados
E de sua mãe tão amada
Já iam ser separados
E namorava escondida
Para não ser castigada
A *mísera* o conservava
No recanto da cozinha
Mandou tiral-o o *senhor*
e entregar ao *feitor*
que a puzesse no tronco
Que negro não tinha amor
... suas ordens foram cumpridas
por um *infame carrasco*
e seu *desgraçado senhor*."

(Júlio Pernetta, *A Redempção*, 1º de setembro de 1887)

Assim também nesse jornal a formação de uma identidade se dava de forma contrastiva, só que, no caso, através de uma clara inversão (principalmente se lembrarmos do exemplo de outros jornais, como o *Correio Paulistano*), qual seja, cabia ao senhor e ao feitor o papel da "infâmia" e da "pouca piedade", e ao escravo o da vítima indefesa (nesse sentido, o apelo à figura da "mãe escrava" parece bastante oportuno, já que tocava mais diretamente a moral e os costumes da época).

Esse tipo de transformação do escravo em vítima estava presente em quase toda *A Redempção*. Na seção "Lettras" (composta e fundamentada por fatos cuja autenticidade o jornal não se cansava de afirmar) o negro sempre "sofria" a ação e era objeto da vio-

257

lência branca. Além disso, em todo o seu espaço *A Redempção* fazia um verdadeiro desfile de "horrores da escravidão":

> "*Scenas fundadas em factos verídicos*
> [seguem longas descrições sobre uma fazenda até se chegar na sala de torturas, quando o artigo se detém em detalhar o tronco]
> [...] Nele estava acorrentado um *negralhão* grandérrimo de membros desenvolvidos, de músculos e com veias dilatadas como varizes. Era incrivelmente horrenda a postura que nesse instrumento de maus-tratos guardava o desventurado escravo [...] [seguem mais detalhes e descrições dos feridos] Puz-me de joelhos para melhor ver o rosto do desgraçado. Supunha suas faces banhadas em lágrimas e encontrei-as secas, hirtas...
> [...] Era um infeliz que as tormentas, a vida bruta selvática *peor que das brenhas africanas* havia calado [...] [seguem mais descrições sobre o escravo, comentando-se como este já passara pelas mãos de um 'bom senhor' até que foi comprado por um] *'fazendeiro maligno, mau cidadão, mau chefe de família e opressor dos pobres'*. [A história continua com seu triste desfecho final, quando o escravo morre]. [...] Sob o furor de um *bestial, sado espírito!*" (*A Redempção*, 2 de janeiro de 1887)

Nessa história está presente uma série de imagens que o jornal foi construindo e afirmando, como a do "mau senhor", qualificado como tal não só devido ao uso da violência, mas também por não corresponder aos valores tão prezados por essa época: a "família", a "benevolência", a "cidadania", ou mesmo a do escravo, que apesar de retratado como a vítima da situação não perde antigas atribuições que o remetiam ao seu continente de origem e à sua "vida selvática" e "brutalizada".

Assim, por contraste e através da rígida delimitação entre o "bem" de um lado e o "mal" de outro, ia-se construindo nesse periódico a figura e o perfil do que seria um "bom senhor e cidadão" em oposição aos "fazendeiros malignos" (como dizia o artigo), alvo dileto de ataque desse jornal.

A *Redempção* funcionava também, nesse sentido, como um arauto de divulgação das atrocidades que se cometiam contra os escravos, não se furtando inclusive a publicar relações com objetos e tipos de tortura praticados.

Nesse sentido, os exemplos eram constantes:

*"Castigos immundos*
É preciso que se acabe de vez com o systema antigo e bárbaro usado pelos *fazendeiros estúpidos* que castigam barbaramente seus escravizados carregando-os de ferros, matando-os a fome e nudez... Ainda ha poucos dias libertou-se uma preta de nome Joaquina que pertence a um fazendeiro titular e rico. Essa infeliz amamentou com seu leite a um dos filhos desse fazendeiro e conta que quando carregava a criança a fim de amamental-a trazia muitas vezes na bocca um ferro de pao. Eis aqui o que se pode chamar de *acúmulo de malvadez*". (*A Redempção*, 14 de agosto de 1887)

A *Redempção* não só atacava os escravocratas através de adjetivos nada elogiosos ("estúpidos", "bestiaes", "infames", "desgraçados"), como inclusive chegou a criar uma seção bastante original denominada "Seção especial ou Chronica dos annos", onde tratava com extremo humor dos casos de senhores que de uma maneira ou de outra abusavam de seus escravos.

Ao que tudo indica, a crônica possuía grande penetração junto ao público, funcionando como uma espécie de local privilegiado de delação. O texto irônico marcava-se sempre pela introdução da frase "Faz annos..." e a partir de então relatavam-se nomes de senhores e senhoras que torturavam escravos ou negavam-se a libertá-los. Aí vão alguns exemplos:

"Faz annos na Limeira Antonio Joaquim Ferraz por chorar todas as vezes que contam que lhe fugiram nove escravos, ficando esperando para quando descobrir quem aconselhe escravos para fugirem." (*A Redempção*, 9 de janeiro de 1888)

"Faz annos o senhor Antonio Marcos [...] por ser muito encostado fiando-se em ½ dúzia de *pretinhos* que possue pensado que os há de ter por secula, seculorum amém..." (*A Redempção*, 9 de janeiro de 1888)

A ironia chegava a ponto de alguns números conterem poemas que guardavam a mesma "fórmula" terrível de "Chronica dos Annos".

"Faz annos nho Dão
E seu parente frade
Por terem só uma preta
a cada um querer a metade."
(*A Redempção*, 22 de abril de 1888)

Essa seção, por sua vez, não era só a mais lida desse jornal, mas também aquela que provocava as maiores reações, já que os proprietários acusados prontamente se escusavam ou buscavam comprovar o engano da delação.

Vejamos, nesse sentido, o exemplo da matéria paga que saía em janeiro de 1887, em resposta a um texto anteriormente publicado nessa seção:

"Chronica dos Annos de número 8 da *Redempção* attendendo a um verdureiro da Luz não pode referir-se a mim que nunca fiz ofício de seviciar negros. Vivo de meu pequeno negócio exclusivamente. O redactor da *Redempção* foi sem dúvida iludido. Se acaso pretendeu referir-se a mim, o indivíduo que tal informou calumniou-me."

Muitas vezes, porém, *A Redempção* deixava de nomear ou reconhecer mais precisamente o senhor acusado. Nesse sentido, um bom exemplo é o da história que foi publicada em 29 de janeiro de 1888, sobre dois negros chamados João e Maria (e que enquanto escravos tinham o nome de Basílio e Augusta), que permaneciam no cativeiro sob o "jugo das impiedosas mãos" de seu senhor (cujo nome não foi em nenhum momento citado). João e Maria são descritos como um casal perfeito, frente à "fera" que era o seu senhor:

"Alí moravam João e Maria *inteligentes activos laboriosos* e dirigiam com zelo e educação seus dois filhos. João mulato sabia ler assas bem suas tendências para a *caridade* lhe faziam procurar *dignos livros* como forma de ser *útil aos homens*. Era um homem *crucialmente* bom. *Maria da mesma cor* era *cuidadosa e fiel...*"

Logo, assim como no famoso conto infantil, João e Maria formavam um par perfeito em oposição a seu senhor, que se aproximaria da figura da "bruxa má".

Para o casal de negros, caberiam todas as imagens que exemplificavam "os homens de bem": o gozo da cultura (na figura do livro), o trabalho, a educação e a caridade, para os homens; a fidelidade e o zelo para as mulheres.

Mas, se por um lado o "negro vítima" era, em *A Redempção*, destacado e reconhecido em suas virtudes, por outro era inserido e assimilado como uma espécie de branco (ou ao menos através de qualificações criadas e exaltadas pela sociedade branca) e não a partir de suas especificações ou costumes particulares.

Nesse sentido, ainda, é importante destacar que os termos em si não se alteravam; o que se modificava eram os sujeitos sobre os quais recaíam tais atribuições. Em *A Redempção*, os termos que normalmente se referiam aos "brancos cidadãos" (homens de bem, cultos, trabalhadores...) passavam a caracterizar os negros, sendo que o oposto também era uma realidade (já que cabiam aos brancos caracterizações e imagens predominantemente "negras" — a "ferocidade", a "bestialidade", a "malignidade").

Estamos então numa época em que grandes artigos escandalizavam os leitores com descrições de sevícias e torturas, enquanto os termos dos anúncios de fuga eram modificados e amenizados. Além disso, quando o senhor destacava sinais de tortura em seus escravos, ressaltava a antiguidade de tais castigos. Porém, também nesses artigos e seções o elemento de cor é antes um exemplo que serve de modo exclusivo para atestar a maldade de seu senhor e para iluminar um debate que se trava obrigatoriamente entre brancos. Mesmo em *A Redempção*, em que esses artigos são particularmente abundantes, o negro nunca figura como sujeito da ação, ou mesmo como uma espécie de herói; ele é antes de tudo um objeto, que sofre com sua situação, com sua condição, e que se mostra incapaz de agir por si próprio no interior desse contexto. Nesse sentido, a imagem da *"vítima"* é bastante elucidativa, pois essa representação referia-se antes ao elemento que "sofria", que era objeto da ação, do que àquele que agia e alterava por si só a sua situação.


## 1888-1900 — OS NOVOS PERSONAGENS: O "NEGRO DEGENERADO"

Logo após a abolição da escravidão, o já enfraquecido Império caía também, e com ele toda uma maquinaria administrativa e política. A partir de 1889, mais do que um projeto político era necessário constituir uma nação. Nação essa já condicionada, segundo as teorias da época, pelas características determinantes das raças que a compunham. Portanto, se nesse momento a maior questão não remetia mais diretamente ao problema da libertação dos escravos, tratava-se antes de dimensionar quem era e quem compunha essa nova nação, como seus cidadãos. Por outro lado, que limites a raça negra poderia trazer para essa jovem nação, tão sedenta em se igualar aos demais países considerados civilizados.

Assim, fixados os negros nas fazendas, assimilados teoricamente como cidadãos, "mesmo que inferiores", a questão racial parecia permanecer ainda latente.

Nos jornais noticiavam-se inclusive muitos fatos que causavam apreensão. Enquanto algumas notícias sobre os Estados Unidos revelavam o crescimento da raça negra, em outros artigos falava-se da violência ou dos "vícios" desses herdeiros da escravidão, que já a tinham por demais interiorizada.

Participavam também desse pessimismo alguns autores nacionais, principalmente Nina Rodrigues (e aqueles que seguiram "essa escola"), que, já no final do século XIX e inícios do XX, em seus livros, hierarquizava os diversos povos, procurando demonstrar nesse sentido a incapacidade da raça negra em adaptar-se à civilização. Para esse autor, a ideia de igualdade entre negros e brancos, como vimos, era mera utopia, já que as diferenças seriam profundamente marcantes. Nesse sentido, em *As raças humanas* propunha inclusive a criação de códigos penais diversos para negros e brancos que respeitassem as diferenças existentes, já que, segundo o autor, "a cada fase da evolução da humanidade se comparam raças antropologicamente distintas, corresponde uma criminalidade própria em harmonia e de acordo com o grau de desenvolvimento intelectual e moral". Para Nina Rodrigues não se poderia falar em igualdade num país onde conviviam diferenças raciais tão significativas, sendo que o negro só com grande morosidade conseguiria chegar à civilização:

"Ocorre portanto que de fato na morosidade extrema que haveremos de referir, pois se o futuro no Brasil dependesse de chegarem os negros ao mesmo grau de aperfeiçoamento que o branco, muitas vezes se poderia transformar ante os seus destinos de povos, se é que algum dia se houvesse de realizar."[11]

A raça negra representava então, para Nina Rodrigues, uma influência negativa na formação da nação brasileira, pois o "que importa ao Brasil determinar é o quanto de inferioridade lhe advém da dificuldade em civilizar-se por parte da população negra".[12]

Por outro lado, a *mestiçagem* da população era também analisada com temor, já que, segundo esse autor, o "aumento de raças antropologicamente diferentes resultou em um produto mal equilibrado e de frágil resistência física e moral, não adequado ao clima do Brasil nem às condições da luta social das raças superiores".[13]

Portanto, para essa "escola", a situação racial do povo brasileiro não era merecedora de otimismo, já que estava profundamente marcada por fatores desfavoráveis. Assim, se em alguns artigos dos jornais o negro era ao menos "pitoresco" e o mestiço bom, para Nina e outros intelectuais da época esses dois elementos de nossa população só traziam marcas negativas, acentuando nossa inferioridade e degeneração (mesmo porque considerava-se pouco provável que a raça branca conseguisse fazer predominar o seu tipo em toda a população brasileira).

Esse tipo de análise não ficou restrito, porém, à esfera acadêmica. Já no final do século XIX começava a tornar-se frequente nos jornais paulistanos, e em especial em *A Província de São Paulo*, onde vários artigos eram então redigidos por um dos mais "fiéis" adeptos dessas novas teorias: o jornalista Euclides da Cunha. Sua colaboração em *A Província* data de 1889, onde assinava seus artigos sob o pseudônimo de "Proudhon" e tendo como base de seu trabalho jornalístico a aceitação das leis científicas sobre as características morais das raças. Para Euclides, a crença na ideia da existência de povos superiores legitimava a noção da "mestiçagem como um risco", já que, segundo o autor: "A mistura de raças mui diversas é na maioria dos casos prejudicial [...]. A mestiçagem extremada é um retrocesso, de sorte que o mestiço é quase sempre um desequilibrado".[14]

Tal posição tornava-se ainda mais evidente quando esse autor tratava especificamente da aldeia de Canudos, que já em 1876 parecia preocupar, ainda que levemente, os redatores desse jornal e mesmo a culta população das cidades:

"18 de junho de 1876. *Antonio Conselheiro*
Conhecido com esse nome apareceu no sertão do norte da Bahia, um indivíduo que se diz chamar Antonio Maciel e que nos lugares onde se tem apresentado há exercido grande influência no espírito dessas populações munindo-se para isso de um exterior *mysterioso...* Com estas armas só tem conduzido a actos de *selvageria...* Se Antonio Conselheiro não é um *grande hypocrita* que sob sua humilde apparência oculta algum tartufo de nova espécie não passa de um *fanático. Será um criminoso?*"

Logo, nos editoriais e mesmo em outras partes dos jornais, a situação mostrava-se complexa. Por um lado a exaltação da igualdade e da convivência pacífica entre as raças, e de outro o medo da influência negativa das raças negra e mestiça.

A partir desse momento, então, em que ao menos formalmente o negro ganha direito à cidadania, as notícias e os discursos sobre ele parecem ganhar novas características: se por um lado tornam-se menos frequentes, por outro assumem mais claramente um caráter exemplar e *selecionado*.

Assim, e sem tomar rigidamente a data de maio de 1888, podemos perceber que quanto mais nos aproximamos do limiar da abolição, mais vão ganhando novamente destaque representações que se referem ao caráter degenerado desses elementos (agora inclusive com novas variantes e derivações). O negro "alienado", "bêbado", "imoral" e de "práticas bárbaras" torna-se cada vez mais frequente nas diferentes seções dos jornais, assim como nos editoriais científicos que, sem ter um caráter de vinculação explícita, como que "explicavam desde a loucura até a degeneração", através das novas teorias deterministas e positivistas (com seus autores estrangeiros) ou das "máximas" da antropologia criminal (principalmente italiana), que insistiam em analisar o caráter hereditário "das taras e degenerações". Por outro lado, nos últimos anúncios de classificados de finais dos anos 1880, cada vez mais os proprietários deviam salientar o caráter "não viciado", "fiel" e "sem defeitos" de suas "peças", enquanto as notícias de maneira crescente relatavam casos que revelavam, por sua vez, o "instinto depravado e degenerado desta raça", que, segundo os editoriais, não conseguia desvencilhar-se de seu passado "africano", que lhes trazia tantas marcas negativas.

Assim, a partir do final da década de 1880, e quanto mais nos aproximamos da data da libertação dos escravos e do consequente "acesso" destes à cidadania, mais vão reificando-se e tornando-se predominantes representações que se referem ao caráter degenerado desses elementos.

## O "carrasco immoral" — o negro com seus "lúbricos desejos"

Vários artigos a partir desse momento voltam a insistir não só sobre a violência negra como em sua conduta imoral, compartilhando dessa maneira o temor que alguns intelectuais brasileiros manifestavam de que a condição anterior, a herança escrava, deixava marcas insuperáveis.

*"Um carrasco*
Lê-se no monitor sul mineiro: "há nessa província uma criatura encarcerada desde 1843 (44 annos) pelo assassinato perpetrado na pessoa de sua senhora e que só deixa as trevas do cárcere para mostrar-se na sombra do patíbulo. Chama-se Fortunato o *algoz* cuja vida resume tudo o que de mais torvo e miserável se pode imaginar na sociedade. *Nascido escravo hauriu nessa triste condição, os vícios, os infortúnios que a acompanham: embriaguez, ingratidão, ignorância, corrupção precoce. Tão damnosa semente não podia deixar de produzir os frutos da maldição.* Assim aconteceu: Fortunato assassinou sua senhora e condemnado a morte, e salva sua cabeça da forca, subjetando-se ao offício de algoz que tem exercido. Do cativo passou para a tarefa de carrasco. Sempre a escravidão com seus horrores cuja *natureza embrutecida nada que assemelhe ao homem, nem a inteligência, nem a sensibilidade...* Fortunato como algoz público realizou 8 execuções..." (*A Província de São Paulo*, 15 de agosto de 1887)

O negro era então representado como um indivíduo que, através de sua ações, distanciava-se dos padrões de comportamento da jovem República, o que se explicava perfeitamente a partir da delimitação de seu passado ou através da verificação de suas características raciais.

*"Crime Nefando*

Na fazenda de São Pedro um indivíduo negro de *instintos brutaes* raptou uma menina de 11 annos [...] arrastando-a embrenhou-se no matto. No dia 26 foi visto [...] *o monstro* mas sem a victima." (*A Província de São Paulo*, 6 de junho de 1888)

Assim, atos "libidinosos e carnais" comprovavam o caráter degenerado do negro, sendo que o liberto é nesse momento constantemente representado como um "pervertido sexual" que "violentava", não se importando com a idade ou condição de suas vítimas:

"Violência bestial

No Amparo, um liberto empregado encontrou há dias na estrada uma *pobre velha italiana* e forçadamente a desrespeitou não lhe valendo mesmo os seus 69 annos nem os cabellos brancos que deveriam impor verdadeiro respeito ao brutal agressor." (*Correio Paulistano*, 4 de janeiro de 1888)

É necessário esclarecer ainda que dessa representação não participavam somente elementos do sexo masculino; ao contrário, uma das imagens predominantes era a da "insaciável crioula", que levava brancos e negros à perdição "devido a seu instinto carnal indomável".

## O "preto ébrio" — os efeitos da embriaguez

Não se podia confiar no negro livre ou cativo, não só por seu caráter "imoral" como também por ser um elemento "pleno de vícios". Assim, quando os crimes não eram causados pelo "instinto violento" desses elementos, eles poderiam ocorrer, segundo os jornais, devido à embriaguez.

"As 10 e meia da noite de 6, o *preto* Hilario ex-praça achando-se embriagado, fez um sarilho de todos os diabos. Ha suspeitas de que elle a matasse *depois de saciar sua paixão brutal*. O monstro tem os seguintes signaes: mão direita decepada, é *de cor tocando a preto, enfim um physico perfeitamente harmonisado com a moral.*" (*A Província de São Paulo,* 11 de dezembro de 1888)

Sob o "efeito do álcool" esses elementos que, segundo as teorias e os jornais, eram propensos ao vício da bebida, tornavam-se particularmente violentos e agentes de atos monstruosos:

"*Crime*
Os jornaes de Campinas descrevem em termos horrorosos um crime commettido na fazenda do Sr. Francisco Camargo Penteado [...]. A população dessa cidade acordou sobressaltada pelo horrível boato de que haviam sido assassinadas á pedradas crianças filhas de um empregado do Sr. Francisco C. Penteado... (O subdelegado de polícia encontrou mortas as 3 crianças)... Ficou quase que esclarecido que a *preta* Eva fora a autora de tão bárbaro crime, tendo-o praticado em completo estado de embriaguez [...] para ser consummado o crime a *miserável* preta lançara mão de um paralelepípedo o qual ainda apresentava manchas de sangue [...]. Eva declarou que matou a criança porque tendo ido buscar lenha em casa, o menino mais velho protestara, que depois vendo que as outras protestavam, deu-lhes pancadas, que estava embriagada e que tem 15 annos e é escrava..." (*Correio Paulistano,* 27 de dezembro de 1890)

A representação do negro ébrio era constante não só quando esse se envolvia em ações violentas, fazendo papel de algoz, mas às vezes até em situações em que figurava como vítima e "objeto" de situação:

"Hontem a tarde os moradores da rua Conselheiro Furtado foram testemunhas do modo brutal porque se fazem as missões nessa capital. Uma mulher preta em completo *estado de embriaguez* foi conduzida á estação de lava-pés, arrastada e ferida..." (*A Província de São Paulo*)

Assim, mesmo quando a crítica não se dirigia diretamente contra a figura do negro, ele, como elemento secundário da ação, era também um degenerado. Não só nas notícias afirmava-se o "vício" da embriaguez a que os negros estavam sujeitos, como também os últimos anúncios a partir da década de 1880 insistiam em descrever defeitos não só físicos como "morais".

"Fugio no dia 4 o escravo de nome Joaquim: nação, congo, idade 60 annos mais ou menos, cor preta, olhos grandes bastante baixo [...]. É cozinheiro, *costuma embriagar-se e não estando bêbado é muito submisso e de modos attrahentes.*" (*Correio Paulistano*, 11 de agosto de 1880)

## O "preto alienado" e seus maus hábitos

Homens de cor mostravam também seu caráter degenerado, como diziam as teorias científicas tão em voga na época, pela maior incidência de casos de loucura e alienação, quando cometiam delitos contra as suas próprias pessoas ou contra cidadãos mais desavisados.

"*Loucura e Assassinato*
Em acto de loucura Maria Octaviana do Patrocínio parda e bahiana de 25 annos de edade matou a golpes de facca em S. Cristovão [...] duas escravas menores de 10 e 12 annos. A *doida* ahi morava com 2 escravos e 3 filhos [...] Na repartição de polícia declarou em um

momento lúcido não se lembrar como perpetrara o crime, recordando apenas de encontrar-se armada com uma facca e com roupas com manchas de sangue [...] Algumas horas depois de conservar-se na cela foi acommetida de um forte acesso de hira." (*A Província de São Paulo*, 6 de novembro de 1888)

O negro era ainda representado como degenerado devido a seus maus hábitos e costumes, tão distantes dos padrões de urbanidade.

"Prisão injusta

Estava a preta Jesuína a dizer 'palavradas' na rua quando o Sr. Antônio da Silva Coelho tentando cohibil-a a bons modos, incorreu no desagrado de um patrono de Jesuína e foi preso. Jesuína é mulher de maus costumes e tem sido presa por muitas vezes por offensa á moral. É bom informar-se quem não conhece aquela 'SENHORA'." (*Correio Paulistano*, 27 de setembro de 1887)

*O negro desleal — "a boa paga"/o padrão*

Além disso, nas notícias e mesmo nos derradeiros anúncios de fuga, da década de 1880 em diante, o negro vai como que perdendo o que, segundo Brookshaw, era uma das suas mais antigas qualidades presentes, ao menos na literatura nacional.[15] Já poucos anos antes da abolição o negro deixa de figurar como um indivíduo obediente, leal e grato, para transformar-se em elemento traiçoeiro e nada confiável.

"*Boa paga*

[...] voltando Antonio Palmeira do serviço a tarde encontrou [...] com um preto que disse andar fugido e pertencer ao Coronel Cintra de Mogy Mirim, e pedindo o preto que o apadrinhas-

271

se. Palmeira prometteu e disse que o acompanhasse, mas quando deu alguns passos o preto derrubou-o pelas costas e traiçoei-ramente atordoando-o com uma cacetada e tirando um formão que trazia cravou-lhe no peito." (*A Província de São Paulo*, 29 de abril de 1887)

A outrora imagem oficial do preto fiel e serviçal era paulati-namente substituída (e cada vez com maior insistência) pela re-presentação do elemento traiçoeiro "pouco franco" e que, segundo os últimos anúncios de fuga, parecia enganar facilmente brancos mais desavisados através de suas estratégias individuais.

"Fugio do abaixo assignado escravo Elesbão, no dia 14 de março de 1886. Creoulo natural de São João do Rio Claro com os signaes: bom corpo, bons dentes, *falla bem, um pouco gago*, pés compridos, 25 a 26 annos, mais ou menos, toda harmonium. Costumase *acou-tar em lugar reconcentrado. Quem o prendeu, não facilite, a fim de não escapar, pois elle é muito labioso*." (*Correio Paulistano*, 26 de março de 1887)

*As práticas bárbaras: dos sambas às capoeiras e bruxarias*

Esses "novos cidadãos" eram, além disso, condenados e representados através de suas práticas bárbaras: *"os sambas, as capoeiras, e as feitiçarias"*. Assim, se por um lado o samba era en-tendido e aceito nos editoriais, ao menos como uma exótica mani-festação de negros, de outro cada vez mais se insistia em como essa prática "pouco civilizada" gerava constantemente incidentes e conflitos graves (sendo por isso mesmo considerada indesejável, ao menos enquanto uma atividade que congregasse somente ele-mentos negros).

*"Espancamento*
Foi ante-hontem barbaramente espandado um moço que assistia a um *samba de pretos* no largo da Liberdade. Tendo o moço apitado para que o acudissem, um grupo de negros cahiu sobre elle a cacetadas deixando-o prostado e todo ensanguentado. Dois urbanos accudiram mas não conseguiram effectuar a prisão, porque dois pretos se oppuzeram." (*A Província de São Paulo,* 4 de junho de 1889)

O "samba" era representado como uma prática que degenerava na maioria das vezes em conflitos, mesmo entre os próprios participantes.

"No dia 13 de maio, o *próprio dia da libertação,* deu-se um conflicto *entre libertos* que assistiam a um samba de pretos resultando sahirem alguns com a cabeça quebrada e um delles ferido com 3 faccadas..." (*A Província de São Paulo,* 16 de maio de 1889)

Por outro lado, as "capoeiras", apesar de pouco frequentes em São Paulo, eram também consideradas práticas que levavam exclusivamente à desordem.

"*Os capoeiras*
Fizeram mais uma victima na corte os terríveis capoeiras... é necessário extirpar essa cafila de vagabundos e assassinos denominados capoeiras." (*A Província de São Paulo,* 23 de maio de 1888)

Também em São Paulo existia uma verdadeira campanha contra esse "jogo" que, sempre segundo os jornais, levava a incidentes às vezes fatais:

"Ante-hontem às 7 e meia da noute, no patio de S. Bento deu-se o assassinato de um *preto liberto* de nome Innocêncio. Ao que consta os dous actores do triste drama estando a JOGAR CAPOEIRA por *mero gracejo* azedaram-se sendo Innocêncio inesperadamente assassinado." (*A Província de São Paulo*)

A capoeira era basicamente considerada uma arma e não "como expressão e manifestação de sentimentos".[16]
Sua prática era radicalmente criticada, inclusive a partir do Código Penal de 1890, onde era considerada crime: "Fazer nas ruas e praças públicas exercícios de agilidade e destreza corporal conhecidos pela denominação capoeiragem, será o autuado punido com 2 a 6 meses de prisão [...] Se nesse exercício perpetuar homicídios [...] incorrerá cumulativamente nas penas cominadas por tais crimes".[17]

Os últimos anúncios de fuga, por outro lado, pareciam também insistir na condenação dessas práticas:

"Rio Grande do Sul — 100$000
Antonio Joaquim de Freitas, gratifica com a quantia acima e pagará quaisquer outras despezas a quem descobrir o lugar em que se acha acoutado o seu escravo de nome Ricardo, de cor preta, 30 e tantos annos de idade, estatura menos que regular, olhos avermelhados, pequenos e vivos, bocca um tanto grande e beiços grossos...
*Muito prosa, labioso e mentiroso, dá-se muito ao jogo de búzios e a SAMBAS,* tem nas nádegas e costas *antigos* signaes de castigos."
(*Correio Paulistano*, 1º de janeiro de 1887)

Os exemplos dessas "práticas pouco civilizadas" eram então inúmeros e significativos, sendo que as diferentes caracterizações, tais como "amantes de cateretes", de "dansa e pagodeira", "amante de pandegas, folias e sambas", mais do que constituírem sinais para capturas, pareciam antes difundir representações e sensibilidades sociais sobre o negro.

Assim, se por um lado essas práticas (e principalmente o samba) eram assimiladas já nesse momento enquanto atividades "pitorescas" ou como "manifestações possíveis" de alegria dos negros frente à libertação ou a outras ocasiões, por outro eram absolutamente condenadas enquanto práticas que revelassem autonomia ou especificidade.

Por fim os "feiticeiros" ou "bruxeiros", constantemente representados desde o primeiro período por nós delimitado, tomam nesse momento novas características. Ou seja, se até finais da década de 1880 pairava sobre a figura do bruxeiro, como vimos no capítulo anterior, um misto de sensações que iam do temor à busca da ironização, a partir desse momento os textos parecem centrar-se numa imagem predominante até então apenas em *A Província*, qual seja, que buscava desqualificar totalmente essa figura, caracterizando-a antes de tudo por suas práticas bárbaras e distanciadas dos padrões que a ciência oferecia. Nesse momento o feiticeiro passa a ser objeto de chacota, na medida em que suas práticas claramente se contrastavam com as técnicas e aparatos "medicinais" modernos, tão aprovados por esses jornais da época.[18]

"(Bragança) *Feiticeiro*
Andou por aqui um sujeito preto ainda moço [...] *Será doutor?* A esta pergunta respondiam uns que sim e outros que não. É doutor effectivamente mas formado por aclamação dos *similunios parcacios*. Doutor de *lesma e caramujo dos parvos*. Chama-se Luiz *de tal* e tem famma de excellente feiticeiro. *Foi* pena que as autoridades não tivessem conhecimento da presença da personalidade entre nós para o mandarem ensinar fazer *mandinga aos presos da cadeia*." (*A Província de São Paulo*, 16 de setembro de 1889)

Nesse momento, portanto, condenava-se o negro não só devido a seu aspecto "físico" degenerado, mas antes por causa de sua "personalidade ou caráter moral", a que ia sendo caracterizada a partir de seus "vícios e atributos sociais considerados sempre como pouco positivos e legítimos".

## A família negra — entre a violência e a barganha

Por fim também, neste terceiro momento, outro alvo dileto desses jornais era o que convencionamos denominar como "família negra", sobre a qual recaíam insistentemente as atenções.

Primeiramente a "família negra" aparecia caracterizada nos jornais como um "palco" propício para assassinatos e cenas de violência em geral, sendo que as mais diferentes personagens pareciam participar dessas ações.

A "mãe negra", nesse sentido, constituía alvo destacado de atenção, não só devido à sua "conduta amoral", como por seu "descaso" com relação aos filhos. Nas notícias, apareciam desde as situações mais corriqueiras (que revelavam a irresponsabilidade das negras) até as mais extremas, onde a mãe era descrita (literalmente) como um monstro.

"MÃE FERA

Parece impossível que uma mãe ainda a mais embrutecida e selvagem de sentimentos cometta um crime da ordem do que se conta nas linhas abaixo. Há dias no Paraná uma preta assassinou barbaramente uma criança de 5 annos. A pobre agarrou a menina pelo pescoço, apertou-a e com uma tesoura cortou-lhe a língua, falecendo horas depois... a polícia prendeu o *monstro*." (*Correio Paulistano*, 9 de fevereiro de 1894)

Vários artigos nos falavam do pouco apego das mães que assassinavam com calma e sangue-frio seus filhos, por motivos considerados frívolos.

> *"Horrível Tragédia*
> [...] na freg. de S. Sebastião uma escrava de nome Justina [...] praticou um dos actos mais *horrorosos* que revela quanta *perversidade é capaz uma mãe desnaturada.* Tinha ella 3 filhos [...] e com toda *calma e sangue frio* [...] carregou-os um por um até o tanque onde mergulhou-os [...] Depois dirigiu-se a um moço e pediu que a matasse (o que este não fez)... Atribuímos este acto de *ferocidade* ao facto de seu senhor ter de mudar-se no dia seguinte, e ella não queria mudar-se talvez por alguma *amorosa* prisão. O *seu senhor Antonio Paz é homem de bem e bom para seus escravos."* (*A Província de São Paulo,* 17 de outubro de 1887)

As mulheres negras, segundo as notícias dos jornais, não só matavam suas crianças como também seus maridos e amantes "por motivos passionais" (confirmando nesse sentido a velha representação da "crioula sensual"). Assim, títulos como "o desaparecimento da crioula" (*A Província,* 4 de agosto de 1889) ou contos como o que saía em *A Província,* em 29 de agosto de 1890, só reafirmavam a imagem dominante da mulher negra "que expõe seus pés nús e seu corpo sem collete e entrega-se de maneira condenável".

O homem de cor, por sua vez, era condenado em seu contato familiar não tanto pela infidelidade, mas antes por seus atos violentos, que atingiam tanto sua companheira como seus filhos:

> *"Scena de Sangue*
> O creoulo livre de nome Manoel Victorino casado com 3 filhos, o mais velho dos quaes contava com edade de 4 para 5 annos depois de atirar varios golpes de fouce contra a sua mulher, assassinou um

por um a seus innocentes filhinhos..." (*A Província de São Paulo*, 7 de novembro de 1887)

Porém, se em muitos momentos os cônjuges eram representados como feras, em outros transformavam-se em vítimas de seus filhos (não menos violentos).

"O preto Sebastião, morador preto do Bosque de Jequitiba, hontem à noite ofendeu barbaramente sua mãe Delfina. Além de muito socco derrubou-a [...] sendo que o único crime que cometeu foi o de sustentar o marmanjo apezar de já ser casado." (*Correio Paulistano*, Campinas, 11 de agosto de 1888)

Também entre irmãos os choques eram constantes e pouco explicados:

"*Fratricídio*
Na fazenda Morro Azul travaram-se de razões dous irmãos libertos resultando na morte de um delles. Consta que o delito foi commettido por motivo frívolo." (*Correio Paulistano*, 27 de outubro de 1888)

Os cônjuges eram também, por outro lado, constantemente definidos a partir de sua relação de caráter passageiro e violento. Assim, tratava-se com ironia sobre o casamento entre negros...

"Scenas de núpcias
Na Igreja de N. Senhora do Rozario deu-se uma scena repugnante. As 5 1/2 vieram Pedro armado de cacetete e sua filha de nome Patrícia, um filho e um genro. Chegando ao conhecimento do reverendo que o noivo não contraía o matrimônio por sua livre vontade, interrogou-o que disse ter comparecido obrigado pelo pae da noiva que o conduzira armado..." (*Correio Paulistano*, 19 de maio de 1886)

... e com o mesmo descaso descreviam-se as "barganhas" a que eram submetidas as mulheres:

"Ante-hontem à tarde, logo que entrou a procissão ferraram-se a unha na porta da Igreja 2 pretos que há tempos haviam barganhado as respectivas mulheres. Um delles, saudoso de ter sua cara metade e arrependido do negócio que fizera, exigira a anulação da barganha. O outro declarando haver já gasto bom dinheiro 'aformosando' a mulher negociada, exigia ser reembolsado das despesas feitas. Palavra pucha palavra cahindo afinal um delles com a mulher trocada na polícia." (*Correio Paulistano*, Rio Claro, 6 de junho de 1893)

A relação entre negros era desqualificada, portanto, já que a maioria dos artigos buscava deixar claro o caráter instável e ilegal de tais uniões, marcadas por suas "amásias infiéis e levianas" e companheiros imorais.

*"Horrível*
No dia 23 morreu em SE um conhecido João Maroto que se entregava à profissão de saveirista. Possuia em sua companhia uma mulher preta com quem vivia. Na véspera da noute tendo sua amásia ido divertir-se em um *SAMBA*, procurou o infeliz repouso aos seus sofrimentos no leito [...] onde tinha um candieiro aceso. Algum tempo depois de se ter agasalhado e quando já estavam os foliões no calor da dança, ouviram gritos agonizantes de socorro, viram um clarão e sentiram um cheiro de carne que queimava. *Envoltos nos prazeres da grosseira dança e do alcool*, ninguém procurou socorer o infeliz." (*Correio Paulistano*, 23 de agosto de 1893)

Os exemplos eram muito variados, mas em geral atentavam para o caráter violento das ações e a irresponsabilidade dos assassinatos:

*"Assassinato*

Em Santos, 9 horas mais ou menos, o preto José Luiz assassinou sua amasia Eugrácia a faccadas no braço e no peito [...] Preso em flagrante, declarou que era um *desgraçado*. O estado da offendida é desolador, José Luiz é reconhecidamente *um mau homem* e mais uma vez tem sido preso por tentar homicídio." (*Correio Paulistano*, março de 1894)

O casamento misto, por sua vez, e levando em conta os motivos expostos, era também profundamente condenado. A miscigenação era considerada então como um desastre (como notávamos nos editoriais) e por isso, quando tais casos ocorriam, eram sempre ironizados de forma contundente, mesmo em épocas anteriores.

*"Enorme!*

Uma viuva residente na freguesia de Santa Rita do Sapucahy se casara com um de seus escravos de nome Zacharias que por este modo se constituira SENHOR de seus antigos parceiros. O caso é curioso mais pelo facto da *viuva-noiva* requerer que fosse seu marido incluido no número dos ESCRAVOS que deviam ser alforriados pelo fundo de emancipação por ser casado com pessoa livre. Não produziu effeito essa especulação *immoral* e *torpe* porque a collectoria impediu-a em virtude de ser Zacharias casado segundo o costume do reino, e por isso *meeiro de sua ex-senhora e actual esposa.*" (*A Província de São Paulo*, 9 de julho de 1883)

Parece-nos que nesse momento, em que o casamento civil é introduzido no Brasil como uma das primeiras medidas dessa jovem República, o ataque e mesmo a maior atenção que se despendia à "família negra" tornavam-se particularmente significativos, revelando talvez, e de outra maneira, a própria impossibilidade de esse grupo compartilhar dos "benefícios" que o novo regime trazia.

A insistência na desqualificação das uniões entre negros torna-se ainda mais particularmente significativa se a contrastarmos com os resultados da pesquisa realizada por Robert Slenes em Campinas, já que, segundo esse autor, não só existia um grande número de casamentos entre escravos, como estes, e a despeito de toda adversidade, eram muito estáveis e duradouros.[19] Assim, quando chegamos ao final da década de 1890, num momento em que os jornais exaltavam exclusivamente as conquistas republicanas, novas e velhas imagens sobre negros delineiam-se, revelando basicamente a sua incapacidade de conviver com os "avanços" que o novo momento político trazia consigo.

É particularmente relevante um conto publicado no *Correio Paulistano* logo após a libertação dos escravos, isto é, justamente no momento em que boa parte dos editoriais não se cansava de exaltar a libertação e o recente "acesso" dos negros à cidadania. Intitulado "Tia Josepha", esse conto foi publicado nesse periódico em julho de 1888, em dois dias consecutivos. O leitor que se detivesse na primeira parte teria notado como a história seguia um caminho bastante claro e coerente, já que passava de um clima de suspense e desconfiança ao de total credibilidade. O leitor seria levado ainda a concluir pelos "bons instintos" da preta Josepha e seu companheiro, e a condenar o preconceito vigente naquele local, que fazia com que "honestas e humanitárias" criaturas fossem por princípio totalmente estigmatizadas só pelo fato de serem negras e morarem perto de um cemitério.

*"Tia Josepha*
Uma preta cozinheira, a tia Josepha dos pastéis e sabia fazer vender a arte. Fabricava uns pasteizinhos de carne, macios, aloirados, apetitosos e vendia-os bem. Tinha certa popularidade na cidade e era parteira e preparava mezinhas. Dava-as beber na ausência dos mé-

dicos, as parturientes e fazia-lhes para a convalescência, magníficos pastéis. Uma preciosidade e uma *humanitária,* a tia Josepha. Morava com seu homem, um preto velho pedreiro, o Manoel Congo, em uma casa baixa, grande e fria ao lado do *cemitério.* Appareceram os dois um bello dia na cidade, vindos da corte. Allugaram aquelle casarão que estava há muito desabitado, porque diziam era *mal assombrado,* por uma ninharia. Modificaram-no um pouco, instalaram-se e começaram a trabalhar, ella nos seus pasteizinhos, e elle no seu officio de pedreiro. A princípio, o negócio não correu bem, o primeiro sortimento de pastéis voltou intacto para casa. A *cara da negra,* cheia de cortes feios cicatrizados, cabelludos, formando uma pele lustrosa e esticada, desenhando arabescos extravagantes e esquisitos, era um *obstáculo repugnante* entre as gulodices e os pastéis. Um espantalho de crianças respeitado e temido: A FEITICEIRA. Todas as noites, das 7 às 10 horas, a tia Josepha arrastava as chinelas, balançava os quadris pausadamente, cadenciadamente palmilhava as ruas da cidade, taboleiro à cabeça, cheio de pastéis bem arrumados e cobertos com toalha de linho. As crianças, ao aproximarem-se a velha, corriam para dentro de casa e com os olhos húmidos e brilhantes, arregalados de curiosidade e terror. A pasteleira as devorava com os olhinhos de gata, infectados de sangue a sorrir e lá se ia maneando as fartas *ancas de africana* cantando. A população da cidade, um tanto supersticiosa, receava a velha. Era bem possível, conjecturava, que os pastéis fossem manipulados pelo *diabo.* Açougueiro onde ela se premunisse de carne não era conhecido.

Corriam ainda versões sobre a casa onde moravam. *Almas de outro mundo dansavam* sobre a casa onde morava [...] Uma beata *insuspeita* affirmava ter visto com seus *próprios olhos, familiarizados* com visões do allém túmulo, um cavallo sem cabeça [...] Um dia, um cidadão menos supersticioso, um *atheu —* como lá o chamavam, comprou alguns pastéis, achou-os deliciosos e a *carne ten-*

*ra* e de sabor *esquisito*. Começaram a ter extração os pastéis da tia Josepha. Um facto concorreu para a população *desfeitiçar* a velha. Livrou a Marocas, mulher de Juca sapatteiro, de uma febre maligna, consequência de mao parto [...] transformado em milagre e, daquelle dia em diante, fez concurrência aos chímicos da terra. Era convidada para assistir aos partos, entrava antes dos médicos [...] Dahi a sua popularidade." (Fim da 1ª parte, 27 de julho de 1888)

Assim, apesar dos mistérios que envolviam a pessoa da "preta" e de seu companheiro, tudo parecia resolvido, pois, como exóticos e "diferentes", os negros começavam a ser aceitos e assumidos pela cidade.

Essa primeira parte do conto era condizente com todo o clima de exaltação e orgulho que pairava nos jornais devido à "recente e pacífica" libertação dos escravos; apesar de "feiticeiro", o negro podia ser assimilado, inclusive com ganhos.

No entanto, já no dia 28, a história mudava totalmente de rumo. A cidade já confiava em tia Josepha, mas... (assim como notávamos a partir das notícias da época) *"no negro"*, nesse momento, não se podia confiar cegamente...

"Chamaram-na um dia para vêr um doente — a Nini, a filha de D. Eulalia, mulher do Tabelião Freitas. A filha tinha uma constipação e febre e delirava [...] A moléstia marchava rápida a assustadoramente, as beberagens de Tia Josepha não produziam o menor effeito. O médico, afinal chamado, desenganou-a dizendo que o tinham chamado muito tarde [...] Uma noite, a Nini, n'um acesso de febre, torcendo os mínimos bracinhos n'uma contorção de músculos, violenta e rápida, espirou nos braços de D. Eulalia... [segue-se a descrição do enterro]. No cemitério estava prompto o nicho, cavado como uma gaveta na espessa parede de tijolos que ia tapal-o [...] Meia hora depois de tudo acabado, o Manoel Congo *rebocava tran-*

*quilamente* a parede que fechava a Nini para sempre no seu pequeno túmulo [...] Reações violentas e esgotamentos nervosos [...] invadiram o organismo da pobre mãe. A Josepha, que a visitava a miúdo, obsequiava-lhe sempre com uns pasteisinhos de coelho, polvilhados de assucar muito saborosos. Ao assentamento da pedra, a mãe quiz ver ultimamente a filha [...].

O Freitas opoz-se energicamente, mas vencido accedeu. Ao levantar o tampo do caixão [...] lá dentro só viu-se ossos, uns ossos muito polidos, muito claros e uma caveira de criança a rir-se. Nada de Nini, nem sequer o travesseirinho de setim [...] O acontecimento convulsionou-se a *pacífica* cidade [...] A superstição criou azaz, avolumou-se e pairou sinistra e ameaçadora sobre a casa da Tia Josepha e Manoel Congo. A polícia cercou o casarão e nada ou quasi nada descobrira, fios de cabellos, caixos louros, fitas, fragmentos de roupa de crianças. O povo invadiu a casa, cônscio de que alli estava a explicação daquella transformacção rápida de Nini. Encontraram debaixo de uma mesa da cozinha, artelhos e phalanges, pequenos ossos, indubitavelmente de crianças. O povo quiz esquartejar os dois *negros*. A Josepha, sentindo-se perdida, ria-se *abominavelmente*, arregaçando os grossos beiços vermelhos, *sarcástica e medonha*. A notícia voou pela cidade. D. Eulalia, ao sabel-o, ergueu-se da camma, onde gemia semi-louca. Passou-lhe uma ideia rápida pela mente, sentiu um nojo enorme, invencível, doía-lhe o estômago, apertava-o com ambas as mãos, esforçando-se para não lançar, os vômitos subiam, subiam...

Tinha comido a sua filha em pastéis." (Arthur Cortines, 28 de julho de 1888)

Portanto em *um* só conto podemos perceber a presença de trajetórias semelhantes às que notávamos com relação às outras seções. Assim, de "pretos feiticeiros", porém trabalhadores e bons, tia Josepha e seu marido passavam a *negros* feiticeiros, assassinos, bárbaros e totalmente imorais. Além disso, todos os preconceitos reinantes ou mesmo os consensos sociais que pairavam em torno do negro pareciam seguir uma trajetória exemplar: da suspeita à aceitação e, por fim, à própria confirmação de "preconceitos".

É impossível ler esse conto sem nos determos no momento de sua publicação e no contexto em que ele aparece envolvido.

Não se falava sobre qualquer negro, mas sim daquele recém--liberto e com direito à "igualdade republicana" e que "por mais que se tentasse" (e toda a primeira parte do conto prova) não se podia confiar ou assimilar totalmente. Ante a representação do negro humilde e serviçal (de boa parte dos anúncios e notícias da década de 1870), era agora sempre a figura do elemento assassino e degenerado que se afirmava nessa longa trajetória.

*Uma nova polêmica: a guarda negra ou os defensores da rainha*

Outro problema que polarizou a opinião dos diversos jornais, revelando também suas posições quanto à questão negra, foi o embate que se travou em torno do grupo denominado "Guarda Negra".

Essa organização, criada logo após a abolição da escravidão com o apoio de representantes do Império, surgiu (segundo se propalava) sob a inspiração de José do Patrocínio e com proteção das verbas secretas da polícia do governo de João Alfredo. Era composta por libertos, que visavam a demonstrar sua gratidão para com a princesa Isabel e a monarquia que os havia emancipado. Sua atuação centrou-se na repressão às manifestações contrárias ao Império e em especial às atividades do Partido Republicano.

Foi justamente *A Província* que primeiramente, como órgão vinculado a esse último partido, atacou com mais veemência as práticas e arbitrariedades cometidas por esse grupo (a princípio de modo ameno e mais tarde de forma bem violenta, revelando inclusive toda uma visão do jornal, que já notávamos nos editoriais).

Em fins de 1888 e inícios de 1889 aparecem em *A Província* artigos que simplesmente informam sobre a formação desse grupo, inclusive em outras cidades da província. O jornal levanta então uma série de hipóteses sobre que elementos estariam incitando os libertos a se agruparem com tais fins. Assim, por exemplo, em artigo de 14 de janeiro de 1889, Antônio Bento (conhecido líder dos caifazes) é acusado de participar de tal organização, sendo que responde prontamente da seguinte forma: "Qual Guarda Negra! Isso é cousa do Patrocínio que lá tem suas razões para defender o governo. Quanto a mim, nada tenho com tal instituição e nem creio que ella se ramifique nessa Província".

No mês seguinte, no entanto, os artigos vão se tornando ainda mais irados e começam a surgir comentários que questionam inclusive a posição dos novos "cidadãos libertos", bem como suas "práticas":

"[...] que elementos são esses que *concitam a raça negra ao crime* e á própria desgraça. Quando de futuro escrever-se a história acidentada do fim do segundo reinado, há de ser não pelas navalhadas dos CAPOEIRAS que ha de se aferir a cooperação da raça negra." (*A Província de São Paulo*, 11 de fevereiro de 1889)

No final de fevereiro, por ocasião de uma reunião de libertos que contestavam a Guarda Negra, nova série de artigos foi então lançada:

"Em Campinas se reuniram mais de 200 libertos [...] Presidiu a reunião Alberto de Souza Aranha que foi *escravo* do Barão de Itapeva. Esse *cidadão* deu a palavra a Francisco de Andrade, *também liberto*, que leu o seguinte: 'Os *libertos* aqui reunidos vem declarar que de modo algum concordam com a organização da chamada Guarda Negra [...] A emancipação foi feita pelo povo e

pelo *exército brasileiro* e *nós devemos gratidão a todos os abolicionistas* [...] Somos gratos a todos e *não queremos ódio de raças.*
Queremos viver como homens livres [...]' Falou ainda o *cidadão
liberto* Irineu Augusto da Silva." (*A Província de São Paulo,* 20 de
fevereiro de 1889)

Nesse discurso, reproduzido com grande aprovação por parte de *A Província,* ficava claro como o homem negro, após a abolição, não perdia suas antigas "denominações". Ao contrário, só
acumulava novas: como "liberto", "ex-escravo", "cidadão" ou "cidadão liberto", sendo que a antiga condição escrava estava sempre
presente. Por outro lado, esse texto, apesar de proferido por um
liberto, revelava toda a visão "vanguardista" que também *A Província* possuía sobre a abolição: uma libertação feita por brancos e
que mereciam, nesse sentido, "gratidão".

Já em abril, no entanto, as notícias referentes à Guarda Negra
começavam em *A Província* a revelar o que nos editoriais desse
jornal era praticamente impronunciável: o "conflito entre raças".
Os textos nesse sentido tornam-se mais radicais e os ataques contra os republicanos eram agora simplesmente denominados conflitos "contra brancos" (25 de abril). O tom desses artigos revelava
inclusive um certo pânico, já que se afirmava que "[...] com as
ameaças aos brancos, a população está *aterrada* com este *vergonhoso estado de selvageria*".

Talvez o artigo mais irado nesse sentido date de 25 de abril,
quando, no próprio editorial, *A Província* revelava uma "nova"
postura com relação à questão racial no Brasil. Assim, se em outros artigos o "conflito racial" parecia inexistir, nesse ficava claro
de que modo o negro era entendido como um elemento que por
seus instintos selvagens era incapaz de "conviver" e "regenerar" em
ambientes civilizados:

"Os defensores da rainha

[...] Não se pode *admittir* o assalto dos *libertos aos brancos*. O *ex--escravo* cujos sentimentos alguns levianos os maus exploram não desfiguram os partidos políticos e pelo hábito de fazer valer seus *instintos selvagens hão de trazer á sociedade brasileira seus perigos e grandes males* [...] Não se illudam os monarchistas. *Os pretos sem educação, sem conhecimento das formas de governo e dos princípios políticos não exercem um direito e não manifestam uma opinião, são meros instrumentos dos brancos sem critérios, que açulam esses pobres homens tornando-os impossibilitados de regeneração no gozo da liberdade ao arbítrio da civilização. A generosidade e benevolência dos brancos que civilisam a selvageria dos assaltantes.*"

O texto terminava culpando mais "os conselheiros e à rainha caprichosa" do que aos "pretos", pois afirmava que a estes últimos faltavam os *"rudimentos da sociologia e da ciência econômica".*

*A Província* deixava realmente marcada, dessa maneira, sua posição quanto à possível participação dos elementos de cor: *"meros instrumentos nas mãos dos brancos sem critério".*

O negro, definido como indivíduo incapaz de pertencer à civilização, era considerado ainda mais despreparado para entender e atuar politicamente. Era, portanto, mais uma vez a velha representação do negro "instintivo" que se afirmava. Recém-egresso da "selvageria", só a ela poderia dirigir-se novamente, e quando em contato com a civilização tornava-se nocivo (quando não cuidadosamente dirigido).

Era esse mesmo elemento de cor que cometia atos violentos e imorais que revelavam sua pouca aptidão política. Aos brancos "generosos e benevolentes" só restava então lamentar a convivência com esses elementos "sem educação e princípios políticos".

Ainda no ano de 1889, os artigos sobre a Guarda Negra em *A Província* deixaram de aparecer, revelando ou o seu desaparecimento ou o total enfraquecimento dessa organização, quando em novembro é declarada a República e os representantes da família real são mandados para o exílio. Mas a "marca" permanecia: os libertos afirmavam por suas ações aquilo que a ciência "comprovava" — a inferioridade e os costumes selvagens herdados de seu continente e condição de origem.

É importante destacar que a questão da Guarda Negra, que realmente alcançou até os "sérios" e frios editoriais de *A Província*, nem foi ao menos mencionada pelo *Correio Paulistano*. Podemos comprovar então de outra maneira como a "criação" e a "extinção" das notícias sem dúvida já estavam bem condicionadas pelas diferentes "colorações partidárias", uma vez que o *Correio*, enquanto órgão conservador, era talvez até conivente com a existência dessa organização.

Por outro lado, *A Redempção* (diferentemente de *A Província de São Paulo*, que reagia de forma perplexa) dava nesse momento seu apoio irrestrito tanto à "Princesa Regente" como à organização negra.

"*Não há ódio de raças*

*Os jornais republicanos* querem por força enxergar na *gratidão da raça negra para com Isabel a Redemptora*, uma ameaça de guerra. A abolição nessa província teve à sua frente homens pertencentes a 3 grupos políticos. Desde que a *Regente tomou a si a responsabilidade* de arcar com a solução do elemento servil pondo em perigo sua corte, são os abolicionistas forçosamente obrigados a ser gratos àquela *que esquecendo de seus próprios* interesses *veio em socorro dos abolicionistas* sancionando a lei que deu liberdade a todos os infelizes escravos." (*A Redempção*, 13 de maio de 1889)

Nesse artigo, *A Redempção* não só mostrava seu apoio à regente e às suas atitudes e compreensão para com a Guarda Negra, como revelava que também para esse grupo a abolição era antes "um negócio entre brancos"[20] mais ou menos "esclarecidos".

Para *A Redempção*, o Império era o principal responsável pela libertação e, portanto, o grande "merecedor" da "clemência pública", em oposição aos republicanos, que eram *"inclusive acusados de escravocratas".*

"Os republicanos, outrora inimigos dos abolicionistas bárbaros com seus escravos, queriam que os escravos agora se revoltassem contra o imperador e sua Augusta Filha" (maio de 1889).

Assim *A Redempção*, outrora emissora dos discursos mais radicais da época, passava a apoiar abertamente não só os monarcas como a forma como foi realizada a libertação. Nesse sentido, não é de estranhar o fato de que em 13 de maio de 1889, na ocasião em que saía uma folha comemorativa, o número fosse em boa parte dedicado a Isabel: "a brasileira que assegurou o direito da abolição do captiveiro, illustre compatriota!".

Logo, o jornal de franco oposicionismo ao Partido Republicano e à situação em geral convertia-se em monarquista, transmutando-se também de abolicionista radical em moderado, já que sustentava agora o "13 de maio" e a Lei Áurea, traçando inclusive apologias com relação à forma como aqui se deu a manumissão.

Não é para menos que, tendo sido realizada a abolição, o papel de *A Redempção* tenha se limitado demais, pois a partir de então, ritualmente, a cada 13 de maio, essa folha festejava a data da libertação e "à Isabel a Redemptora". A questão racial deixava de constituir, portanto, um problema, já que o mal que se resumia na escravidão parecia sanado e os negros (apesar de inferiores) encontravam-se *devidamente* assimilados.

Quando chegamos aos primórdios do século xx, em que diferentes personagens representavam-se e tornavam-se inclusive dominantes, se por um lado a "sciência" de tudo tratava, por outro a imprensa possuía também um papel complementar e destacado. Enquanto a "sciência" a tudo explicava, a imprensa veiculava e normalizava representações, transformando-as cada vez mais rapidamente em consensos coletivamente aceitos e assumidos.

Trata-se mais uma vez de veicular imagens globalizantes e limitadoras sobre o negro, mas agora tendo como apoio novos "avalistas": a prepotente "sciência" do século XIX, que em seus momentos iniciais de afirmação sobre tudo lidava e a tudo definia, e a "grande imprensa" que, tomando as palavras de Balzac, "em vez de ser um sacerdócio, tornou-se um meio para os partidos e de um meio passou a ser um negócio. Não tem fé nem lei. Todo jornal é uma loja onde se vendem ao público palavras da cor que deseja... Um jornal não é feito para esclarecer, mas para lisonjear as opiniões..."[21]

Assim, sobre o *"negro"* desse último período pareciam recair basicamente dois estigmas: o do cativeiro e a marca de sua origem. Marcas pesadas, marcas totais, que pareciam corresponder, por sua vez, à própria forma de inserção dessa população, agora formalmente livre, na sociedade branca.

# Considerações finais

"Não há nada a temer, exceto o medo."
(*Alice nas cidades*, Wim Wenders)

Frente aos hiatos e vazios que pairavam constantemente nos documentos referentes à escravidão ou à questão negra, poderíamos citar as palavras de Caio Prado Júnior, que afirmava que "a ausência de manifestações explícitas sobre a escravidão não significa despreocupação com o problema, mas antes o oposto";[1] ou mesmo poderíamos acrescentar "sobrecarga de significação".[2] Assim, também nos jornais analisados, a maneira quase sempre tangencial como a questão foi normalmente referida, a forma pouco direta (apesar de recorrente) de se afirmar o problema em nosso entender denota não o descaso, não uma postura exterior com relação à questão racial, mas antes *anterior* e mesmo *interior*. Ou seja, parece revelar a existência de questões essenciais e por isso mesmo nem sempre mencionadas explicitamente, ou na maioria das vezes enunciadas de forma pouco direta.

Foi no interior desses intervalos, desses inúmeros "não ditos", que pudemos depreender um leque de representações sobre negros que vai configurando, desdobrando e constituindo, no interior desse movimento, postulados sociais assumidos coletivamente.

Nesse sentido, a trajetória seguida neste livro não foi tanto a da busca de "uma história de fenômenos objetivos", mas antes a análise "da representação desses fenômenos".[3] Ou seja, nossa meta principal não foi caracterizar de forma precisa a abolição, ou mesmo a escravidão em seus últimos momentos. Buscamos primordialmente apreender como "se falou" a respeito da escravidão, ou melhor, como elites brancas da época lidaram com essas questões.

Podemos, então, lançando mão de outro paralelo, comparar a "eficácia" dos jornais com a "eficácia do feiticeiro" da maneira como esta foi estudada por Lévi-Strauss em seus clássicos estudos: *O feiticeiro e sua magia* e *A eficácia simbólica*.[4] Para este, não é tão importante entender os mecanismos objetivos que tornam viável a cura operada pelo xamã. A explicação para a cura é dada muito mais pelo fato de o feiticeiro "ser um grande feiticeiro" do que por qualquer outro "ingrediente" ou "cantos" dos rituais do xamã. Ou seja, como nos diz Lévi-Strauss, "a eficácia da magia implica a crença da magia... já que a situação mágica é um fenômeno de CONSENSUS..."[5] Portanto, o que conta é justamente a eficácia anterior do xamã dada pelo seu reconhecimento social enquanto curandeiro.[6] No caso dos jornais, o que nossa pesquisa acabou por encontrar foi uma situação bastante semelhante, onde a "eficácia da prática do jornalismo" é dada muito mais pelo reconhecimento social do jornal enquanto espaço de criação de verdades e de conceitos universais.

O jornal é eficaz, então, porque trabalha com e cria consensos, opera com dados num primeiro momento explícitos, e que na prática diária de repetições e reiterações tornam-se cada vez mais implícitos, reforçando-se enquanto verdades ou pressupostos intocáveis. Dessas verdades ninguém duvida, assim como não se questiona ou se busca explicar a cura feita pelo xamã. Portanto o jornal cria e recria consensos que a cada repetição necessitam de menos explicações. São verdades, verdades de um espaço inquestionável, páginas e páginas escritas com um poder talvez igualável ao de um xamã.

Procuramos, portanto, discutir justamente os inúmeros personagens que de mera sugestão, ou imagens isoladas, vão-se transformando aos poucos em pressupostos de uma época.

Essa questão poderia, por sua vez, ser abordada a partir de perspectivas diversas. De um lado, poderíamos observar que as representações encontradas parecem vir ao encontro das conclusões de estudos já tradicionais sobre identidade étnica, que delimitam que a identidade é construída antes de tudo de forma contrastiva.[7] Isto é, nos diferentes jornais, as imagens retiradas parecem opor seguida e temporalmente, como vimos, sempre dois termos: "nós e eles", "o branco e o negro", "o nomeado e o desconhecido", "a vítima e o vilão", "a bela e a fera", "o são e o degenerado", termos esses produzidos e veiculados por determinadas categorias e que indicam e delineiam também uma diferenciação social mais abrangente. Nesse sentido, parece travar-se, nesse contexto, um debate delimitado, já que o "nós", presente aberta ou alusivamente nos artigos, parece remeter a um segmento limitado de brancos, grandes proprietários, que se opõem a um "outro", ao "negro" absolutamente adjetivado, que constitui objeto de discurso dos brancos.

Estabelece-se, portanto, uma relação de alteridade que se constrói, ao menos nesse momento, privilegiadamente em relação ao negro cativo ou liberto, que parece constituir um tipo particular de suporte de significações.

Além disso, no caso do nosso material, o contraste ou a delimitação da diversidade não se constitui, como na maior parte dos estudos antropológicos clássicos, a partir da diferenciação entre dois grupos étnicos estáveis e que se autorreconhecem enquanto tais, mas antes a partir dos olhos de um segmento de brancos que parecem refletir sobre o negro, ou sobre aquele que, segundo seu ideário, parece constituir um "corpo sem persona".

Por outro lado, as representações parecem constituir também o local da formação de polaridades, anulando as possíveis diversidades internas aos brancos, frente à constituição de um "outro", o "negro", também absolutamente homogeneizado. Nesse sentido, e como dizia Evans Pritchard em seu estudo sobre os Nuers, "uma pessoa vê a si mesma como membro de um grupo enquanto em oposição a outros grupos, e vê a um membro de outro grupo como membro de uma unidade social por mais que esteja fragmentada em segmentos".[8] Assim (e guardadas as devidas proporções, já que em nosso caso lidamos basicamente com as representações de segmentos sociais brancos do que com grupos em contraste), se por um lado a grande marca de nosso material parece ser a heterogeneidade de imagens, por outro os periódicos enquanto conjunto reconstituem muitas vezes representações homogêneas ou ao menos predominantes. Esse é o caso do negro "bárbaro e violento", ou do "cativo fiel" dos anos 1880, ou do preto que vira negro, ou mesmo do elemento degenerado tão presente nos jornais nos inícios da República, e que basicamente faziam "par", respectivamente, com o branco vitimizado, "bom senhor", pacífico e civilizado de tantas e tantas notícias.

Assim, as representações não são um único conjunto que resiste às mudanças do tempo, ou, como nos diz Peter Fry, "não como um retrato fixo; mas antes imagens em movimento que guardam continuidade, mas que também admitem transformação".[9] Não se constitui dessa forma um processo linear de substituição e introdução de novas ideias, sendo que as representações ganham sentido antes como grupo de variantes no interior de um contexto que lhes transcende e dá sentido, e não como individualidades isoladas e entendidas numa perspectiva atemporal.[10] O resultado é, portanto, um conjunto finito e fechado de representações, que se assemelharia à imagem de um caleidoscópio (onde novas configurações e desenhos são o resultado sempre da rearticulação de um mesmo material básico), mas que em determinados momentos abre-se, incorporando novos elementos. Esse é o caso do momento em que o negro, caracterizado até então basicamente como um ser violento e degenerado fisicamente, passa a ser apresentado como um degenerado moral, o que era reforçado pelo pensamento científico da época, que lidava largamente, no mesmo sentido, com esse tema e questão.

Além disso, é possível perceber como diferenças naturais apreendidas de forma objetiva (como a cor) são investidas de sentido e "selecionadas" muitas vezes de formas diversas: nas mãos de *A Província*, por exemplo, o negro era um objeto tratado e construído cada vez mais pela "sciência", que aos poucos o transformava e definia enquanto cidadão de "segunda categoria" (pois se o texto da lei trazia consigo a utópica igualdade, a "sciência" a desmentia). Por sua vez, para o *Correio* o elemento de cor era antes um problema que de toda forma causava temor e apreensão (e era esse sem dúvida o jornal que oferecia a visão mais pessimista quanto à nossa "situação racial"). Por fim, para *A Redempção*, a questão negra, apesar de central, era ainda tratada enquanto um problema entre "brancos", que se digladiavam. O negro não mais algoz, mas agora representado como "vítima infeliz", também nesta última folha não se autodefinia, mas era nomeado e exposto enquanto exemplo.

Porém, fosse no caso do "preto tutelado" de *A Redempção* ou do "negro algoz" do *Correio* ou mesmo do cidadão de "segunda categoria" de *A Província*, em seu conjunto, e em todos os jornais, o negro, antes de figurar como sujeito, era antes, no interior dos periódicos, um objeto: um objeto do discurso e das práticas, objeto de sua situação social e motivações.

Parece-nos, portanto, que se a questão negra era entendida na época enquanto um problema econômico e político, já que era necessário organizar e disciplinar essa população recém-liberta, era também um problema social, constituindo nesse sentido suporte para as representações que os brancos faziam sobre si mesmos, no interior de um contexto de embate entre brancos.[11] Assim, o problema negro, antes de se afirmar enquanto uma situação exterior e neutramente analisada por segmentos brancos, era antes uma questão que dizia respeito e ocupava espaço de significação também para os brancos, que definiam a si próprios, nesse período, no que se refere aos conceitos de *nação* e de *cidadania*.

Poderíamos, portanto, verificar que o local da afirmação da identidade revelava também, muitas vezes, a construção de interesses formais,[12] já que através das representações podemos encontrar, mesmo que implicitamente, todo um arsenal cultural comum, que determinados segmentos utilizavam para também justificar-se em sua prática enquanto grupos em várias circunstâncias. Assim, o falar "cordato e tutelar" das notícias de libertação, ou mesmo a linguagem por vezes irada dos anúncios de fuga, mais do que só desvendar uma situação qualquer, pareciam revelar questões, indicar problemas, ou através da constatação do problema da mão de obra ou mesmo pela explicitação do "desgosto" frente à propriedade que se evadiu ou através de uma recorrente atitude tutelar...

Todas essas inúmeras suspeitas, que o material como um todo deixava ver, remetem por um lado a um debate entre brancos, em suas diferentes correntes de opinião a respeito da nova condição do negro. Por outro lado, porém, o negro, enquanto objeto dos discursos, parecia participar de um debate que o envolvia, mas não se dirigia diretamente a ele. O grande problema central parecia antes a nossa definição enquanto povo, bem como a explicitação dos critérios de acesso à cidadania, estando, portanto, a questão negra imersa num problema que de certa forma a transcendia.

Nesse sentido, então, os senhores brancos, os emissores dos discursos, deixam de ser entendidos como aqueles que se "debruçam externamente" sobre um objeto, manipulando consciente e mecanicamente a realidade, já que se encontram antes de tudo *emaranhados* no próprio discurso que constituem. Assim, por exemplo, caracterizar o negro degenerado como o "não cidadão" significava também delimitar, a si próprio, como o modelo e ideal último de cidadania.

Dessa forma é relevante verificarmos que afirmar que o universo mental desses segmentos da elite era coerente e compatível com a dominação não é o mesmo que afirmar que brancos *forjavam* intencionalmente a realidade enquanto expediente exterior de exploração. Ou seja: afirmar e desvendar o objetivo de tutela que havia por detrás das cartas e festas de alforria e libertação não é o mesmo que imputar uma absoluta direção e controle dos senhores frente à situação que também para eles causava apreensão.

Acreditamos, portanto, que esse "falar branco" não se impõe pura e simplesmente, já que tomamos como suposto que "o poder se exerce mais do que se possui...",[13] pois, se por um lado grupos brancos lidavam com a realidade que observavam, não a manipulavam de forma mecânica e isenta. Assim, o que acabamos por recuperar não foram tanto as "estratégias" de grupos dominantes, mas antes partes de um arsenal cultural que se produz nesse complexo processo de constituição de novos agentes sociais e da nação.

É necessário esclarecer, portanto, que no próprio conceito de representação utilizado neste trabalho não vem embutida uma noção de ideologia no sentido clássico que esse termo possui, qual seja, como um tipo de pensamento que encobre, inverte e manipula a realidade. Ao contrário, no nosso caso as imagens de brancos "vitimizados", "sadios", "civilizados" não são tanto o resultado de uma prática "forjada" por agentes que manipulam exteriormente com suas regras, mas são antes representações assumidas e interiorizadas pelos próprios segmentos que ajudaram a constituí-las.

Nesse sentido ainda, a própria noção de "representação social" deve ser vista com uma abrangência maior. Ou seja, merece ser entendida não como um fenômeno estanque e cristalizado, e que remete a *uma* realidade forjada e manipulada, mas antes enquanto "movimento dinâmico, simultaneamente condição e produto da prática social".[14] Como afirma Durkheim, se a "vida social é feita essencialmente de representações", estas no entanto "não se limitam apenas a enriquecer um certo número de ideias já previamente formadas, mas antes contribuem para formá-las".[15] Dessa forma, se por um lado as representações não assumem uma autonomia total que permita percebê-las como absolutamente desvinculadas de um contexto, por outro também não são entendidas como "sistemas de significação" (totalmente vinculadas a um momento histórico imediato) ou mesmo como imagens cristalizadas que não admitam ambiguidades ou transformações.

Porém, e tomando essas últimas afirmações em consideração, podemos perceber que não só as representações são passíveis de transformação, como as próprias explicações ou justificativas que pareciam legitimar imagens já arraigadas podem também variar. Esse é o caso, por exemplo, da introdução do tema África nos diferentes jornais da época. Assim, se até meados do século XIX a questão da condição negra e escrava era entendida como um problema que "não se colocava" (e nesse sentido considerado como uma "falsa questão"), a partir desse momento não só ela era explicada como também justificada, tendo em vista novos critérios e argumentos: a herança (o continente de origem), os caracteres hereditários. Ou seja, nesse período e com todo o aparato da ciência determinista e positivista do século XIX, o negro passa a ser redefinido e delimitado não só como escravo, mas antes através de características ainda mais radicais, já que consideradas naturais.

O negro no interior desse momento, portanto, acaba recebendo um *estigma* a mais. Além de "violento e degenerado" é também o "estranho", o "estrangeiro".

Essa condição de "estrangeiro" era inclusive uma marca já anteriormente associada ao escravo, então definido como um ser sem raízes.[16] No entanto, nesse período específico, essa representação torna-se não só predominante como parece revestir-se de outros contornos e derivações. Qual seja, ao distinguir o escravo, que tinha agora direitos à cidadania como o estrangeiro, não só se retornava a sua distinção física como se jogava o negro para fora daquilo que tanto se prezava e denominava como cultura nacional.

Porém o negro não era apenas um estrangeiro qualquer; era acima de tudo um "estrangeiro não desejável", principalmente se lembrarmos que nessa época dá-se a introdução em larga escala do imigrante europeu e mesmo de toda uma política que visa a impedir a entrada de mão de obra negra e asiática. Nesse sentido, enquanto para a academia e a "ciência" o negro, como vimos, era considerado um estrangeiro que trazia danos maléficos à nação,[17] nos jornais as notícias sobre a África, muito mais do que informar ao público leitor acerca de um local distante e exótico, pareciam trazer "fantasmas" sobre a própria conjuntura local (já que revelavam novos dados sobre o continente de origem de uma boa parte da população aqui residente).

Parafraseando Manuela Carneiro da Cunha, parece-nos que é mesmo ao se "assumirem as diferenças" e não pelas diferenças em si que se constrói a identidade,[18] mesmo porque é ao se pôr em relevo o lado do estrangeiro (que o negro já possuía), ou ao se eleger a "cor" ou os caracteres hereditários como critérios "dignos" e eficazes para a delimitação da degeneração e da desigualdade entre as raças que se estabelecem com maior clareza o contraste e a distinção.

É justamente nesse sentido que os jornais, que nesse momento se constituem enquanto órgãos estáveis e fixos, cumprirão um papel relevante. Ou seja, os grandes periódicos da época (e em especial a *A Província de São Paulo*) vão passar não só a veicular normas e valores considerados "civilizados" como buscarão constituir-se e representar-se a si próprios como os legítimos locais da criação e reprodução das novas ideias da época.

Veicula-se, portanto, nos discursos científicos e teóricos, através dos periódicos, uma imagem de ordem e controle social que parecia não se coadunar, com a realidade percebida por esses segmentos, que, por um lado, partilhavam das ideias dos jornais e, por outro, observavam o contexto da época com certa apreensão. Assim, o outro lado da moeda que refletia brancos "orgulhosos e cientes" de seus avanços era aquele que demarcava a desigualdade e expunha, com grande temor, o nosso futuro racial e nacional.

No entanto, toda essa apreensão que, como vimos, parecia pairar sobre esse período final do século XIX, foi aos poucos se amenizando. Assim, já em inícios do século XX a própria questão racial, ao menos no interior dos jornais, foi sendo transformada e diluída. A partir de então o problema racial deixa de constituir um tema, uma questão, no interior da jovem República tão atormentada em meio a crises intermitentes. As diferentes representações sobre negros são assumidas, assim como toda a questão racial, que se transformava de problema central em fato a ser assimilado inclusive com ganhos.

Assim, se em épocas anteriores reconheciam-se e afirmavam-se os conflitos raciais, em momentos seguintes se fará o oposto. O problema negro será então como que reavaliado, sendo que as imagens pejorativas dos intelectuais como Nina Rodrigues ou Euclides da Cunha, que traçavam péssimos prognósticos para essa nação "tão misturada", serão substituídas com o tempo por representações mais "positivas e acalentadoras", como as que Gilberto Freyre parece representar no âmbito da academia, que passarão a ver na mestiçagem e no elemento negro em nossos sangues um fator distintivo de nossa especificidade enquanto nação.

Nos jornais paulistanos de inícios do século XX, e em especial na década de 1920, começam a tornar-se novamente presentes e inclusive dominantes antigas e já um tanto esquecidas representações que nos falavam dos até hoje tradicionais "negros de alma branca" (tão comum, como vimos, em meados do século XIX). São os negros "amigos dos brancos", "pretos fiéis e servidores", "felizes enquanto tutelados", apesar de por vezes "violentos", "instintivos" e guardando "resquícios degenerados".

No interior desse movimento, aos poucos o problema racial deixa de constituir uma questão pública e veiculada explicitamente, transformando-se, ao invés disso, numa série de imagens dispersas, interiores e por isso mesmo ainda, e até hoje, muitas vezes consensualmente aceitas. Assim, se por um lado os grandes jornais passaram cada vez mais a divulgar a imagem da "harmonia racial", já *A Redempção* vai perdendo sua principal função, que girava em torno da questão racial, sendo, portanto, dragada no interior da própria dinâmica e lógica de seu tempo.

Em meio a esse processo, os termos negro, preto, liberto, ex--escravo, pardo, mulatos, que como vimos definiam e mesmo distinguiam a população de cor, vão-se tornando pouco frequentes nas páginas dos jornais, assim como a questão racial. Esta, de problema, transubstanciava-se com o tempo em esperanças e até fortuna.

Preconceitos implícitos e arraigados permanecem então intocados (se não na forma ao menos no conteúdo), mas agora não mais enquanto questões e sim como pressupostos inquestionáveis e por isso mesmo nem ao menos nomeados.

A "eficácia" da imagem da "degeneração" não mais na sua explicitação, mas sim no local do implícito, do consenso, do silêncio.

# Apêndice

QUADRO GERAL DOS ASSUNTOS PESQUISADOS E
CATALOGADOS
(distribuídos conforme as seções do jornal)

| NOTÍCIAS | | |
|---|---|---|
| | *Província* | *Correio* |
| violência | 226 | 237 |
| notícias de libertação | 195 | 145 |
| suicídios | 76 | 98 |
| negro degenerado | 63 | |
| críticas ao senhor | 56 | 12 |
| dependência e abandono | 53 | 54 |
| insurreições | 41 | 7 |
| "a família escrava" | 30 | 36 |
| feitiçaria | 23 | 26 |
| quilombo | 13 | 29 |
| "práticas bárbaras" | 11 | 5 |
| TOTAL: | 787 | 649 |

|  | Província | Correio |  |
|---|---|---|---|
| *Divisão sexual:* |  |  |  |
| Feminino | 57 | 46 |  |
| com defeitos |  |  |  |
| físicos ou morais | 13 | 20 |  |
| saudáveis | 44 | 26 |  |
| TOTAL: |  |  | 103 |
| Masculino | 352 | 266 |  |
| com defeitos |  |  |  |
| físicos ou morais | 280 | 213 |  |
| saudáveis | 72 | 53 |  |
| TOTAL: |  |  | 618 |
| *ocupação:* |  |  |  |
| agrícola | 219 | 181 |  |
| urbano | 95 | 51 |  |
| doméstico | 95 | 60 |  |
| *faixa etária:** |  |  |  |
| velhos (40 anos e mais) | 47 | 19 |  |
| adultos (de 16 a 40 anos) | 340 | 281 |  |
| crianças (até 15 anos) | 32 | 21 |  |
| *características:* |  |  |  |
| coletivas | 116 | 65 |  |
| individuais | 293 | 237 |  |
| *local:* |  |  |  |
| São Paulo | 52 | 6 |  |
| interior e outras |  |  |  |
| províncias | 357 | 281 |  |

* Para a delimitação das faixas etárias, utilizou-se o mesmo critério dos testamentos da época.

## "OBITUÁRIO"

|  | Província | Correio |
|---|---|---|
| crianças | 78 | 89 |
| adultos | 53 | 50 |
| velhos | 107 | 122 |
| TOTAL: | 238 | 261 |

## CLASSIFICADOS

|  | Província | Correio |
|---|---|---|
| aluguel | 69 | 105 |
| venda | 112 | 70 |
| leilão | 6 | 12 |
| hipoteca | 2 | 10 |
| outros (seguro, penhora, doação) | 2 | 14 |
| TOTAL: | 191 | 211 |

## "OCURRENCIAS POLICIAES"

|  | Província | Correio |
|---|---|---|
| suspeita de escravo fugido | 31 | 65 |
| sem bilhete | 31 | 30 |
| por escravo fugido | 71 | 58 |
| por ébrio | 62 | 60 |
| a pedido do senhor | 40 | 30 |
| por desordem | 30 | 27 |
| outros (furto, ofensa à moral, vagabundagem) | 36 | 48 |
| TOTAL: | 301 | 318 |

## EDITORIAIS (*que dão ênfase geral a assuntos específicos*)

|  | Província | Correio |
|---|---|---|
| África | 30 | 16 |
| Mulheres | 15 | 14 |
| Ciência | 42 | 31 |

Outros temas não foram catalogados devido à dificuldade de distribuí-los em subtemas precisos.

# Notas

1. É necessário explicitar que este termo e as interpretações seguintes estão baseados na ideia de que toda linguagem encerra em seu interior funções diferentes e simultâneas, conforme demonstrou Roman Jakobson. A diversidade residiria, porém, não no monopólio e exclusividade de algumas dessas funções, mas antes numa diferente ordem hierárquica, verificando-se assim qual a função predominante (mas não monolítica) no interior de determinado discurso (Jakobson, R., *Linguística e poética*, p. 129).

2. O conceito de representação social, entendido aqui enquanto um fenômeno dinâmico, num processo permanente de reorganização, sendo simultaneamente condição e produto da prática social, foi nesta tese utilizado no sentido que lhe foi dado por E. Durkheim (*As formas elementares da vida religiosa*, p. 211) e revisto por Eunice Durham (*A dinâmica cultural na sociedade moderna*, p. 34; *Cultura e ideologia*, p. 7). (Uma discussão mais aprofundada acerca desse conceito será desenvolvida mais adiante.)

3. Por outro lado, procuraremos apreendê-lo enquanto "grupo de variantes" (Arantes, Antônio A. O *trabalho e a fala: estudo antropológico sobre folhetos de cordel*, p. 9), ou seja, como leituras passíveis de restabelecer a diversidade de concepções e interpretações sem que se busque uma versão "definitiva" e por isso a mais "verdadeira".

307

4. Expressão utilizada por Maurice Merleau-Ponty, ao explicar que a "linguagem diz peremptoriamente, mesmo quando renuncia a dizer a coisa mesma" ("De Mauss a Claude Lévi-Strauss", *in Os pensadores*, p. 144).

5. Merleau-Ponty, Maurice. *Op. cit.*, p. 143.

6. Osakabe, Haquira. *Argumentação e discurso político*, p. 176.

7. Outro paralelo possível com essa forma de apreensão dos jornais seria a teoria interpretativa da cultura, elaborada por Clifford Geertz, para quem: "... no fundo da base fatual, a rocha dura, se é que existe uma, de todo empreendimento, nós estaríamos sempre explicando e, o que é pior, explicando explicações" (*A interpretação das culturas*, p. 19.). Ou seja, não existiria um "grau zero", ou algum documento absolutamente imparcial, na medida em que todo relato, para Geertz, já é, em si, interpretação, reelaboração.

O ESTADO DA QUESTÃO

1. Freyre, Gilberto. *O escravo nos anúncios de jornais brasileiros do século XIX*, p. 7.

2. Saint-Hilaire, Augusto de. *Segunda viagem a São Paulo e quadro histórico da província de São Paulo*, p. 15; Debret, Jean-Baptiste. *Viagem pitoresca e histórica do Brasil*, vol. II, p. 392; Vianna, Oliveira. *Populações meridionais do Brasil*, vol. 2, p. 392; Freyre, Gilberto. *Op. cit.*, p. XII.

3. Cunha, Manuela Carneiro da. *Negros estrangeiros. Os escravos libertos e sua volta à África*, p. 17.

4. Freitas, M. M. de. *Reino Negro de Palmares*, p. 10.

5. Luna, Luiz. *O negro na luta contra a escravidão*, p. 231.

6. Lima, Lana Lage da Gama. *Rebeldia negra e abolicionismo*, p. 8.

7. Ianni, Octávio. *Escravidão e racismo*, p. 34.

8. Queiróz, Suely Robles Reis de. *Escravidão negra em São Paulo: um estudo das tensões provocadas pelo escravismo no século XIX*, pp. 202-3.

9. Dean, Warren. *Rio Claro: um sistema brasileiro de grande lavoura*, p. 113.

10. Pereira, João Baptista Borges. *Estudos antropológicos e sociológicos sobre o negro no Brasil. Aspectos históricos e tendências atuais*, p. 2.

11. Corrêa, Mariza. *As ilusões da liberdade. A escola Nina Rodrigues & antropologia no Brasil*, p. 9.

12. Pereira, João Baptista Borges. *Op. cit.*, p. 4.

13. *Id., ibid.*, p. 5.

14. Romero, Sílvio. *Ensaios sobre a poesia popular do Brasil*, pp. 10-1.

15. Gobineau, A. de. *Essai sur l'égalité des races humaines.*

16. Skidmore, T. E. *Preto no branco: raça e nacionalidade no pensamento brasileiro*, p. 72.

17. Corrêa, Mariza. *Op. cit.*

18. Corrêa, Mariza. "Antropologia e Medicina Legal", *in Caminhos cruzados.*

19. Rodrigues, Nina. *As raças humanas.*

20. Skidmore, T. E. *Op. cit.*, p. 78.

21. Cunha, Euclides da. *Os sertões.*

22. Corrêa, Mariza. *As ilusões da liberdade...*, p. 130.

23. Seyferth, Giralda. "João Baptista de Lacerda: a antropologia física e a tese de branqueamento de raça no Brasil", p. 16.

24. Lacerda, João Baptista de. *Sur les métis au Brésil.*

25. Skidmore, T. E. *Op. cit.*, p. 81.

26. *Id., ibid.*

27. *Id., ibid.*, p. 82.

28. *Id., ibid.*, p. 90.

29. *Id., ibid.*, p. 92.

30. Leite, Dante Moreira. *O caráter nacional brasileiro*, p. 232.

31. Pereira, João Baptista Borges. *Op. cit.*, p. 7.

32. *Id., ibid.*

33. Skidmore, T. E. *Op. cit.*, p. 211.

34. *Id., ibid.* A questão da mestiçagem foi inclusive tema bastante analisado, já em início do século, por Sílvio Romero.

35. Hollanda, Sérgio Buarque de. *Raízes do Brasil.*

36. Skidmore, T. E. *Op. cit.*, p. 207.

37. Pereira, João Baptista Borges. *Op. cit.*, p. 10.

38. É interessante notar como de alguma maneira essas escolas (através agora da delimitação dos problemas raciais existentes também no Brasil) reproduzem as polaridades presentes no século XIX, onde se opunham, de um lado, os defensores da escravidão, e, de outro, aqueles que determinavam que no cativeiro estaria a origem de todos os males. Dessa forma, guarda semelhanças com os esquemas expostos; enquanto a escola culturalista via na mestiçagem e no "cadinho de raças", que comporia a nossa nação, um fator de fortuna, a escola paulista de sociologia entendia e apontava nas relações sociais a origem da desigualdade e de vários problemas sociais nacionais.

39. Boa parte desses trabalhos tomam como referência de análise os estudos de E. P. Thompson sobre a sociedade inglesa e o surgimento da classe operária nos séculos XVII-XVIII, elaborando e tendo como resultado uma produção que

questiona de forma radical os trabalhos da já tradicional escola paulista de sociologia.

40. Nesse sentido, então, é necessário destacar que não buscamos esgotar a
lista de autores que lidaram com a questão e que a ênfase deste livro está dirigida
não para a delimitação ou opção entre uma das disciplinas, mas sim para um
*problema* que dirige toda a reflexão: a preocupação em buscar reconstituir os diversos modos como, através da imprensa, os brancos representaram o negro e
sua condição, como veremos a seguir, em contexto e local relevantes: São Paulo,
em fins do século XIX.


## PARTE 1 — A METRÓPOLE DO CAFÉ COM SEUS SÍMBOLOS DE CIVILIZAÇÃO

### O CONTEXTO

1. Nesse sentido é básico o relato de T. Davatz, imigrante suíço que veio
para o Brasil a fim de trabalhar na fazenda do senador Vergueiro. Davatz relata
tanto a difícil situação a que ficavam submetidos os imigrantes como a revolta
dos colonos (Davatz, Thomas. *Memórias de um colono no Brasil:* 1850).

2. Entre 1870 e 1880 existiram debates sobre as "vantagens" da introdução
da mão de obra chinesa no Brasil. Esta era considerada mais barata, mais facilmente dirigível, não se mestiçava com a população e permanecia só temporaria-
mente no país. No entanto, foi grande a oposição à introdução desse tipo de mão
de obra devido a motivos basicamente raciais.

3. Prado Jr., Caio. *História econômica do Brasil,* p. 176.

4. É necessário destacar que algumas províncias do Norte do país, como
Ceará e Amazonas, mostraram tal autonomia com relação à questão da abolição
da escravidão que inclusive libertaram seus cativos já em 1884.

5. Moura, Clóvis. *Rebeliões da senzala...,* p. 80; Conrad, Robert. *Os últimos
anos da escravatura negra no Brasil:* 1850-1888.

6. Conrad, Robert. *Op. cit.,* p. 6.

7. Costa, Emília Viotti da. *Da senzala à Colônia,* p. XXXVIII.

8. Paula Beiguelman (*A formação do povo no complexo cafeeiro: aspectos políticos,* p. 49) dá um claro exemplo de como os partidos conservador e liberal pouco
diferiam em termos de ideias políticas mais delimitadas: "No processo geral do
encaminhamento do problema escravista verificava-se que cada um dos passos —
extinção do tráfego, libertação dos nascituros, abolição — é sancionado por ambos

os partidos imperiais: sendo um deles responsável pela iniciativa de inscrever a medida em sua bandeira partidária e cabendo ao outro executá-la...".

9. Costa, João Cruz. *Contribuição à história das ideias no Brasil*, pp. 62 e 109-19.

10. Romero, Sílvio. *Ensaios sobre a poesia no Brasil*.

11. Skidmore, T. E. *Preto no branco: raça e nacionalidade no pensamento brasileiro*, pp. 12, 63.

12. DaMatta, Roberto. *Relativizando: uma introdução à antropologia social*, p. 172.

13. Brandão, Carlos Rodrigues. *Peões, pretos e congos: trabalho e identidade étnica em Goiás*, p. 67.

14. Skidmore, T. E. *Op. cit.*, pp. 43-8.

15. Hasenbalg, Carlos Alfred. *Discriminação e desigualdades sociais no Brasil*, p. 77.

16. Cunha, Euclides da. *Os sertões*, p. 96-7.

17. Expressão utilizada por Ernâni da Silva Bruno.

18. Dias, Maria Odila Leite da Silva. *Quotidiano e poder em São Paulo no século XIX*, p. 15.

19. Freitas, Afonso A. de. *Tradições e reminiscências paulistanas*, pp. 21-2.

20. Silva, Janice Theodoro da. *São Paulo, 1554-1880. Discurso ideológico e organização espacial*, p. 53.

21. *Id., ibid.*, p. 36.

22. Sampaio, Theodoro. "São Paulo no século XIX". *Suplemento Centenário* 23, p. 2.

23. Vampré, Spencer. *Memórias para a história da academia de São Paulo*, p. 19.

24. Rezende, Carlos Penteado de. "Algumas páginas sobre a velha academia de Direito de São Paulo", in separata da *Revista da Faculdade de Direito*, p. 11.

25. Dulles, John W. F. *A faculdade de Direito de São Paulo e a resistência anti-Vargas (1938/45)*, p. 21.

26. *Id., ibid.*, p. 20.

27. *Id., ibid.*, p. 19.

28. Sodré, Nelson Werneck. *História da imprensa no Brasil*, p. 115.

29. Bruno, Ernâni da Silva. *História e tradições da cidade de São Paulo*.

30. Almeida Jr., Antônio. *Sob as arcadas*.

31. Bruno, Ernâni da Silva. *Op. cit.*, p. 459.

32. Rezende, Carlos Penteado de. *Op. cit.*, p. 67.

33. É importante destacar a elevação em termos de produção do café da província de São Paulo.

A produção de café em São Paulo e a exportação pelo porto de Santos (1850-89)

| ANO | PRODUÇÃO (arrobas) | EXPORTAÇÃO (arrobas) | % SOBRE TOTAL DA EXPORTAÇÃO |
|---|---|---|---|
| 1849-50 | 1,34 milhão | 0,15 milhão | 11% |
| 1850-60 | 3,62 milhões | 1,48 milhão | 41% |
| 1869-70 | 4,17 milhões | — | — |
| 1870-71 | — | 2,27 milhões | 55% |
| 1879-80 | 6,58 milhões | 4,22 milhões | 64% |
| 1889-90 | 10,68 milhões | 8,17 milhões | 76% |

Fonte: Daniel E. Levi. *A família Prado* (Cultura 70), p. 159.

34. Silva, Janice Theodoro da. *Op. cit.*, p. 138.
35. Freyre, Gilberto. *Sobrados e mocambos*, p. 393.
36. Silva, Janice Theodoro da. *Op. cit.*, p. 134.
37. Costa, Jurandir Freire. *Ordem médica e norma familiar*, p. 28.
38. *Id., ibid.*; Machado, Roberto. *Danação da norma.*
39. Costa, Jurandir Freire. *Op. cit.*, p. 30.
40. *Id., ibid.*, p. 13.
41. Dias, Maria Odila Leite da Silva. *Op. cit.*, p. 176.
42. *Id., ibid.*, p. 185.
43. Morse, Richard M. *Formação histórica de São Paulo* (*de comunidade a metrópole*).
44. *Id., ibid.*, p. 234. É interessante notar ainda a extensão dos trilhos na província de São Paulo no decorrer de diferentes anos:

| | | | | |
|---|---|---|---|---|
| 1870 | — | 139 km | 1885 | — 1640 km |
| 1875 | — | 655 km | 1890 | — 2425 km |
| 1880 | — | 1212 km | | |

Fonte: Morse, Richard M. *Op. cit.*, p. 229.

45. Levi, Daniel E. *A família Prado*, pp. 130, 137.
46. Maiores informações neste sentido, vide Hollanda, Sérgio Buarque de. "Prefácio", *in* Davatz, T. *Memórias de um colono no Brasil, 1850*. São Paulo, Edusp, 1980.
47. Fonte: Taunay, Affonso de E. *História do café no Brasil*, p. 450.
48. *Id., ibid.*, p. 450.

TOTAL DA POPULAÇÃO SERVIL EM SÃO PAULO

| 1873 | — | 174 662 | 1880 | — | 168 950 |
|------|---|---------|------|---|---------|
| 1874 | — | 169 964 | 1887 | — | 107 829 |

49. Fonte: Morse, Richard M. *Op. cit.*, p. 256.

50. Barreto, Lima. *Memórias do escrivão Isaías Caminha*, pp. 8-86.

51. Silva, Janice Theodoro da. *Op. cit.*, p. 169.

52. Sodré, Nelson Werneck. *Op. cit.*, p. 315.

53. Barreto, Lima. *Op. cit.*, p. 115.

54. *Id., ibid.*

55. *Id., ibid.*, pp. 144, 81.

56. Pinto, Alfredo Moreira. *A cidade de São Paulo em 1900*, p. 726.

A IMPRENSA PAULISTANA

1. Santos, Paulo Ricardo da Silveira. "Contribuição para a história da imprensa em São Paulo", *in* separata da *Revista do Arquivo Municipal*, nº 192.

2. Freitas, Affonso A. de. *A imprensa periódica de São Paulo desde os seus primórdios em 1823 até 1914*.

3. Santos, Paulo Ricardo da Silveira. *Op. cit.*

4. Nobre, Freitas. *História da imprensa de São Paulo*, pp. 19-23.

5. Freitas, Affonso A. de. *Op. cit.*

6. *Id., ibid.*

7. Sodré, Nelson Werneck. *História da imprensa no Brasil*, p. 316.

8. Galvão, Walnice Nogueira. *No calor da hora: a guerra de Canudos nos jornais*, p. 2.

9. Barreto, Lima. *Memórias do escrivão Isaías Caminha*, p. 125.

10. Galvão, Flávio. "A liberdade de informação", *in* Suplemento Centenário nº 47 de *O Estado de S. Paulo*, p. 2.

11. Freitas, Affonso A. de. *Op. cit.*

12. Sevcenko, Nicolau. *Literatura como missão: tensões e criação cultural na Primeira República*, p. 53.

13. Freitas, Affonso A. de. *Op. cit.*

14. Toledo, Lafayette de. "Imprensa paulista — memória histórica", *in* *Revista do Instituto Histórico e Geográfico de São Paulo*.

15. Sousa, Alberto. *Memória histórica sobre o Correio Paulistano*, p. 4. É importante destacar que esse autor, que foi convidado para elaborar as "memórias" do *Correio*, fazia ele próprio parte da redação do jornal e contava com outras obras que revelavam seu "apego" às ideias e convicções da época: *espiritismo e positivismo* (polemica philosóphica).

16. Beiguelman, Paula. *A formação do povo no complexo cafeeiro: aspectos políticos*.

17. Sousa, Alberto. *Memória histórica sobre o Correio Paulistano*, pp. 25-6.

18. Sobre a figura de Antônio Prado, maiores referências podem ser encontradas no livro de Daniel Levi (já citado) sobre a família Prado.

19. Conrad, Robert. *Os últimos anos da escravatura no Brasil: 1850-1888*.

20. Esse tipo de afirmação explicaria também a própria figura de Antônio Prado que, de autor dos "regulamentos negros" (que impunham a prisão não só do cativo fugido como de quem lhe desse cobertura), passa a defensor "ferrenho" da abolição da escravidão.

21. Sousa, Alberto. *Op. cit.*, p. 70.

22. Faoro, Raymundo. *Os donos do poder*, vol. II, p. 456.

23. Santos, Paulo Ricardo da Silveira. *Op. cit.*

24. *Id., ibid.*

25. Nobre, Freitas. *Op. cit.*, p. 58.

26. *Id., ibid.*, p. 57.

27. *Id., ibid.*, p. 58.

28. *Id., ibid.*, pp. 60-1.

29. *Id., ibid.*, pp. 62-3.

30. Hollanda, Sérgio Buarque de. *Raízes do Brasil*, pp. 294-5.

31. Pinheiro, Péricles da Silva. "Alberto Sales", *in* Suplemento Centenário nº 16 de *O Estado de S. Paulo*, p. 3.

32. Freitas, Affonso A. de. *Op. cit.*, p. 221.

33. Suplemento Centenário nº 22, 31.5.1975.

34. Queiróz, Suely Robles de. *A abolição da escravidão*, p. 77.

35. Caifaz (na Bíblia) — Príncipe dos sacerdotes que tinha aconselhado aos judeus "de que convinha que um homem morresse pelo povo". Novo Testamento, Evangelho de São João, cap. XVIII, versíc. 13 e 14.

36. Fontes, Alice Aguiar de Barros. *A prática abolicionista em São Paulo*, p. 12.

PARTE 2 — IMAGENS, PERSONAGENS E REPRESENTAÇÕES: O "NEGRO" NOS JORNAIS

O NEGRO NAS DIFERENTES SEÇÕES DOS JORNAIS: UMA VISÃO SINCRÔNICA

1. É interessante entender as diferentes seções dos jornais com suas especificidades internas para depois compor um quadro um pouco mais abran-

gente. É importante ressaltar também que no próprio decorrer da pesquisa que culminou neste livro acabamos estabelecendo uma certa hierarquia ao lidar com as seções, pois algumas eram mais significativas no que tangia às questões que escolhemos (como as notícias, editoriais, anúncios de fuga e contos). No entanto, é básico não perder a visão do conjunto, atentar para as possíveis correlações entre as diferentes seções e verificar como, na verdade, cada uma só se define a partir da comparação e da diferença com relação às demais.

Para a elaboração deste capítulo, foram utilizados principalmente os dados retirados dos jornais *Correio Paulistano* e *A Província de São Paulo*, já que eles possuíam uma distribuição interna bastante semelhante que, por sua vez, parecia corresponder às características gerais dos grandes periódicos da época.

2. Hobsbawm, E. *A era do capital*, p. 279.

3. Costa, João Cruz. *Contribuição à história das ideias no Brasil.*

4. Hobsbawm, E. *Op. cit.*, p. 262.

5. Hollanda, Sérgio Buarque de. *Op. cit.*, p. 56.

6. Hobsbawm, E. *Op. cit.*, p. 276.

7. Corrêa, Mariza. *Antropologia & medicina legal*, p. 54.

8. *Id., ibid.*, p. 55.

9. Fry, Peter. "Febrônio índio do Brasil", *in Caminhos cruzados*, p. 67.

10. *Id., ibid.*, p. 68.

11. Esse conceito foi continuamente questionado e analisado por vários sociólogos, entre eles Florestan Fernandes, que nos fala também "do preconceito de ter preconceito" presente nas relações raciais no Brasil.

12. Brookshaw, David. *Raça & cor na cultura brasileira*, pp. 32-4.

13. Bastide, Roger. "Estereótipos de negros através da literatura brasileira", *in Boletim de Sociologia.*

14. No Brasil, alguns pesquisadores também viram no continente africano um objeto de estudo importante para conhecer a realidade do país. Nina Rodrigues, por exemplo, em *Os africanos no Brasil*, faz uma importante pesquisa sobre os diferentes locais de origem dos escravos aqui residentes.

15. Lévi-Strauss, C. *Raça e história*, p. 35. Lévi-Strauss ironiza a teoria evolucionista, que reduz outras culturas a meras réplicas desigualmente atrasadas da civilização ocidental.

16. Barthes, Roland. *Mitologias*, p. 36.

17. As notícias aparecem, dessa forma, como "discursos selecionados"; o relevante é tentar captar "o acontecimento que se escolhe e o sentido que se dá a ele" (Arantes, Antônio A. *O trabalho e a fala: estudo antropológico sobre folhetos de cordel*, p. 12).

18. Vários autores que estudaram as formas de rebelião escrava destacaram o papel que o suicídio cumpria neste sentido. Vide Clóvis Moura e Suely Robles Reis de Queiróz, entre outros.

19. Freyre, Gilberto. *O escravo nos anúncios de jornais brasileiros do século XIX*, p. XIII.

20. Tais anúncios estavam totalmente inseridos nas publicações cotidianas dos diferentes periódicos, constituindo inclusive uma espécie de símbolo da própria instituição e repressão ao escravo. Nesse sentido é interessante notar, como veremos, que a partir da década de 1880 começam a surgir inclusive "anúncios caricaturais", que usavam as mesmas descrições físicas grosseiras, embora neles fossem os escravos que procuravam seus senhores em busca de uma compensação pelo cativeiro injusto. Robert Conrad toma o seguinte exemplo, publicado a 23 de fevereiro no jornal *Cruzeiro* do Rio de Janeiro: "100$000. O cidadão João há 30 annos expoliado de seus direitos de homem livre presenteia com a quantia acima a quem lhe entregar o negreiro Luiz Gomes de Aguiar que residiu ou ainda reside no Campo de Grauna logar referido por ter magníficos portos".

21. Freyre, Gilberto. *Op. cit.*, p. XLVII.

22. *Id., ibid.*, p. XXXIV.

23. Nesse caso poderíamos citar como exemplo o Quilombo Jabaquara, em Santos, criado e organizado pelos próprios caifazes.

24. Mello e Souza, Laura. *Desclassificados do ouro*, p. 122.

25. Kátia de Queirós Mattoso, em *Ser escravo no Brasil,* descreve a autonomia dos escravos que viviam nas cidades, explicando-a a partir das próprias funções que normalmente desempenhavam.

26. Segundo Emília Viotti da Costa, mestiços e negros empregados no serviço pessoal do senhor formavam um mundo à parte da senzala, sendo que na época dizia-se: "Negro no eito, vira copeiro, não oia mais pra seu parceiro" (*Da senzala à Colônia*, p. 267).

27. Barthes, Roland. *Op. cit.*, pp. 17, 19.

28. *Id., ibid.*, p. 157.

29. Durante os anos em que a escassez de mão de obra tornou-se mais severa, somente a pigmentação da pele negra, acompanhada de um estado civil incerto, podia ser base para a suposição da situação de escravo. Nesse sentido, segundo Robert Conrad, "foi criado um decreto imperial em 1859 que regulamentava o uso de uma classe de propriedade não reclamada conhecida como 'bens de evento', bens esses definidos como 'escravos, gado ou bestas achados sem se saber do senhor ou dono a quem pertenção'. Tais homens e animais deviam ser

avaliados e leiloados se seus donos não respondessem a editais públicos". (*Os últimos anos da escravatura no Brasil: 1850-1888*, p. 60).

30. Kátia Mattoso faz considerações relevantes nesse sentido, pois, ao comentar sobre a condição do negro livre, demonstra que este sofre da mesma forma que a massa escrava, já que normalmente a cor é critério suficiente para determinar a condição cativa do indivíduo. Afirma que ex-escravos, mulatos africanos ou crioulos tornavam-se cidadãos à parte, permanecendo "forros" mesmo se as cartas de alforria os emancipassem (*Op. cit.*, p. 200).

31. Boris Fausto chama a atenção neste sentido para o grande número de prisões contravencionais (atentadas contra a ordem, sem vítimas) em que se viam envolvidos tanto negros como imigrantes. Segundo esse autor, existiam três categorias predominantes de contravenções por desordem, vadiagem ou embriaguez, que indicam uma preocupação geral com o controle social sobre a população (Fausto, Boris. *Controle social e criminalidade em São Paulo: um apanhado geral (1890-1924)*, pp. 1-4).

Emília Viotti da Costa também atenta para o fato de que, principalmente nas décadas de 1870-80, começam a existir proibições que visavam a "ordenar" a população negra urbana: proibiam-se aglomerações; proibia-se a entrada em coletivos (salvo em se tratando de pajens ou amas acompanhadas de patrões), proibia-se a venda de armas e aprisionava-se qualquer negro por falta de bilhete na hora de recolher (*Op. cit.*, pp. 217-8).

32. Como vagabundo era definido qualquer negro que vagasse pelas ruas sem preocupação delimitada, sendo que era logo entregue às autoridades. Nesse sentido, ver também Fausto, Boris. *Op. cit.*

33. Mello e Souza, Laura. *Desclassificados do ouro: a pobreza no século XVII*, p. 83.

34. Saussure, F. de. *Cours de linguistique générale*. Lévi-Strauss, Claude. *Antropologia estrutural*, p. 48.

35. Moura, Clóvis. "Escravismo, análises e ação social", p. 8.

36. Durkheim, Émile. "As formas elementares de vida religiosa", *in Os pensadores*, p. 216.

37. É justamente neste sentido que Kátia Mattoso faz a seguinte afirmação: "As relações de produção não bastam para definir a escravidão, elas limitam abusivamente tudo aquilo que permite situar essa massa de indivíduos não obrigatoriamente participando de um modo definido de produção, mas que ao contrário são adstritos a tarefas e funções das quais dependam para a própria existência" (*Op. cit.*, p. 133).

Nesse sentido, Elias Canetti faz interessantes considerações buscando nuanças no conceito de escravidão. Indica que o conceito jurídico-econômico que define o cativo enquanto "coisa" ou "propriedade" é enganoso, pois o escravo estaria mais próximo da noção de propriedade não enquanto coisa, mas enquanto "animal doméstico" (Canetti, Elias. *Crowds and power*, pp. 383-4).

38. Mauss, Marcel. *Sociologia e antropologia*, p. 231.

IMAGENS DE "NEGROS" EM DIFERENTES MOMENTOS: UMA ANÁLISE DIACRÔNICA

1. Ducrot, Oswaldo. "Introdução" a Vogt, Carlos, *Linguagem pragmática e ideologia*, p. 13.

2. *Id., ibid.*

3. *Id., ibid.*

4. Oliveira, Roberto Cardoso de. *Identidade, etnia e estrutura social*, p. 5.

5. Podem ser encontradas no *Correio* notícias sobre a situação em Santos, por exemplo, nos dias 5 de dezembro de 1886 ou 16 de junho de 1887.

6. DaMatta, Roberto. "As raízes da violência no Brasil", *in A violência brasileira*.

7. Essa caracterização vem sendo contestada por vários pesquisadores, como Clóvis Moura, que busca esclarecer como existiam quilombos que possuíam uma organização interna estável.

8. Cunha, Manuela Carneiro da. *Negros estrangeiros. Os escravos libertos e sua volta à África*, p. 73.

9. *Id., ibid.*, p. 49-50.

10. *Id., ibid.*

11. Rodrigues, Nina. *As raças humanas*.

12. *Id., ibid.*

13. *Id., ibid.*

14. Cunha, Euclides da. *Os sertões*, p. 132.

15. Brookshaw, David. *Raça & cor na literatura brasileira*, pp. 32-4.

16. Segundo Almir das Areias (*O que é capoeira*, p. 26), esse jogo, que data dos primórdios da escravidão, mesclava "arte e prática de luta, era também uma forma de expressão e divertimento".

17. Areias, Almir das. *Op. cit.*, p. 43.

18. Assim, como nos diz João Baptista B. Pereira a respeito das representações de negros no rádio, também nos jornais "a estilização do negro é feita à base de estereótipos impregnados de sua esteticidade [...]", mas também ligados à "sua *descategorização social* e sua frouxidão de costumes: malandro, delinquente, amasiado, bêbado, vagabundo..." (*Cor, profissão e mobilidade: o negro e o rádio de São Paulo*, p. 182).

19. Slenes, Robert. *Escravidão e família: padrões de casamento e estabilidade familiar numa comunidade escrava.*

20. Referência à expressão utilizada por Octávio Ianni em seu livro *Escravidão e racismo* (1978).

21. Balzac, Honoré de. *As ilusões perdidas,* p. 175.

## CONSIDERAÇÕES FINAIS

1. Prado Jr., Caio. *História econômica do Brasil,* p. 184.

2. Referência à expressão utilizada por Merleau-Porty, já analisada.

3. Le Goff, Jacques e Nora, Pierre. *História: novos objetos,* p. 78.

4. Lévi-Strauss, Claude. *Antropologia estrutural,* respectivamente pp. 193--214 e 215-36.

5. *Id., ibid.,* pp. 194-5.

6. Como nos diz Lévi-Strauss: "... que a mitologia do xamã não corresponda a uma realidade objetiva, não tem importância: o doente acredita nela, e ele é um membro de sociedade que acredita..." (*Op. cit.,* p. 228).

7. Oliveira, Roberto Cardoso de. *Identidade, etnia e estrutura social;* Cunha, Manuela Carneiro da. *Negros estrangeiros. Os escravos libertos e sua volta à África.*

8. Evan-Pritchard, E. E. *Os Nuers,* p. 149.

9. Fry, Peter. "Febrônio índio do Brasil", p. 57.

10. Arantes, Antônio A. *O trabalho e a fala: estudo antropológico sobre folhetos de cordel.*

11. Assim, sem querer menosprezar o grande movimento que nesta época buscava "disciplinar" e levar ao trabalho a mão de obra negra recém-liberta (objeto central a vários estudos relevantes e já citados neste livro), nossa intenção é antes indagar sobre a "questão da racionalidade", tema também sem dúvida básico e recorrente nos debates da época.

12. Cunha, Manuela Carneiro da. *Negros estrangeiros. Os escravos libertos e sua volta à África,* pp. 206-7.

13. Foucault, Michel. *Vigiar e punir: história da violência nas prisões,* p. 29.

14. Durham, Eunice Ribeiro. "A dinâmica cultural na sociedade moderna", *in Ensaios de opinião 4,* p. 34.

15. Durkheim, Émile. "As formas elementares da vida religiosa", *in Os pensadores,* p. 211.

16. Cunha, Manuela Carneiro da. *Op. cit.,* p. 11.

17. Corrêa, Mariza. *As ilusões da liberdade. A escola Nina Rodrigues & antropologia no Brasil.*

18. Cunha, Manuela Carneiro da. *Op. cit.,* p. 206.

# Bibliografia

## 1. LIVROS E ARTIGOS

ARANTES, Antônio A. *O trabalho e a fala: Estudo antropológico sobre folhetos de cordel.* São Paulo, Kairós/Funcamp, 1982.

AREIAS, Almir das. *O que é capoeira.* São Paulo, Brasiliense, 1983.

ARIÈS, Philippe. *História social da criança e da família.* Rio de Janeiro, Zahar, 1978.

AZEVEDO, Celia Marinho de. *O negro livre no imaginário das elites (Racismo, imigrantismo e abolicionismo em São Paulo).* Campinas, Unicamp. Dissertação de mestrado, 1985.

BALZAC, Honoré de. *As ilusões perdidas.* São Paulo, Abril Cultural, 1978.

BARRETO, Lima. *Memórias do escrivão Isaías Caminha.* São Paulo, Brasiliense, 1980.

BARTHES, Roland. *Mitologias.* 5. ed. São Paulo, Difel, 1982.

_____. *Aula.* São Paulo, Cultrix, 1978.

BASTIDE, Roger. *As Américas negras: As civilizações africanas no Novo Mundo.* São Paulo, Difel/Edusp, 1974.

_____. "Estereótipos de negros através da literatura brasileira". *In Boletim de Sociologia.* São Paulo, FFLCH-USP, 1953.

BAXANDALL, Michael. *Painting and Experience in Fifteenth Century Italy.* Nova York, Oxford University Press, 1972.

BEIGUELMAN, Paula. *A formação do povo no complexo cafeeiro: Aspectos políticos.* São Paulo, Pioneira, 1977.

BLOCH, Marc. *Introdução à história*. Lisboa, Gráfica Imperial, 1965.

BRANDÃO, Carlos Rodrigues. *Peões, pretos e congos: trabalho e identidade em Goiás*. Brasília, Universidade de Brasília, 1977.

BROOKSHAW, David. *Raça & cor na literatura brasileira*. Porto Alegre, Mercado Aberto, 1983.

BRUNO, Ernâni da Silva. *História e tradições da cidade de São Paulo*. 2. ed. Rio de Janeiro, José Olympio, 1954.

CANETTI, Elias. *Crowds and Power*. Nova York, Seabury Press, 1978.

CARDOSO, Fernando Henrique. *Capitalismo e escravidão no Brasil Meridional: O negro na sociedade escravocrata do Rio Grande do Sul*. São Paulo, Difel, 1962.

CARNEIRO, Edison. *Religiões negras: Notas de etnografia religiosa e de folclore*. 2. ed. Rio de Janeiro, Civilização Brasileira, 1981.

_____. *Antologia do negro brasileiro*. Porto Alegre, Globo, 1950.

CARR, E. H. *¿Que es la historia?* Barcelona, Seix Barral, 1972.

CARVALHO, Maria Alice Rezende de. *Cidade & fábrica: A construção do mundo do trabalho na sociedade brasileira*. Campinas, Unicamp. Dissertação de mestrado, 1983.

CHALOUB, Sidney. *Trabalho, lar e botequim: O cotidiano dos trabalhadores no Rio de Janeiro da belle époque*. São Paulo, Brasiliense, 1986.

CHAUI, Marilena. "A não violência do brasileiro: um mito interessantíssimo". *In Almanaque 11: Cadernos de literatura e ensaio*. São Paulo, Brasiliense, 1980. pp. 16-24.

CLASTRES, Pierre. *A sociedade contra o Estado*. Rio de Janeiro, Francisco Alves, 1978.

COHN, Robert. *History and Antropology: the State of Play*. University of Chicago, vol. 22, 1980.

COHEN, Abner. *Custom and Polities in Urban Africa: A Study of Nausa Migrants. In Yoruba towns*. Londres, Routledge & Kegan Paul, 1974.

CONRAD, Robert. *Os últimos anos da escravatura no Brasil: 1850-1888*. 2. ed. Rio de Janeiro, Civilização Brasileira, 1978.

CORRÊA, Mariza. "Antropologia & medicina legal". *In Caminhos cruzados*. São Paulo, Brasiliense, 1982.

_____. *As ilusões da liberdade: A escola Nina Rodrigues & antropologia no Brasil*. Tese de doutoramento, USP, 1983.

COSTA, Emília Viotti da. *Da Monarquia à República: Momentos decisivos*. São Paulo, Grijalbo, 1977.

_____. *Da senzala à colônia*. 2. ed. São Paulo, Ciências Humanas, 1982.

_____. *A abolição*. São Paulo, Global, 1982.

COSTA, João Cruz. *Contribuição à história das ideias no Brasil*. Rio de Janeiro, José Olympio, 1956.

COSTA, Jurandir Freire. *Ordem médica e norma familiar.* Rio de Janeiro, Graal, 1979.

COSTA, Paulo de Tarso. "Imprensa, abolição e República", Suplemento Centenário de *O Estado de S. Paulo*, n. 22, 31.05.1975.

CUNHA, Euclides da. *Os sertões.* São Paulo, Cultrix, 1973.

CUNHA, Manoela Carneiro da. "Religião, comércio e etnicidade: uma interpretação preliminar do catolicismo brasileiro em Lagos no século XIX". *Religião e Sociedade*, n.1, São Paulo, maio 1977.

_____. *Sobre os silêncios da lei: lei costumeira e positiva nas alforrias de escravos no Brasil no século XIX.* Caderno IFCH, Campinas, Unicamp, abr. 1983.

_____. *Negros estrangeiros. Os escravos libertos e sua volta à África.* São Paulo, Brasiliense, 1985.

DAMATTA, Roberto. *Estudos de antropologia estrutural.* Petrópolis, Vozes, 1972.

_____. *Relativizando: Uma introdução à antropologia social.* Petrópolis, Vozes, 1981.

_____. *Carnavais, malandros e heróis.* Rio de Janeiro, Zahar, 1981.

_____. "As raízes da violência no Brasil". *In A violência brasileira.* São Paulo, Brasiliense, 1982.

DAVATZ, Thomas. *Memórias de um colono no Brasil: 1850.* São Paulo, Edusp, 1980.

DEAN, Warren. *Rio Claro: Um sistema brasileiro de grande lavoura.* Rio de Janeiro, Paz e Terra, 1977.

DEBERT, Guita Grin. *Ideologia e populismo.* São Paulo, T. A. Queiroz, 1979.

DEBRET, Jean-Baptiste. *Viagem pitoresca e histórica do Brasil.* São Paulo, Martins, 1949. 2 v.

DIAS, Maria Odila Leite da Silva. *Quotidiano e poder em São Paulo no século XIX.* São Paulo, Brasiliense, 1984.

DULLES, John W. F. *A faculdade de Direito de São Paulo e a resistência anti-Vargas (1938/45).* Rio de Janeiro, Nova Fronteira, 1984.

DURHAM, Eunice Ribeiro. "Cultura e ideologia". *In Folhetim.* São Paulo, n.224, 03.05.1981, pp. 6-7.

_____. "A dinâmica cultural na sociedade moderna". *In Ensaios de opinião,* Rio de Janeiro, n.4, 1977, pp. 32-5.

DURKHEIM, Émile. "As formas elementares da vida religiosa". *In Os Pensadores.* São Paulo, Abril Cultural, 1978.

EISENBERG, P. L. "O homem esquecido: O trabalhador livre nacional no século XIX (Sugestões para uma pesquisa)". Separata de *Anais do Museu Paulista,* São Paulo, 28:1-174, 1977-8.

EVANS-PRITCHARD, E. E. *Antropologia social.* São Paulo, Martins Fontes, 1972.

EVANS-PRITCHARD, E. E. *Os Nuers*. São Paulo, Perspectiva, 1978.

FAORO, Raymundo. *Os donos do poder*. 4. ed. Porto Alegre, Globo, 1977.

FAUSTO, Boris. *Controle social e criminalidade em São Paulo: Um apanhado geral (1890-1924)*. Campinas, Unicamp, 1982. (Arquivo da História Social Edgard Leuenroth. Departamento de Ciências Sociais.)

FERNANDES, Florestan. *O negro no mundo dos brancos*. São Paulo, Difel, 1972.

FONTES, Alice Aguiar de Barros. *A prática abolicionista em São Paulo: Os caifazes (1862-1889)*. Tese de mestrado, USP, 1976.

FOUCAULT, Michel. *Vigiar e punir: História da violência nas prisões*. Petrópolis, Vozes, 1977.

FRANCO, Maria Silvia de Carvalho. *Homens livres na ordem escravocrata*. 2. ed. São Paulo, Ática, 1976.

FREITAS, Affonso A. de. *A imprensa periódica de São Paulo desde os seus primórdios em 1823 até 1914*. São Paulo, Typographia do Diário Oficial, 1915.

_____. *Tradições e reminiscências paulistanas*. 3. ed. São Paulo, Governo do Estado, 1978.

FREITAS, M. M. de. *Reino negro de Palmares*. Rio de Janeiro, Americana, 1954.

FREYRE, Gilberto. *Casa grande & senzala*. 9. ed. Rio de Janeiro, José Olympio, 1958.

_____. *O escravo nos anúncios de jornais brasileiros do século XIX*. São Paulo, Nacional, 1979.

_____. *Sobrados e mocambos: decadência do patriarcado rural e desenvolvimento do urbano*. 2. ed. Rio de Janeiro, José Olympio, 1951.

FRY, Peter. "Febrônio índio do Brasil". *In Caminhos cruzados*. São Paulo, Brasiliense, 1982.

_____. *Para inglês ver*. Rio de Janeiro, Zahar, 1982.

GALVÃO, Flávio. "A liberdade de informação". *In* Suplemento Centenário n. 47 de *O Estado de S. Paulo*, São Paulo, 22.11.1975.

GALVÃO, Walnice Nogueira. *No calor da hora: A guerra de Canudos nos jornais*. 2. ed. São Paulo, Ática, 1977.

GEBARA, Ademir. *O mercado de trabalho livre no Brasil*. São Paulo, Brasiliense, 1986.

GEERTZ, Clifford. *A interpretação das culturas*. Rio de Janeiro, Zahar, 1978.

GLUCKMAN, Max. "Rituais de rebelião no Sudeste da África". *In Textos de aula*. Universidade de Brasília.

GOBINEAU, A. de. *Essai sur l'égalité des races humaines*. Paris, Librarie de Firmin Didot Frerei, 1853, 4 v.

GODINHO, Vitorino Magalhães (Org.). *A história social: problemas, fontes e métodos*. Lisboa, Cosmos, 1967.

GOFFMAN, Erving. *Estigma: Notas sobre a manipulação de identidade deteriorada.* Rio de Janeiro, Zahar, 1975.

GORENDER, Jacob. *O escravismo colonial.* 2. ed. São Paulo, Ática, 1978.

GOULART, José Alípio. *Da fuga ao suicídio: Aspectos da rebeldia de escravos no Brasil.* Rio de Janeiro, Conquista, 1972.

_____. *Da palmatória ao patíbulo: Castigos de escravos no Brasil.* Rio de Janeiro, Conquista, 1971.

GRITTI, Jules. "Uma narrativa da imprensa". *In Análise estrutural da narrativa.* Rio de Janeiro, Vozes, 1971.

HASENBALG, Carlos Alfred. *Discriminação e desigualdades sociais no Brasil.* Rio de Janeiro, Graal, 1979.

HOBSBAWM, Eric. *A era do capital.* Rio de Janeiro, Paz e Terra, 1977.

HOLLANDA, Sérgio Buarque de. *Raízes do Brasil.* 3. ed. Rio de Janeiro, José Olympio, 1979.

HUIZINGA, J. *El concepto de la história y otros ensayos.* México, Fondo de Cultura Económica, 1942.

IANNI, Octávio. *Escravidão e racismo.* São Paulo, Hucitec, 1978.

_____. *Raças e classes sociais no Brasil.* Rio de Janeiro, Civilização Brasileira, 1966.

JAKOBSON, Roman. "Linguística e poética". *In Linguística e comunicação.* São Paulo, Cultrix, 1974.

JORDAN, Winthdrop D. *White over Black: American Attitudes foward the Negro, 1550--1812.* Nova York, The Norton Library, 1977.

KUPER, Adam. *Antropólogos e antropologia.* Rio de Janeiro, Francisco Alves, 1978.

LACERDA, João Baptista de. *Sur les métis au Brésil.* Imprimerie Devouge, 1911.

LE GOFF, Jacques e NORA, Pierre. *História: novos objetos.* Rio de Janeiro, Francisco Alves, 1976.

LEACH, Edmund. *Political Systems of Righland Burma: A Study of Kachin Social Structure.* Londres: Fletcher and Son, 1964.

LEITE, Dante Moreira. *O caráter nacional brasileiro.* 4. ed. São Paulo, Pioneira, 1983.

LEVI, Daniel E. *A família Prado.* São Paulo, Cultura 70, 1940.

LÉVI-STRAUSS, Claude. "História e etnologia". *In Antropologia estrutural.* Rio de Janeiro, Tempo Brasileiro, 1975.

_____. *Raça e história.* São Paulo, Martins Fontes, 1975.

_____. *Antropologia estrutural.* Rio de Janeiro, Tempo Brasileiro, 1975.

_____. "Introdução: a obra de Marcel Mauss". *In* MAUSS, Marcel. *Sociologia e antropologia.* São Paulo, Edusp, 1974.

LIMA, Lana Lage da Gama. *Rebeldia negra e abolicionismo*. Rio de Janeiro, Achiamé, 1981.

LUNA, Luiz. *O negro na luta contra a escravidão*. Rio de Janeiro, Leitura, 1968.

MACHADO, Roberto. *Danação da norma*. Rio de Janeiro, Graal, 1978.

MALHEIRO, Dr. Agostinho Marques Perdigão. *A escravidão no Brasil: Ensaio histórico, jurídico e social*. São Paulo, Cultura, 1984.

MARANHÃO, Ricardo e MENDES JR., Antônio. *Brasil: História, texto e consulta, v. 3, República Velha*. São Paulo, Brasiliense, 1979.

MARTINEZ-ALLIER, Verena. "Antropologia e história: Novas notas a um velho debate". *In Boletim de trabalhos em andamento de Antropologia. Social*. Unicamp.

MATTOSO, Kátia de Queirós. *Ser escravo no Brasil*. São Paulo, Brasiliense, 1982.

_____. *Testamentos de escravos libertos na Bahia no século XIX: Uma fonte para estudos de mentalidade*. Salvador, Universidade Federal da Bahia, 1979.

MAUSS, Marcel. *Sociologia e antropologia*. São Paulo, Edusp, 1974.

MELLO E SOUZA, Laura de. *Desclassificados do ouro: A pobreza mineira no século XVIII*. Rio de Janeiro, Graal, 1982 (Biblioteca de História).

MENDES, Miriam Garcia. *A personagem negra no teatro brasileiro entre 1838 e 1888*. São Paulo, Ática, 1982.

MERLEAU-PONTY, Maurice. "De Mauss a Claude Lévi-Strauss". *In Os Pensadores*. São Paulo, Abril Cultural, 1980.

_____. "A linguagem indireta e as vozes do silêncio". *In Os Pensadores*. São Paulo, Abril Cultural, 1980.

MORSE, Richard M. *Formação histórica de São Paulo (de comunidade a metrópole)*. São Paulo, Difel, 1970.

MOURA, Carlos E. Marcondes de (Org.). *Retratos quase inocentes*. São Paulo, Nobel, 1983.

MOURA, Clóvis. "Escravismo, análise e ação social". *In Folhetim*. São Paulo, n. 279: 8-10, 16.05.1982.

_____. *Os quilombos e a rebelião negra*. São Paulo, Brasiliense, 1981.

_____. *Rebeliões na senzala*. 3. ed. São Paulo, Ciências Humanas, 1981.

NOBRE, Freitas. *História da imprensa de São Paulo*. São Paulo, Leia, 1950.

NOGUEIRA, Almeida. *A academia de São Paulo: Tradições e reminiscências*. São Paulo, Saraiva, 1977.

NOVAIS, Fernando A. *Portugal e Brasil na crise do antigo sistema colonial*. São Paulo, Hucitec.

OLIVEIRA, João Gualberto de. *Nascimento da imprensa paulista*. São Paulo, 1978.

OLIVEIRA, Roberto Cardoso de. *Identidade, etnia e estrutura social*. São Paulo, Pioneira, 1974.

ORTIZ, R. *A morte branca do feiticeiro negro*. Petrópolis, Vozes, 1978.

ORTIZ, R. *Cultura brasileira & identidade nacional.* São Paulo, Brasiliense, 1985.

OSAKABE, Haquira. *Argumentação e discurso político.* São Paulo, Kairós, 1979.

PEREIRA, João Baptista Borges. *Estudos antropológicos e sociológicos sobre o negro no Brasil: Aspectos históricos e tendências atuais.* São Paulo, USP, 1981 (mimeo).

_____. *Cor, profissão e mobilidade: O negro e o rádio de São Paulo.* São Paulo, Pioneira, 1967.

PINHEIRO, Péricles da Silva. "Alberto Sales". *In* Suplemento Centenário n. 16 de *O Estado de S. Paulo*, 19.4.1975.

PINTO, Alfredo Moreira. *A cidade de São Paulo em 1900.* Ed. fac-similada, São Paulo, Governo do Estado, 1949.

PRADO, Maria Lígia e CAPELATO, Maria Helena. *O bravo matutino: Imprensa e ideologia — O jornal O Estado de S. Paulo.* São Paulo, Alfa-Ômega, 1980.

PRADO JÚNIOR, Caio. *História econômica do Brasil.* São Paulo, Brasiliense, 1945.

QUEIRÓZ, Suely Robles Reis de. *A abolição da escravidão.* São Paulo, Brasiliense, 1981.

_____. *Escravidão negra em São Paulo: Um estudo das tensões provocadas pelo escravismo no século XIX.* Rio de Janeiro, José Olympio, 1977.

QUEIROZ JÚNIOR, Teófilo de. *Preconceito de cor e a mulata na literatura brasileira.* São Paulo, Ática, 1982.

RAMOS, Artur. *A aculturação negra no Brasil.* São Paulo, Nacional, 1942.

REZENDE, Carlos Penteado de. "Algumas páginas sobre a velha academia de Direito de São Paulo". *In* separata da *Revista da Faculdade de Direito*, vol. LXXII, USP, 1977.

RODRIGUES, Nina. *Os africanos no Brasil.* 3. ed. São Paulo, Nacional, 1945.

_____. *As raças humanas.* Salvador, Progresso, 1957.

ROMERO, Sílvio. *Ensaios sobre a poesia popular do Brasil.* Rio de Janeiro, 1888.

SAHLINS, Marshall. *Historical metaphors and mythical realities.* The University of Michigan Press, 1983.

SAINT-HILAIRE, Augusto de. *Segunda viagem a São Paulo e quadro histórico da província de São Paulo.* São Paulo, Martins, 1953.

_____. *Segunda viagem do Rio de Janeiro a Minas Gerais e a São Paulo.* São Paulo, Edusp, 1974.

SAMPAIO, Theodoro. "São Paulo no século XIX". *In* Suplemento Centenário nº 23 de *O Estado de S. Paulo*, 07.6.1975.

SANTOS, Paulo Ricardo da Silveira. "Contribuição para a história da imprensa em São Paulo". Separata da *Revista do Arquivo Municipal*, n. 192, publicação da Divisão do Arquivo Histórico do Departamento do Patrimônio Histórico da Secretaria Municipal de Cultura. Gráfica Municipal de São Paulo, 1980.

SAUSSURE, Ferdinand de. *Cours de linguistique générale*. Paris, 1916.

SEVCENKO, Nicolau. *A revolta da vacina*. São Paulo, Brasiliense, 1984.

_____. Nicolau. *Literatura como missão: Tensões e criação cultural na Primeira República*. São Paulo, Brasiliense, 1983.

SEYFERTH, Giralda. *João Baptista de Lacerda: a antropologia física e a tese de branqueamento da raça no Brasil*. Rio de Janeiro, Departamento de Antropologia do Museu Nacional (mimeo).

SILVA, Janice Theodoro da. *São Paulo, 1554-1880: discurso ideológico e organização espacial*. São Paulo, Moderna, 1984.

SKIDMORE, T. E. *Preto no branco: Raça e nacionalidade no pensamento brasileiro*. Rio de Janeiro, Paz e Terra, 1976.

SLENES, Robert. *Escravidão e família: Padrões de casamento e estabilidade familiar numa comunidade escrava (Campinas, Século XIX)*. Campinas, 1984 (mimeo).

SODRÉ, Nelson Werneck. *História da imprensa no Brasil*. Rio de Janeiro, Civilização Brasileira, 1968.

SOUSA, Alberto. *Memória histórica sobre o Correio Paulistano*. São Paulo, Typographia a Vapor Rosenhain & Meyer, 1904.

TAUNAY, Affonso de E. *História do café no Brasil*. Rio de Janeiro, Ed. do Departamento Nacional do Café, 1939.

THOMPSON, E. P. "Tiempo, disciplina de trabajo y capitalismo industrial". *In Tradición, revuelta y consciencia de clase*. Barcelona, Critica, 1969.

_____. *Whigs and Hunters*. Londres, Penguin Books, 1960.

_____. *The Making of the English Working Class*. Londres, Penguin Books, 1968.

TOLEDO, Lafayette de. "Imprensa paulista: Memória histórica". *In Revista do Instituto Histórico e Geográfico de São Paulo*. São Paulo, Typografia de "El Diário Español", vol. III, 1898.

VAMPRÉ, Spencer. *Memórias para a história da academia de São Paulo*. São Paulo, Saraiva, 1924.

VARNHAGEN, Francisco Adolfo de (Visconde de Porto Seguro). *História geral do Brasil*. 8. ed. São Paulo, Melhoramentos, 1975.

VEYNE, Paul. *Como se escreve a história*. Lisboa, Ed. 70, 1983.

VIANNA, Hélio. *Contribuição à história da imprensa brasileira*. Rio de Janeiro, Imprensa Nacional, 1945.

VIANNA, Oliveira. *Populações meridionais do Brasil*. Rio de Janeiro, José Olympio, 1952.

VOGT, Carlos. *Linguagem pragmática e ideologia*. São Paulo, Hucitec/Fundação de Desenvolvimento da Unicamp, 1980.

## 2. JORNAIS E REVISTAS

*a) Periódicos:*
*Correio Paulistano* (1874 a 1890)
*A Província de São Paulo* (1875 a 1889)
*O Estado de S. Paulo* (1890 a 1900)
*A Redempção* (1887 a 1889)
*A Plateia* (1888 a 1900)
*Diário Popular* (1884 a 1900)
*O Tabor* (1883 a 1887)
*O Constitucional* (1871 a 1889)

*b) Suplemento Centenário de* O Estado de S. Paulo
nº 1 (3 de janeiro de 1975)
nº 2 (10 de janeiro de 1975)
nº 5 (1º de fevereiro de 1975)
nº 7 (15 de fevereiro de 1975)
nº 9 (1º de março de 1975)
nº 16 (19 de abril de 1975)
nº 21 (24 de maio de 1975)
nº 22 (31 de maio de 1975)
nº 23 (7 de junho de 1975)
nº 25 (21 de junho de 1975)
nº 28 (12 de julho de 1975)
nº 47 (22 de novembro de 1975)
nº 51 (20 de dezembro de 1975)
nº 61 (21 de fevereiro de 1976)

*c) Revistas do Instituto Histórico e Geográfico de São Paulo*
São Paulo, Typografia de "El Diário Español" — vols. I, II, III e IV.

# Índice remissivo

*Constitucional, O* (jornal), 64
Constituição brasileira (1824), 44, 60
construções urbanas em São Paulo (séc. XIX), 51-5
contos, negros em, 177-81, 185, 188, 315n
Convenção de Itu, 81, 83-4
Convento de São Bento (São Paulo), 47
Convento de São Francisco (São Paulo), 49
cor da pele, questão da, 45, 126, 135, 170, 174, 182, 193, 200, 208, 217, 239, 291, 296, 300, 316-7n; *ver também* "identidade racial" brasileira, questão da
Cordeiro, J. de Paula, 241
Correa, Francisco Prudente José, 170
Corrêa, Mariza, 27-8, 125, 308-9n, 315n, 319n
*Correio de Santos*, 146
*Correio Paulistano*, 14-5, 55, 61, 64, 67, 72, 74-80, 82, 84-6, 88-9, 92, 96-7, 104-6, 108-10, 117, 121-3, 132, 144-8, 151-3, 158, 160, 163-4, 166-8, 170-1, 174, 176-8, 182-3, 187, 193-7, 199-203, 205, 208-11, 225-9, 231-3, 235, 237-42, 245-7, 249-50, 253, 257, 268-72, 274, 276, 278-81, 289, 296, 313-5n
Corte portuguesa, vinda para o Brasil (1808), 62-3
Cortines, Arthur, 284
Costa, Emília Viotti da, 22, 310n, 316-7n
Costa, João Cruz, 43, 117, 311n, 315n
Costa, Jurandir Freire, 52, 312n
Couty, Louis, 45
"creoullo de bigode, pince-nez e cavagnac, leitor de Varella", o caso do, 13-7, 21, 198
"creoulos" (escravos nascidos no Brasil), 189
crianças negras, 165, 186-7, 200, 277, 304-5
criminal, antropologia, 27, 122-5, 132
criminalidade/criminosos, 122-5, 132, 137, 150, 172, 175, 233, 263, 265, 317n
"crioula sensual/insaciável", representação da, 268, 277; *ver também* "libidinosos e carnais", negros retratados como
cristianismo, 23, 136
Cristo *ver* Jesus Cristo
critério de "civilização", cor branca como, 239
Cuba, 40
Cubatão, Serra do, 48
cultura brasileira, 30, 315n
cultura, conceito de, 30
Cunha, Euclides da, 27, 45, 265, 301, 309n, 311n, 318n
Cunha, Manoel, 182
Cunha, Manuela Carneiro da, 33, 243, 245, 247, 300, 308n, 318-9n
curandeiros, 48, 126-7, 148, 150
Custódia (negra), 146
Cuvier, Georges, 124
Cyrino (negro), 183

d'Eu, conde, 91
damas na São Paulo antiga, 47
DaMatta, Roberto, 44, 217, 311n, 318n
Dantas, Conselheiro, 214
Daomé, 135
Darwin, Charles, 45, 95-6, 117, 119-20, 122

darwinismo, 120-1
darwinistas sociais, 26; *ver também* evolucionismo social
Davatz, Thomas, 310*n*, 312*n*
Dean, Warren, 24, 308*n*
Debret, Jean-Baptiste, 22, 308*n*
"degeneração" racial, 26-9, 134, 264, 266, 301, 302; *ver também* inferioridade" negra, teorias racistas sobre a
"degenerados", negros retratados como, 154-5, 176, 179, 184, 188, 190, 262, 266, 268, 270-1, 276, 285, 294-6, 298, 300, 302-3
delegados de polícia, 145, 149, 183, 197, 202, 210-1, 229, 269
Delfina (negra), 278
democracia racial, 32, 34, 131, 221
"dependentes", negros retratados como, 115, 144-6, 154-5, 175, 177-8, 190, 193, 204-6, 216, 231, 234-5, 245-6, 303
deputados, 176
desemprego, 39
"desobedientes", negros retratados como, 182, 194
determinismo científico, 32
Deus, descrença em *ver* ateísmo, ciência e (no séc. XIX)
Deuteronômio, Livro de, 254
dialeto paulista, 48
*Diário de Campinas*, 229
*Diário de S. Paulo*, 85, 93
*Diário Mercantil*, 96
*Diário Oficial*, 210
*Diário Popular*, 64, 94, 96
Dias, Maria Odila Leite da Silva, 54, 57, 311-2*n*
Dionísio (escravo de São Paulo), 173

Dionízio (escravo da família Barruel), 205
dipsomania, 125; *ver também* alcoolismo
"discursos da verdade", ciência e discurso médico-legal como, 125
"dóceis", negros retratados como, 22-4, 31, 231
doentes e loucos, segregação de (em São Paulo do séc. XIX), 53-4
Dois Córregos (SP), 172
domésticos, escravos, 166-9, 171, 190
Domingos (escravo), 153
"doutores" paulistanos (séc. XIX), 59
Ducrot, Oswaldo, 197, 318*n*
Durham, Eunice, 307*n*, 319*n*
Durkheim, Émile, 189, 299, 307*n*, 317*n*, 319*n*

"ébrios", negros retratados como *ver* "bêbados/ébrios", negros retratados como
economia brasileira, 51, 60
educação, 32, 48, 120, 217, 261, 288
Eisenberg, Peter, 33
elegantes, escravos com trajes, 169
Elesbão (escravo de Piracicaba), 206
Elesbão (escravo de Rio Claro), 272
Elias (liberto), 227
Elienne, Octavio, 153
elites, 29, 31, 44, 53-4, 118, 127-8, 215, 293, 298
Emygidio, Santo (escravo curandeiro), 150
engenheiros ingleses, 53
*Enigma de Kasper Hauser, O* (Herzog), 13
Epicuro, 124
epidemias, 53

festa de brancos, libertação de escravos como, 237-8, 244-5, 298
fiação e tecelagem, fábricas de (em São Paulo do séc. XIX), 56
"fiéis", negros retratados como, 21, 160, 177, 192-3, 204-5, 234, 244, 261, 265, 272, 295, 302
fim do tráfico de escravos *ver* extinção do tráfico atlântico de escravos (1850)
Florisbella (menina raptada), 144
folclore nacional, 31
folhetins, 66, 104, 187
Fonseca, José Egydio da, major, 249
Fontes, Alice Aguiar de Barros, 102, 314*n*
*Fores da morta, As* (conto), 179
Fortunato (escravo), 267
fósforos, fábricas de (em São Paulo do séc. XIX), 56
frades franciscanos, 49
França, 66
Francisco (escravo de Limeira), 162
Francisco (escravo de Mogi das Cruzes), 174
Francisco (escravo de São Paulo), 225
Francisco (ingênuo), 248
Francisco, Martin, sr., 72
Franco da Rocha, manicômio de (SP), 53-4
Freitas, Antonio Joaquim de, 274
Freitas, Termodano Severino de (negro), 147
Freyre, Gilberto, 21-2, 24, 30-1, 52, 156, 160-1, 302, 308*n*, 312*n*, 316*n*
Fry, Peter, 33-4, 126, 295, 315*n*, 319*n*
fugas de escravos, 24, 42-3, 79, 101, 157, 160-4, 167-9, 207-9, 211, 224, 252-3

"fujões", negros retratados como, 17, 166, 176, 188, 190, 224
Fundo de Emancipação, 41, 243, 280
"futuro racial" do Brasil, temores em relação ao, 27, 131

gado, 47, 316*n*
Galvão, desembargador, 200
Galvão, Flávio, 73, 313*n*
Galvão, Walnice Nogueira, 313*n*
Gama, Luiz, 81, 84, 100-1, 253
Garroux, livraria (São Paulo), 59, 61, 98, 120
gás, iluminação a, 52
*Gazeta de Campinas*, 242
*Gazeta do Povo*, 96
*Gazeta, A*, 14
Gebara, Gebara, 33
Geertz, Clifford, 308*n*
"generosos e benevolentes", brancos retratados como, 21, 154, 237, 288
"Gênio e talento nas mulheres" (Lombroso), 83
Gertrudes, d. (senhora de escravos), 142-3
Gobineau, Arthur de, 26, 45, 309*n*
Godinho, Antonio Mariano da Silva, 162
Godoy, Antonio Prado de, 229, 231
Godóy, Ignácio Bicudo de, 137
Goiás, 311*n*
Gonçalves, João, 140
Gonçalvez, Adão, 227
Gonzaga, Luiz (fazendeiro), 152, 210
Gorender, Jacob, 22
Goulart, José Alípio, 22
Gregóire, Bernard, 93-4
Greie, rei daomeano, 135
Guarda Nacional, 39

Guarda Negra, 285-9
Guerra do Paraguai, 39-40, 77, 88, 193

Haiti, 133, 232
Herzog, Werner, 13
higiene, racionalidade do século XIX e, 52-3, 126
Hilario (negro), 269
historiografia brasileira, tendências opostas quanto à escravidão na, 22-3
Hobbes, Thomas, 118
Hobsbawm, Eric, 117, 123, 315$n$
Holanda, 62
Hollanda, Sérgio Buarque de, 31, 95, 118, 309$n$, 312$n$, 314-5$n$
"homem cordial" brasileiro, 31
Honório (escravo), 175
"humildes", negros retratados como, 139, 160, 165, 173-6, 205, 231, 233, 235, 244, 246, 285
humorísticas, seções (em jornais do séc. XIX), 71
Huxley, Thomas Henry, 45

Ianni, Octávio, 22-3, 308$n$, 319$n$
idealização nas representações de índios e negros, 23
"identidade racial" brasileira, questão da, 26, 33, 45, 198-9, 202, 294, 300
idosos, escravos/negros, 146-7, 165, 186-7, 206, 304-5
Igreja católica, 39, 43, 49, 63, 72, 117, 120, 213, 278-9
igualdade, questão da, 43-5, 123, 130, 149, 202, 219, 263-5, 296
iluminação pública em São Paulo, 52
ilustrações em jornais do séc. XIX, 65-8

imagens e representações de negros (análise diacrônica), 192-291
imigração/imigrantes, 29, 38-9, 57, 78, 81, 233, 300, 310$n$, 317$n$
"imorais", negros retratados como, 70, 134, 150, 155, 216, 248, 266-8, 279, 285, 288
imperialismo europeu, 134, 138
Império do Brasil, 39, 42-3, 48, 50, 64, 66, 70, 75, 83-4, 88, 100, 116, 138, 229, 262, 285, 290
imprensa, 18-9, 45-6, 60-3, 65, 74, 76, 92, 100-1, 103, 110, 123, 174, 210, 223, 255, 291, 310-1$n$, 313$n$; ver também jornalismo
Imprensa Régia, criação da (1808), 62-3
indenizações a senhores de escravos, 40, 91, 174, 210, 218
Índia, 137
"índices de prosperidade de um jornal", anúncios como, 73
índios/indígenas, 23, 44, 127
industrialização, 37-8, 56
"inferioridade" negra, teorias racistas sobre a, 23, 26-8, 34, 45, 132-3, 137, 219, 264, 289; ver também "degeneração" racial
Ingenieiros, José, 45
ingênuos, escravos, 213, 248
Inglaterra, 38, 68, 136-7, 223
Innocêncio (liberto), 273
"instintivo", representação do negro como, 288
"insubmissos", negros retratados como, 190, 227, 232, 245
insurreições escravas, 24, 164, 214, 227-30, 247, 303; ver também rebeliões negras/revoltas de escravos

Patrocínio, José do, 285-6
Patrocínio, Maria Octaviana do (parda), 270
Paulina (escrava), 252
Paulino, José (negro), 232
*Paulista, O* (jornal), 63
Paulo (escravo), 163
Pauman, Martin, 203
Payne, John A., 135
Paz, Antonio, 277
pedreiros, imigrantes alemães como, 57
Pedro (escravo de Limeira), 162
Pedro (escravo de Mogi-Mirim), 248
Pedro do Rio (RJ), 248
Pedro II, d., 43, 91-2, 201, 290
Pedroso, Silveriano, 235
Peixoto, Afrânio, 29
Pellet, Joana, 133
Penteado, Francisco Camargo, 269
Pereira, João Baptista Borges, 25, 31-2, 308-9*n*, 318*n*
perícia médico-legal, pesquisa antropológica e, 27
Perna, Elias Antônio, 226
Pernambuco, 58, 62, 143
Pernetta, Júlio, 257
"pervertidos sexuais", negros retratados como, 268
Pestana, Rangel, 85, 87-9, 94, 96-7, 215
pianos ingleses, 52
Pimenta, Macedo, tenente-coronel, 104
Pimentel, José Mariano de Camargo, 154
Pinto, Alfredo Moreira, 61, 313*n*
Pinto, Roquete, 32
Piracicaba (SP), 55, 206, 210
Piraçununga (SP), 55

Piratininga, João Tibiriçá, 87
Pissola, Fernando P., 182
Platão, 124
*Plateia, A* (jornal), 109
Poços de Caldas (SP), 55
polícia, 61, 97, 122, 128, 137, 148-9, 183-4, 194, 203, 210-1, 229, 252, 269-70, 276, 279, 284-5
Pompeu (escravo), 175
Pope, Alexander, 124
população brasileira, 25, 264
população escrava, 58, 128, 161, 313*n*
população imigrante em São Paulo, 58
população negra, 57-8, 95, 136, 160-1, 223, 317*n*
população paraguaia, 39
população paulistana (no séc. XIX), 47, 56
porto de Santos, 48, 55, 312*n*; *ver também* Santos (SP)
Porto Príncipe (Haiti), 232
português, idioma, 190
portugueses, imigrantes, 57
positivismo, 59, 94-5, 98, 117-9, 138, 215, 266, 300, 313*n*
Possolo, sr., 149
Prado Jr., Caio, 40, 292, 310*n*, 319*n*
Prado Júnior, Martin, 242
Prado, Almeida, 83, 87
Prado, Antônio, 55, 78, 80, 86, 88, 92, 97, 106, 107, 314*n*
Prado, família, 88, 107, 312*n*, 314*n*
Prado, Martinho da Silva, 88, 199
Prado, Martinico, 78
Prado, Moutinho da Silva, 242
Prado, Veridiana, dona, 52
prefeitura de São Paulo, 78, 80
"preguiçoso e indolente", imagem do índio como, 23

345

prelo de pau, jornais impressos em, 75

"preto" e "negro", distinção entre (em textos jornalísticos), 230-4, 245, 255

Primeira República *ver* República Velha

Primeiro Congresso Universal das Raças (Londres — 1911), 29

prisões contravencionais (de negros e imigrantes), 317n

procissões e romarias (em São Paulo do séc. XIX), 47

Proclamação da República (1889), 25, 75, 80, 212, 289; *ver também* República, questão/iminência da

professores régios, 48

profissionais liberais, 88

progresso, ideais científicos/positivistas de, 52, 95, 97, 118, 121, 135-8, 217, 221

"Propaganda Abolicionista" (seção de *A Redempção*), 255

proprietários de escravos *ver* senhores de escravos

prostituição/prostíbulos, 53, 144, 222

"Proudhon" (pseudônimo de Euclides da Cunha), 265

*Província de São Paulo, A* (jornal), 15, 45, 64, 67, 69-71, 74, 78, 83, 86, 89-94, 96-8, 103, 107-9, 117, 119-22, 124-31, 133-8, 140-3, 147-50, 154, 158-60, 162, 164-5, 167-9, 171-3, 175, 184, 203-6, 211-2, 214-7, 225, 228-30, 233-4, 237, 239, 241, 243-4, 250-5, 265, 267-75, 277-8, 280, 285-9, 296, 301, 315n

PRP (Partido Republicano Paulista), 78, 81, 84, 88, 100, 110

Pucci & Micheli (companhia), 59

Puigguy, Artur, 238

Queiros, Elpidio Pereira de, 87

Queirós, família, 107

Queirós, José Manoel de, 197

Queiroz Júnior, Teófilo de, 32-3

Queiroz, Antonio Carlos P., 162

Queiroz, Maria Sanches de Mello, 203

Queiroz, Suely Robles Reis de, 22, 24, 308n, 314n, 316n

Queiroz, Wenceslau de, 178

questão racial brasileira, 25, 28, 31-2, 129, 217, 222, 263, 287, 290, 292, 301-2

"Questão social" (seção de *A Província de São Paulo*), 45

Quilombo Jabaquara (Santos), 101, 316n

"quilombola", sentido amplo de "negro insubmisso", 227-8, 245

quilombos/quilombolas, 42, 109, 150, 226-30, 303, 318n

Quintino (escravo), 172

quitandeiras, negras, 164

quitutes caseiros, 52

"raça = cultura = nação = tribo", equação, 45

*Raças humanas, As* (Nina Rodrigues), 263, 309n, 318n

"raças inferiores" *versus* "raças superiores", 27, 44, 46, 131, 264

racionalidade do séc. XIX, 52, 150, 319n

"racionalização urbana", 46, 60

racismo, 23, 26-8, 34, 44-5, 95, 132-3, 137, 219, 264, 289, 308n

rádio, 32, 318n

Ramos, Artur, 30

rapé, 52

1ª EDIÇÃO [1987] 2 reimpressões
2ª EDIÇÃO [2016] 1 reimpressão

ESTA OBRA FOI COMPOSTA PELA SPRESS EM MINION E IMPRESSA
PELA GEOGRÁFICA EM OFSETE SOBRE PAPEL ALTA ALVURA DA SUZANO S.A.
PARA A EDITORA SCHWARCZ EM JULHO DE 2023